LANGENSCHEIDTS KURZLEHRBUCH

30 Stunden Dänisch
für Anfänger

Von
HENNING HENNINGSEN

LANGENSCHEIDT
BERLIN · MÜNCHEN · ZÜRICH

Die Texte der 1. bis 6. Stunde, die eine vollständige Einführung in die Eigenarten der dänischen Sprache geben, sowie die Zahlwörter wurden von geschulten dänischen Sprechern auf eine Schallplatte gesprochen. Diese Langspielplatte (17 cm ø, 45 U/min) ist gesondert lieferbar.

Auflage: 20. 19. 18. 17.	Letzte Zahlen
Jahr: 1975 74 73	maßgeblich

Copyright 1941, 1954 by Langenscheidtsche Verlagsbuchhandlung
(Prof. G. Langenscheidt) KG, jetzt Langenscheidt KG, Berlin und München
Druck: Druckhaus Langenscheidt, Berlin-Schöneberg
Printed in Germany

Zweck und Inhalt der Sprachlehre

In dreißig Stunden — 30 Stunden ist hier nicht als Zeitbegriff zu werten, sondern gleichbedeutend mit Lektionen — gibt dieses Lehrbuch eine in sich abgeschlossene Einführung in die dänische Sprache, in die Aussprache und Schreibung des Dänischen, in den Wortschatz und die Ausdrucksweise des Gegenwartslebens, in die Regeln und Gesetze der dänischen Sprache.

Die Angabe der Aussprache ist in den Wortlisten und in den grammatischen Ausführungen angegeben.

Die dänischen Originaltexte sind planmäßig so aufgebaut, daß sie den Umkreis des täglichen Lebens unserer Zeit in Beruf und Erholung, Arbeit und Entspannung, im Hause und in der Öffentlichkeit umfassen und damit den Wortschatz und die Ausdrucksweisen vermitteln, die zum Verständnis der dänischen Wirklichkeit von heute erforderlich sind. Wer den in den Texten gebotenen Wortschatz verarbeitet hat, kann sich mit Dänen über wichtige Fragen des täglichen Lebens unterhalten, er hat zugleich eine sichere Grundlage erworben, auf der er weiter aufbauen kann. Den Lesestücken sind häufig gebrauchte Redewendungen und Ausdrücke aus der täglichen Konversation beigegeben worden. Es empfiehlt sich, schon nach Durcharbeiten der ersten Lesestücke die hier gegebenen verhältnismäßig kurzen Texte durch Lesen von dänischen Zeitungen oder Wochenschriften zu ergänzen. Für einen Deutschen bietet das Studium der dänischen Sprache keine größeren Schwierigkeiten. Mit Hilfe der Wörterbücher des Verlags kann man auch ohne Vorkenntnisse beinahe sofort den Sinn eines dänischen Textes verstehen.

In der Darbietung des grammatischen Stoffes war Klarheit und Übersichtlichkeit das Grundgebot. Darum wird die Grammatik immer in geschlossenen Einheiten geboten. Mit Hilfe des alphabetischen Sachweisers am Schluß des Lehrbuches kann das Buch auch als übersichtliche und vollständige Grammatik gebraucht werden. — Da die dänische Sprache sehr abgeschliffen ist und wenig Formen besitzt, ist die Grammatik leicht erlernbar. Viele Beispiele erläutern die Regeln. Klein gedruckt sind Regeln, die in einem Kurzlehrgang nicht unbedingt gelernt werden müssen.

Die Übungen sind auf ein knappes Maß beschränkt worden; sie stehen im wesentlichen als Übungsmuster da und sollen dem Lehrer und Schüler Anregung für ähnliche Übungen geben. Die Lesestücke selbst bieten viel Stoff zur Besprechung.

Die dänische Sprache wird von über vier Millionen Menschen gesprochen; wenn man sie beherrscht, versteht man auch ohne allzu große Mühe die ihr nahverwandte schwedische und norwegische Sprache. Dänisch ist eine alte Kultursprache mit einer reichen Literatur (es seien nur Holberg, H. C. Andersen, Grundtvig, Kierkegaard, J. P. Jacobsen, Gjellerup, Herman Bang und Johs. V. Jensen genannt). Wer Dänisch versteht, bekommt Einblick in eine interessante und reiche Kulturwelt.

*

Die vorliegende Auflage ist sorgfältig durchgearbeitet worden. Die Lesestücke haben die durch die voranschreitende Zeit notwendigen Änderungen erfahren, die Grammatik ist in einigen Fällen vereinfacht worden. Die 1948 in Dänemark durchgeführte Rechtschreibungsreform, wonach alle Substantive kleingeschrieben werden und der Buchstabe å statt aa angewendet wird, ist bei der Überarbeitung des Lehrbuches selbstverständlich berücksichtigt worden.

Henning Henningsen.

Inhaltsverzeichnis

I. Zur Aussprache und Schreibung des Dänischen ... VIII

Die grammatischen Sachausdrücke und ihre Verdeutschung XVI

II. Lese- und Übungsstücke in Verbindung mit der dänischen Grammatik

1. A. Så står vi op! 1
   B. Øvelse 3
   C. Grammatik 4
   Geschlecht. Artikel. Kasus.

2. A. På arbejde 6
   B. Øvelse. Samtale ... 8
   C. Grammatik 10
   Pluralbildung. Der adjektivische Artikel des Substantivs.

3. A. På universitetet og i skolen 13
   B. Øvelse. Hilsner ... 15
   C. Grammatik 17
   Hilfsverben have und være. Schwache Verben, 1. Konjugation.

4. A. Grosserer Larsens hjem 19
   B. Øvelse 21
   C. Grammatik 22
   Deklination des Adjektivs. Schwache Verben, 2. Konjugation.

5. A. Husligt arbejde ... 25
   B. Øvelse. Hvad er klokken? 27
   C. Grammatik 28
   Grundzahlen. Een und eet.

6. A. På indkøb 31
   B. Øvelse. Månedernes navne 32

   C. Grammatik 33
   Ordnungszahlen. Komparation der Adjektive.

7. A. Hos købmanden ... 37
   B. Øvelse. Tak. „bitte" . . 39
   C. Grammatik 41
   Persönliche und possessive Pronomina.

8. A. Hos skrædderen ... 44
   B. Øvelse. Lidt om tøj . . 46
   C. Grammatik 48
   Reflexivpronomen. Reziprokpronomen. Demonstrative Pronomen. Relative Pronomen.

9. A. Hos barberen 51
   Livsfilosofi 52
   B. Øvelse. Navne og titler 53
   C. Grammatik 55
   Interrogativpronomen. Indefinite Pronomen. „Gespaltene" Sätze.

10. A. Bøger 60
    På biblioteket 61
    B. Øvelse. Vigtige udtryk 62
    C. Grammatik 63
    Adverbien. Ortsadverbien.

11. A. På posthuset og i banken 66
    På postkontoret ... 67
    B. Øvelse 68
    C. Grammatik 68
    Zeitadverbien. Zeitbestimmungen. Adverbien des Grades, der Art und Weise.

12. A. En cykeltur 71
    Op ad bakke 72
    B. Øvelse. Vigtige småord 74

C. Grammatik 75
Adverbien der Bejahung, Verneinung, Wahrscheinlichkeit usw. Interjektionen.

13. A. Sygdom 78
    Slagfærdighed . . . 79
   B. Øvelse. Sygdom . . . 80
   C. Grammatik 81
   Konjunktionen.

14. A. Vejret 82
    På kontoret 83
   B. Øvelse. Verdenshjørnerne 84
   C. Grammatik 85
   Unregelmäßige schwache Verben. Passivum des Verbs.

15. A. På banegården . . . 88
    Geografi 89
   B. Øvelse. Færdsel. Huset 90
   C. Grammatik 91
   Starke Verben: bede bis gribe.

16. A. Strøgtur 94
    B. Øvelse 96
    C. Grammatik 97
    Starke Verben: græde bis skære.

17. A. På museum i København 101
    B. Øvelse. Danske udtryk 103
    C. Grammatik 105
    Starke Verben: slibe bis æde. Transitiv und intransitiv.

18. A. Ved havnen 109
    Ungt ægteskab . . . 110
    B. Øvelse. Danske udtryk 112
    C. Grammatik 113
    Infinitiv. Imperativ. Partizip des Präsens und des Perfekts.

19. A. På flyvepladsen . . . 115
    Generalens middag . . 117
    B. Øvelse. Oplysning . . 117
    C. Grammatik 118
    Präsens. Imperfekt. Perfekt. Plusquamperfekt. Futur. Futurum exaktum. Konditionalis. Konjunktiv.

20. A. Aftenunderholdning . 122
    Kunst 123
    B. Øvelse. Ønsker . . . 124
    C. Grammatik 125
    Hilfsverb blive. Passivum. Deponentien. Reflexive Verben. Unpersönliche Verben.

21. A. På biltur i Nordsjælland 129
    Italiensrejse 130
    B. Øvelse. Undskyldning . 131
    C. Grammatik 132
    Zusammengesetzte Verben. Modale Hilfsverben.

22. A. Sommerrejsen planlægges 135
    Regnekunst 136
    B. Øvelse. Synonyme Ord 137
    C. Grammatik . . . 138
    Präpositionen. Einfache Präpositionen: ad bis fra.

23. A. Sommer ved havet . . 141
    Teori og praksis . . . 142
    B. Øvelse 143
    C. Grammatik 144
    Präpositionen: fremfor bis ved.

24. A. Rundtur i Danmark . . 147
    B. Øvelse. Bevægelsesverber 150
    C. Grammatik 151
    Zusammengesetzte Präpositionen. Reste alter Endungen.

25. A. På hotellet 153
    Snuhed 155
    B. Øvelse. Spørgsmål . . 155
    C. Grammatik 156
    Umschreibung der Kasus durch Präp.

26. A. På folkehøjskole . . . 158
    På banegården . . . 159
    B. Øvelse. Brevskrivning . 160
    C. Grammatik 161
    Wortstellung.

27. A. En cykeltur på Bornholm 163
    På gaden 165

B. Øvelse. På besøg ... 166	29. A. Familiefest 174
C. Grammatik 167	Åndsfraværelse ... 175
„Enhedstryk". Verschlungene Sätze.	B. Øvelse. Familien ... 176
	C. Grammatik 177
	Ortsnamen. Einwohnernamen.
28. A. Idræt 168	30. A. Aften i hjemmet ... 179
Sport 169	Hjemlig hygge 181
B. Øvelse. Årstiderne.	B. Øvelse 182
Årets festdage ... 170	C. Grammatik 182
C. Grammatik 171	Zusammensetzungen. Ableitungen. Weibliche Endungen. Tiernamen.
Bestimmter und unbestimmter Artikel. Substantive verschiedenen Geschlechts. Maßangabe.	
	III. Alphabetischer Sachweiser. 188

Zur Aussprache und Schreibung des Dänischen

Erklärung der Aussprachebezeichnung
(Methode Toussaint-Langenscheidt)

I. Allgemeine Grundsätze

Durch **deutsche Buchstaben** („Fraktur") werden dänische Laute bezeichnet, die den deutschen entsprechen: a, h, i, n, ß usw.

Lateinische Buchstaben („Antiqua") werden für dänische Laute gesetzt, die von den deutschen abweichen: b, g, r, ä, o usw.

Durch *Kursivschrift* werden Laute bezeichnet, die im Deutschen überhaupt nicht vorkommen: *a, o, d, g*.

Hochstehende Buchstaben in kleiner Schrift stehen für ganz flüchtig ausgesprochene schwache Laute und für den letzten Laut in Diphthongen: $^e, ^i, ^u, ^r, ^{ng}$; Beispiel: Bavnebøj (ba^{u}n^{e}ho^{i}l).

Besondere Zeichen

Längezeichen (¯) über einem Vokal bedeutet, daß dieser lang gesprochen werden muß (alle anderen Vokale sind kurz).

Wortakzent (′) hinter einem Vokal oder Diphthong gibt die zu betonende Silbe des Wortes oder des Ausdrucks an (über „Einheitsdruck" s. 27 C_1).

„**Stimmbandverschluß**" (∣) gibt den auf Seite XIII erwähnten dänischen stød, Stoßton, an.

Trennungsstrich (-) ist verwendet, wo zwei Vokale, die einzeln ausgesprochen werden sollen, zusammenstoßen, z. B. naiv (na-i′∣w), sove (ho^u-^{e}) schlafen.

II. Erklärung der einzelnen Laute mit Beispielen
A. Vokale

a mittleres, helles („flaches") a; darf nicht mit ä verwechselt werden: kande (ka′n^e) Kanne; kane (kā′n^e) Pferdeschlitten.

a tiefes *a*, wie im Deutschen, kommt z. B. vor und nach r, vor ng und im Doppellaut a^u vor: fra (fr*a*) von, aus; far (f*ā*^{r}) lang (l*a*ng∣); havn (h*a*^{u}n) Hafen.

ä offenes ä, wie im Deutschen: æble (ä′bl^e) Apfel.

ä ganz offenes *ä*, oft vor und nach r: træ (tr*ä*∣) Baum, Holz; kærne (k*ä*′rn^e) Kern; jern (j*ä*r∣n) Eisen.

e geschlossenes e, wie im Deutschen: ved (wed) bei; ved (wē∣d) weiß.

^{e} flüchtiges e, wie im Deutschen, besonders häufig in tonlosen En-

— IX —

dungen: billede (be′l*ed*e) Bild; wichtig ist die häufige Verbindung e*r* zu einem tonlosen Laut: digter (de′gd*er*).

i geschlossenes i, wie im Deutschen: vildvin (wi′lwi|n) wilder Wein.

ᶦ flüchtiges i, kommt in Doppellauten vor: øje (oi′-*e*) Auge; egn (aᶦ|n) Gegend.

o geschlossenes o, wie im Deutschen: ost (oßd) Käse.

o ganz offenes o, wie im Deutschen Nord; häufig vor r und im Doppellaut: godt (god) gut; får (fō|ʳ) bekommt; løgn (loᶦ|n) Lüge.

ọ offenes o, doch nicht so offen wie der vorige Laut oft å geschrieben): få (fō|ˢ) bekommen; otte (ō′d*e*) acht.

ö geschlossenes ö, wie im Deutschen: øre (ō′r*e*) Ohr; Öre (*Münze*).

ö offenes ö, oft vor r und im Doppellaut öᵘ: først (förßd) zuerst; søvnig (ßöᵘ′ni) schläfrig.

u geschlossenes u, wie im Deutschen: du (du); sur (ßū|ʳ) sauer.

ᵘ flüchtiges u, kommt in Doppellauten vor: gavn (gaᵘ|n) Nutzen; Europa (eᵘrō′pa); nævne (näᵘ′-n*e*) nennen; livlig (liᵘ′li) lebhaft; sjov (ßjoᵘ|) ulkig; syv (ßüᵘ|) sieben; søvn (ßöᵘ|n) Schlaf; øvrig (öᵘ′ri) übrig.

ü geschlossenes ü, wie im Deutschen: Fyn (fū|n) Fünen.

B. Konsonanten

f, h, j, k, l, m, n, ng, p, ß, t, w wie im Deutschen; k, p, t jedoch stark aspiriert.

b stimmloses b, seltener im Deutschen: båd (bō|d) Boot.

d stimmloses d, seltener im Deutschen: dal (dā|l) Tal.

ᵭ stimmhafter Lispellaut, ungefähr wie im englischen the: rødgrød (rö′dgrō|d) rote Grütze; fløde (flō′d*e*) Sahne.

g stimmloses g, seltener im Deutschen: gå (gō|) gehen.

g stimmhafter Reibelaut: sige (ßī′g*e*) sagen; vogn (wog|n) Wagen.

r stimmhafter Zungenwurzellaut — ohne Schwingungen hervorgebracht, also ohne „Rollen": ring (rengǀ) Ring.

ʳ flüchtiges r, bisweilen ganz in den vorhergehenden Vokal aufgegangen, z. B.: far (fāʳ) Vater.

III. Das dänische Alphabet

hat folgende Reihenfolge, die in den Wörterbüchern verwendet wird. Man darf demnach æ und ø nicht unter a und o suchen. Å wurde nach der vor 1948 in Geltung gewesenen Rechtschreibung aa geschrieben und unter a gesetzt; bei Benutzung älterer Wörterbücher muß darauf geachtet werden.

A a	B b	C c	D d	E e	F f
(ā|)	(bē|)	(ßē|)	(dē|)	(ē|)	(äf)
G g	H h	I i	J j	K k	L l
(gē|)	(hō|)	(ī|)	(jod)	(kō|)	(äl)
M m	N n	O o	P p	Q q	R r
(äm)	(än)	(ō|)	(pē|)	(ku)	(är)
S s	T t	U u	V v	W w	X x
(äß)	(tē|)	(ū|)	(wē|)	(do′b*e*ld wē|)	(ägß)

— X —

Y y	Z z	Æ æ	Ø ø	A å
(ü|)	(ßäd)	(ä|)	(ö|)	(ō|)

c, q, w, x, z kommen nur in Fremdwörtern vor.

Die in Dänemark gebrauchte Schrift ist die „lateinische" (Antiqua).

Lautwert der Buchstaben

I. Vokale

a (a) hat eine geschlossenere Aussprache als das deutsche a, besonders in langen Silben, darf aber nicht mit ä verwechselt werden: gade (gā′dᵉ) Straße; tand (tan\|) Zahn; vaje (wa ͥ ′-ᵉ) wehen (Diphthong). In Verbindung mit r und ng und bisweilen in kurzen Silben hat das a die deutsche Aussprache (a): drak (drag) trank; har (hā\|ʳ); arm (aʳ\|m); lang (lanᵍ\|). Ebenfalls im Diphthong af, av, au (aᵘ): afhente (aᵘ′hän\|dᵉ) abholen; trav (traᵘ) Trab; automat (aᵘtomā′\|d).

e lautet wie das deutsche (e): te (tē\|); mere (mē′rᵉ); fedt (fed) Schmalz, Fett. — Wie (ä): hest (häßd) Pferd; wie (ä) bei r: herre (hä′rᵉ). — In tonlosen Silben und Endungen (ᵉ): degenererede (degenᵉrē′\|rᵉdᵉ) degenerierte. Dieser Laut wird mit r verschmolzen zu einem Laut: lærer (lä′rᵉʳ); grosserer (großē′\|ʳᵉʳ) Großkaufmann. — Das Endungs-e ist nie stumm!

Die Diphthonge eg und ej werden meistens (a ͥ) gesprochen: sejle (ßa ͥ ′lᵉ), steg (ßda ͥ \|) Braten, jeg (ja ͥ); bei r (a ͥ): rejse (ra ͥ ′ßᵉ). Die Diphthonge eu und ev werden (äᵘ) gesprochen: evne (äᵘ′nᵉ) Fähigkeit, neutral (näᵘtrā′\|l). Unregelmäßige Aussprache: De, de (di) Sie, sie; seksten (ßa ͥ ′ßdᵉn) sechzehn

i (i) wie im Deutschen: lille (li′lᵉ) klein; vise (wi′ßᵉ) Lied; oft mit e-Klang (e): til (tel) zu; lidt (led) ein wenig; finde (fe′nᵉ) finden. Der Diphthong iv (iᵘ): liv (liᵘ\|) Leben; ivrig (iᵘ′ri) eifrig. Unregelmäßig: mig (ma ͥ), dig (da ͥ), sig (ßa ͥ) mich, dich, sich.

o (o) wie im Deutschen: ost (oßd) Käse, modig (mō′di) mutig. Als (o) in bog (bō\|g) Buch, koge (kō′gᵉ) kochen. Offener, kurz als (o) wie in „Stock": komme (to′mᵉ), stok (ßdog); ebenfalls im Diphthong ov (oᵘ): lov (loᵘ) Gesetz, Erlaubnis; skovl (ßgoᵘ\|l) Schaufel.

u (u) wie im Deutschen: gul (gū\|l) gelb, snude (ßnū′dᵉ) Schnauze. Oft auch als (o), kurz: gulv (gol) Fußboden. — Der Diphthong uv (uᵘ): luv (luᵘ\|).

y (ü) wie im Deutschen: syl (ßü\|l) Ahle. Oft als kurzes (ö): lyst (lößd) Lust. — Der Diphthong yv (üᵘ): syv (ßüᵘ\|) sieben.

æ (ä) wie im Deutschen: hæs (hä\|ß) heiser; hæve (hä′wᵉ) heben; im Diphthong æv (äᵘ): hævn (häᵘ\|n) Rache; stævne (ßdäᵘ′nᵉ) vorladen. Bei r etwas offener und immer kurz (ä): fræk (fräg), færdig (fä′rdi).

ø (ö) wie im Deutschen: sød (ßȫ\|d) süß, døbe (dȫ′bᵉ) taufen. Eine offenere Aussprache (besonders bei r) wird durch (ö) bezeichnet: køn (kön\|) hübsch, grøn (grön\|) grün, hør (hör) Flachs. Die Diphthonge øg und øj werden (o ͥ) gesprochen: løg (lo ͥ \|) Zwiebel, nøgle (no ͥ ′lᵉ)

— XI —

Schlüssel, løj (lo¹|) log, søjle (ḥoⁱ'lᵉ) Säule. Der Diphthong øv (öᵘ): hovl (ḥöᵘ|l) Hobel, støvle (ḥdöᵘ'lᵉ) Stiefel. Ausnahmen sind: bøg (bö|g) Buche, gøg (gö|g) Kuckuck.

å wird ziemlich offen gesprochen (*o*), liegt zwischen (o) und (ɔ): gå (gö|) gehen, låse (lö'ḥᵉ) verschließen. Die sehr offene Aussprache (ɔ) ist immer kurz: bånd (bon|) Band, blåt (blod) *n* zu blå (blö|) blau.

II. Konsonanten

b (b) stimmlos: bade (bä'dᵉ) baden, æble (ä'blᵉ) Apfel; b fällt weg in købmand (kö'man|) Kaufmann; b wird (ᵘ) gesprochen in: peber (peᵘ'-ᵉʳ) Pfeffer, kobber (koᵘ'|ᵉʳ) Kupfer.

c in Fremdwörtern: (ḥ) vor e, i, y, æ, ø, sonst (k): cigar (ḥigå'|ʳ), cykel (ḥü'gᵉl) Fahrrad, cølibat (ḥölibä'|d); café (tafē'|), cognac (ko'n|jag), creme (trä|m); ch wird (ḥj) gesprochen: chokolade (ḥjokolä'dᵉ), marchere (marḥjē'|rᵉ); sc wird (ḥ) gesprochen: scene (ḥē'nᵉ).

d (d) stimmlos, im Anlaut vor Vokalen und in Fremdwörtern: dansk (dan|ḥg) dänisch, moderne (modä'rnᵉ); zwischen Vokalen und nach Vokal (*d*), ungefähr wie stimmhaftes englisches th in mother: gade (gä'dᵉ) Straße, hedde (he'dᵉ) heißen, bedre (bä'drᵉ) besser. (*d*) kommt nie im Anlaut vor. — d ist meistens stumm in 1. ds: spids (ḥbeḥ) Spitze, Gedser (ge'ḥᵉʳ) Ortsname; 2. dt: godt (god) gut, flydt (flüd) geflossen; 3. ld: guld (gul), vilde (wi'lᵉ); vor i und r wird das d jedoch gesprochen: skyldig (ḥgü'ldi), heldig (hä'ldi) glücklich, aldrig (a'ldri) nie; 4. nd: Tyskland (tü'ḥglan|), rende (rän'ᵉ) rennen; vor i und vor r wird das d jedoch gesprochen: vældig (wä'ldi) gewaltig, yndig (ö'ndi) lieblich; andre (a'ndrᵉ); auch in den Wörtern: bande (ba'ndᵉ) Bande, blond (blon|d), vindue (we'ndū-ᵉ) Fenster; 5. rd: nord (nō|ʳ), hård (hō|ʳ) hart; vor i wird das d jedoch in værdig (wä'rdi) würdig, jordisk (jo'rdiḥg) irdisch, sowie in mehreren Wörtern, gesprochen, z. B.: burde (bo'rdᵉ) müssen, byrde (bü'rdᵉ) Traglast, færdes (fä'rdᵉḥ) verkehren, hyrde (hü'rdᵉ) Hirte, lærd (lä|ʳd), myrde (mö'rdᵉ) ermorden, verden (wä'rdᵉn) Welt. — Ferner ist d stumm in bødker (bö'|gᵉʳ) Böttcher, snedker (ḥnē'|gᵉʳ) Tischler, und meistens in fader (fa') (fäʳ), moder (mor) (mōʳ), broder (bror) (brōʳ), klæder (klæ'ʳ) (klāʳ) Vater, Mutter, Bruder, Kleider.

f (f): fare (fä'rᵉ), kaffe (ka'fᵉ); in der Präposition af, von, ist f stumm (ā|, a); die Vorsilbe af- wird (aᵘ-) gesprochen: affald (aᵘ'fal|) Abfall.

g (g) stimmlos, im Anlaut, vor t und am Wortende: give (gi', gi'wᵉ) geben, magt (magd), myg (müg) Mücke; sonst (*g*), ein stimmhafter Reibelaut, liegt zwischen g und j: bager (bä'gᵉʳ) Bäcker, flag (flä|g) Flagge, døgn (doⁱ|n) 24 Stunden, vælge (wä'lgᵉ) wählen. — gg wird (g) gesprochen: lægge (lä'gᵉ) legen. — g ist stumm in den Endungen -dag -tag und -ig: søndag (ḥö'nda) Sonntag, livlig (liᵘ'li) lebhaft, Frankrig (fra'nᵃgri); oft hinter i, u und y: lige (li'ᵉ) gleich, grade, fugl (fū|l) Vogel, ryge (rū'-ᵉ) rauchen, Oft hinter l und r: fulgte (fu'ldᵉ) folgte, sælge (ḥä'lᵉ) verkaufen, solgte (ḥo'ldᵉ), valgte (wa'ldᵉ), (er)wählte, spørge (ḥbö'rᵉ) fragen, spurgte (ḥbo'rdᵉ), Nyborg (nü'-bō|ʳ), Holberg (ho'lbäʳ|).

— XII —

h (h): hav (hau) Meer, ahorn (ā'hor|n); in hj und hv ist h stumm: hvid (wid) weiß (aber: vid weit), hjul (jū|l) Rad (vgl. jul Weihnachten). th kommt nur in thi (tī|) denn, T(h)y (tū|) Landschaft, vor.

j (j): ja (ja); stumm in vejr (wā|ᵣ) Wetter.

k (t), im Anlaut aspiriert: ko (tō|) Kuh; sonst (g): lak (lag) Lack; slikke (ßle'gᵉ) lecken.

l (l): lave (lā'wᵉ) machen; ville (wi'lᵉ) wollen.

m (m): mork (mörg) dunkel; flamme (fla'mᵉ).

n (n): nål (nō|l) Nadel, lønne (lö'nᵉ) lohnen; ng wird (nᵍ) gesprochen: lang (lanᵍ|); nk wie im Deutschen (nᵍg): slank (ßlanᵍ|g).

p (p), im Anlaut aspiriert: pølse (pö'lßᵉ) Wurst; sonst (b): spille (ßbe'lᵉ) spielen, hoppe (ho'bᵉ) hüpfen, slap (ßlab) schlapp, slips (ßlebß) Schlips. — p ist stumm in Fremdwörtern mit ps-: psykologi (ßüfologī'|).

q nur in Fremdwörtern, mit u verbunden: qua (twā|).

r (r): rund (ron|), snurre (ßno'rᵉ) schnurren, kraft (trafd); hinter Vokalen sehr schwach (ʳ), oft ganz vokalisch: hør (hȫ|ʳ) höre, høre (hȫ'rᵉ oder hȫ'-eʳ), fjender (fjā'neʳ) Feinde, vekselerer (wägßelē'|ʳeʳ) Wechsler. — r ist stumm in karl (tā|l) Knecht, aber nicht im Namen; Karl (tā|ʳl).

s (ß), immer stimmlos: sommer (ßo'meʳ), tysse (tü'ßᵉ) beschwichtigen. — js (oder sj) wird (ßj) ausgesprochen: Sjælland (ßjä'lan|) Seeland, gymnasiast (gümnaßja'ßd); Sprachreformler schreiben oft sj in Fremdwörtern, wo derselbe Laut vorkommt: journal (ßjurnā'|l), bagage (bagā'ßjᵉ), national (naßjonā'|l), social (ßoßjā'|l), chef (ßjā|f), 3. B. nasjonal.

t (t), im Anlaut stark aspiriert: ti (tī|), tvinge (twe'nᵍ-ᵉ); sonst als (d): stille (ßde'lᵉ), hierte (jä'rdᵉ) Herz, rytter (rü'deʳ) Reiter, slet (ßläd) schlecht. — t ist stumm in dem Pronomen det (de) es, das. — In dem bestimmten Artikel -et und in der Part.-Perf.-Endung -et kann t entweder (d), westdänisch, oder (d), ostdänisch, gesprochen werden, 3. B. elsket (äl'ßgᵉd, -eḋ) geliebt.

v (w), nie ein deutsches v: vide (wī'dᵉ) wissen, privat (priwā'|d), lav (lā|w) niedrig; nach kurzen Vokalen als (ᵘ) gesprochen: snavs (ßnaᵘ|ß) Schmutz, skov (ßgoᵘ|) Wald. Beachtenswert ist der Unterschied zwischen lov (loᵘ) Gesetz — loven (lō'weⁿ), hav (haᵘ) Meer — havet (hā'|weḋ), und umgekehrt zwischen lav (lā|w) niedrig — lavvandet (laᵘʷan|eḋ) seicht, iver (ī'|weʳ) Eifer — ivrig (iᵘ'ri). — v ist meistens stumm in lv und oft in rv: halv (hal|), gulv (gol) Fußboden, tolv (tol|) zwölf; kurv (tō|ʳ[w]) Korb, torv (tō|ʳ[w]) Marktplatz.

w (w), nur in Fremdwörtern: week-end (wīg-ā'nd) Wochenende.

x (gß), nur in Fremdwörtern: excellence (ägßelā'nßᵉ).

z (ß), nur in Fremdwörtern: zone (ßō'nᵉ), gaze (gā'ßᵉ).

Außer den erwähnten stummen oder weggefallenen Konsonanten werden in der Umgangssprache folgende Abschleifungen vorgenommen:
be'r (bē|ʳ) (= [jeg] beder) bitte; hva'beha'r? (wabehā'|ʳ) (= hvad behager?) wie (bitte)?; værs'go' (wärßgō'|) (= vær så god) bitte.
jeg (betont: jaⁱ, unbetont: jä, jᵉ).

og (o) und, også (o'ẞe) auch; nogen (nōn) jemand, nogle (nōn) pl. ...
bede (bē|) bitten, beder (bē|ʳ); blive (blī'-ᵉ, blī|) bleiben, werden, bliver
(blī|ʳ), blev (blē|), blevet (blēd); give (gi) geben, giver (gi|ʳ), gav (gā|),
givet (gīd); have (ha) haben, havde (ha'dᵉ); lade (la) lassen; lagde (lā'-ᵉ)
legte; lide (lī|) mögen; sagde (ẞā'-ᵉ) sagte; tage (ta) nehmen, tog (tō|),
taget (tād).

In unbetonter Form auch: kunde (tu) konnte, skulde (ẞgu) sollte,
vilde (wi) wollte.

Das (d) verschwindet ebenfalls oft: god (gō|), gode (gō'-ᵉ), lod (lō|)
usw. Vejr „Wetter" wird (wå|ʳ) gesprochen; seksten „sechzehn" (ẞaⁱʳẞdᵉn);
Niels (nēlẞ) Name.

Betonung und Stoßton

Die Betonung (in der Lautschrift durch ' gekennzeichnet) ist in den
meisten Fällen wie in der deutschen Sprache. In der Regel ist die erste
Silbe des Wortes betont: leende (lē'|enᵉ) lachend, idræt (i'dräd) Sport;
auch in Zusammensetzungen: adelsmand (ā'|dᵉlẞman|) Adeliger, farbror
(fa'ʳbroʳ) Bruder des Vaters. — Ausnahmen bilden die mit den Vor=
silben be-, er-, for- (oft = ver-) und ge- zusammengesetzten Wörter:
bedrage (bedrā'|gᵉ) betrügen, erhverv (ärwä'r|w) Beruf, forlange (fo=
la'ng|ᵉ) verlangen, gebyr (gebü'|ʳ). Ferner viele Fremdwörter (be=
sonders romanischen Ursprungs): telefon (telᵉfō'|n), benzin (bänẞī'|n),
gelé (ẞjeleʹ), likør (litȫ'|ʳ) und mit fremden Endungen: -ere, -eri,
-i, -ik (anders im Deutschen), -tion, -tør, -ur, -ør: gratulere (gratulē'|rᵉ),
svineri (ẞwinᵉrī'|), teologi (te-ologī'|), statistik (ẞdadiẞdī'g), botanik (bo=
tanī'g), nation (naẞjō'|n), direktør (dirägtȫ'|ʳ) Direktor, kultur (kultū'|ʳ).
Die Endung -inde „-in" ist betont: skuespillerinde (ẞgu-eẞbelᵉe-e'nᵉ). Ver=
schieden vom Deutschen werden z. B. folgende Wörter betont: Emil (emī'|l),
Georg (gē'oʳg), karakter (karagtē'|ʳ) Charakter, Schulzensur, vekselerer
(wägẞᵉlē'|rᵉʳ) Wechsler, kalorie (kalō'|ri-ᵉ), kajak (kaja'g), dementi (de=
mäntī'|), syntaks (ẞünta'gẞ), tobak (toba'g), alter (a'|dᵉʳ) Altar, ko=
piere (kopi-ē'|rᵉ) kopieren.

In vielen Wortverbindungen tritt der „Einheitsdruck" ein; dieser
wird in 27 C₁ behandelt.

Ein charakteristisches Merkmal für die dänische Sprache ist der sogenannte
stød (ẞdö|d) „Stoß, Stoßton" (in der Lautschrift durch [|] gekennzeichnet).
Der „Stoß" ist ein Kehlkopfverschluß; durch das Zusammenklappen der
Stimmbänder wird der Luftstrom, der von der Lunge kommt, für den
Bruchteil einer Sekunde zurückgehalten. Wenn die Stimmbänder wieder
zurückklappen, strömt die Luft mit einem hörbaren kleinen Hauch weiter.

Der „Stoß" kommt nur in (oder: nach) langem Vokal (oder nach Di=
phthong) oder nach stimmhaftem Konsonanten vor: hus (hū|ẞ), fri (frī|),
vrøvl (wröü|l) Unsinn, halm (hal|m) Stroh, lang (lang|), fødder (fö'dᵉʳ)
Süße. Er kann nur in betonter oder halbbetonter Stellung vorkommen;
in schwachen, unbetonten Silben (oder Wörtern) geht er verloren: jeg kan
(kan|), aber: jeg kan gå (kan gō'|); Hans (han|ẞ), aber: Hans Pedersen
(hanẞ pē'|dᵉʳẞen). In der Schrift wird er überhaupt nicht bezeichnet.

Der Stoß dient bisweilen zur bedeutungsmäßigen Unterscheidung in der
Aussprache, z. B.: anden (a'nᵉn) anderer, zweiter — anden (a'n|ᵉn) die

— XIV —

Ente; tanken (ta'nəgᵉn) der Gedanke, (ta'nə|gᵉn) der Tank; tiende (tiˡ-enᵉ) schweigend, (tiˡ|enᵉ) Zehnter; tænder (tä'n|er) Zähne — tænder (tä'nᵉr) zünde; kom! (kom) komme! — kom (kom|) kam usw.

Kürze und Länge

Ein Vokal ist im allgemeinen kurz vor mehreren Konsonanten und lang vor einfachen Konsonanten: købe (kö'bᵉ) kaufen — købte (kö'bdᵉ), klase (klä'ßᵉ) Traube — klasse (kla'ßᵉ). Es sind jedoch viele Ausnahmen, die man nur in der Praxis erlernen kann. — Eigentümlich für die dänische Rechtschreibung ist folgende Regel: ein Konsonant nach kurzem Vokal wird im Dänischen nur verdoppelt, wenn hinter dem Konsonanten ein e folgt: butik (buti'g) Laden — butikken (buti'gᵉn); søm (ßöm|) Nagel — sømmet (ßö'm|ᵉd); gemme (gä'mᵉ) verstecken — gem (gäm|), Stamm des Verbs — gemte (gä'mdᵉ); grøn (grön|) grün — grønt (grön|d) — grønne (grö'nᵉ).

Verschieden vom Deutschen haben folgende Wörter kurzen Vokal: domkirke (do'mke'rgᵉ) Dom, filosof (filoßo'f), Grønland (grö'nlan|), hof (hof), kloster (klo'ßdᵉr), Rom (rom|) Stadt; a. Rum; kurz ist auch: kæreste (tä'rɛßdᵉ) Braut, Bräutigam; lang ist der Vokal dagegen in chef (ßjä|f), mord (mö|r).

Rechtschreibung, Silbentrennung und Zeichensetzung

Die dänische Schriftsprache ist ziemlich konservativ im Verhältnis zu der lautlich abgeschliffenen Umgangssprache. Seit dem 18. Jahrhundert wurden die Substantive offiziell großgeschrieben, — ungefähr nach denselben Regeln wie im Deutschen. 1948 führte man jedoch, wie im Vorwort erwähnt, die Kleinschreibung in den Substantiven ein. Gleichzeitig wurde der Buchstabe aa durch å („bolle-å" genannt, d. h. a mit einem „Kloß" darüber) ersetzt. Die Imperfektumsformen kunde, skulde, vilde konnte, sollte, wollte, wurden, allerdings unter großem Widerstand, mit kunne, skulle, ville ersetzt. Großgeschrieben werden prinzipiell nur noch Namen, sowie die Pronomina De Sie, Dem, Deres, I ihr. — In diesem Lehrbuch ist die neue Rechtschreibung durchgeführt, jedoch werden aus praktischen Gründen die Formen kunde, skulde, vilde, die sich vielleicht in der neuen Form nicht durchsetzen werden, beibehalten.

Über stumme Konsonanten, die geschrieben werden müssen, siehe S. XI (d), S. XII (h), S. XII (v), S. XI (g); es empfiehlt sich, in allen Zweifelsfällen das betreffende Wort in Langenscheidts Dänisch=Deutschem Wörterbuch nachzuschlagen.

Über Doppelschreibung des Konsonanten siehe oben; über das Genitiv=s siehe 1 C₅.

Wörter auf unbetontes -el, -en, -er verlieren das e, wenn eine Endung hinzugefügt wird: cykel Fahrrad, cykl/en, cykl/er; lagen Laken, lagn/et, lagn/er; finger, fingr/en, fingr/e; dunkel, dunkl/e; doven faul, dovn/e; mager, magr/e. Ein verdoppelter Konsonant wird in diesem Falle vereinfacht: middel, midl/et; vammel ekelig, vaml/e.

Die Worttrennung geschieht wie im Deutschen nur nach Silben (blomst Blume, aber: blom-sten, blom-stre blühen; an-er-kende, eksamen); ein Konsonant zwischen zwei Vokalen geht zur zweiten Silbe (ka-tolsk, hu-se-ne, ma-le-de); von zwei Konsonanten zwischen Vokalen geht der eine zur ersten, der andere zur zweiten Silbe (ar-me, hjæl-pe, mid-te, mag-net. syn-ge); sk, sp und st können jedoch nicht getrennt werden, sondern verhalten sich wie ein Konsonant (a-ske, bi-spen der Bischof, blæ-ste); wenn drei oder mehrere Konsonanten vorkommen, werden so viele in der zweiten Silbe geschrieben, wie im Anlaut eines Wortes vorkommen können (ast-ma, skælm-ske, van-dre, send-te, var-sle, ærg-re, da [g] nicht als Wortanfang vorkommen kann). Diphthongverbindungen mit v werden getrennt (ra-vet der Bernstein, sy-vende siebenter, snæ-ver eng), mit j aber nicht (haj-en, vej-e, tøj-et).

Die Zeichensetzung entspricht in allem Wesentlichen der deutschen. Vor einem erweiterten Infinitiv oder vor „um zu", „anstatt zu" steht jedoch im Dänischen kein Komma: det er dejligt at spise dansk smørrebrød; han gik ind for at købe bogen; vi blev siddende i stedet for at gå.

Die grammatischen Fachausdrücke und ihre Verdeutschung

Adjektiv = Eigenschaftswort: das braune Kleid

adjektivisch = als Eigenschaftswort gebraucht

Adverb = Umstandswort: er kommt spät

adverbial = als Umstandswort gebraucht

Akkusativ = 4. Fall, Wenfall: Er pflückt den Apfel für seinen Bruder

Aktiv = Tätigkeitsform: Der Mann schlägt den Hund

Artikel = Geschlechtswort: der, die, das; ein, eine, ein

Attribut = Beifügung, Eigenschaft: Der alte Mann hat es nicht leicht

attributiv = beifügend

Dativ = 3. Fall, Wemfall: Die Frau kommt aus dem Garten

Deklination = Nennwortbeugung: der Vater, des Vaters, dem Vater, den Vater

deklinieren = beugen

Demonstrativpronomen = hinweisendes Fürwort: dieser, jener

Deponens = Verb in passiver Form mit aktiver Bedeutung

Diphthong = Zwielaut: au, ei, eu, äu

Femininum = weibliches Hauptwort

Flexion = Beugung, bes. der Substantive

Futur = Zukunft(sform): ich werde fragen

Genitiv = 2. Fall, Wesfall: die Erzeugnisse des Landes

Genus = Geschlecht; Genus commune = „gemeinsames" (maskulin = feminin) Geschlecht

Gerundium = gebeugte Grundform des Zeitworts

Imperativ = Befehlsform: geh(e)!

Imperfekt = unvollendete Form der Vergangenheit des Zeitworts: ich fragte

indefinit = unbestimmt

Indikativ = Wirklichkeitsform: Er geht nicht sofort

Infinitiv = Nennform, Grundform: backen, biegen

Interjektion = Empfindungswort, Ausrufewort: ah!

Interrogativpronomen = Fragefürwort: wer, wessen, wem, wen

Inversion = Umstellung: Oft muß man sich selber helfen

Kasus = Beugungsfall der Deklination (z. B. Nominativ)

Komparativ = Höherstufe, 1. Steigerungsstufe: schöner, größer

Konditional = Bedingungsform: Unter Umständen würden wir es machen

Konjugation = Beugung des Zeitworts

konjugieren = ein Zeitwort beugen, abwandeln

Konjunktion = Bindewort: Der Mann ist unglücklich, weil er nicht arbeiten kann

Konjunktiv = Möglichkeitsform: Frau Schmidt dachte, ihr Mann sei im Büro

Konsonant = Mitlaut: b, d, f usw.

Maskulinum = männliches Hauptwort

Modus = Aussageweise, z. B. Indikativ, Konjunktiv usw.

Neutrum = sächliches Hauptwort

Nomen = Hauptwort: der Tisch

Nominativ = 1. Fall: Der Mann kauft ein Buch

Objekt = Satzergänzung: Der Mann schlägt den Hund

Partizip = Mittelwort: gebacken

Passiv = Leideform: Der Hund wird von dem Mann geschlagen

Perfekt = Vollendung in der Gegenwart: Ich bin weggegangen

Personalpronomen = persönliches Fürwort: er, sie, wir

Plural = Mehrzahl: die Kirschen

Plusquamperfekt = Vorvergangenheit: Ich hatte den Brief geschrieben

Positiv = Grundstufe: schön, schöner

Possessivpronomen = besitzanzeigendes Fürwort: mein, dein, euer usw.

Prädikat = Satzaussage: Die Frau bäckt einen Kuchen

prädikativ = als Aussage gebraucht

Prädikatsnomen = Hauptwort als Teil der Satzaussage: Er ist Schüler

Präfix = Vorsilbe: abfahren, ankommen, verkommen

Präposition = Verhältniswort: auf, gegen, mit usw.

präpositional = mit Verhältniswort gebildet

Präsens = Gegenwart: ich gehe

Pronomen = Fürwort: er, sie, es usw.

pronominal = zum Fürwort gehörig

reflexiv = rückbezüglich: er wäscht sich

Reflexivpronomen = rückbezügliches Fürwort: mich, dich, sich

Relativpronomen = bezügliches Fürwort: Wo ist das Buch, das ich gekauft habe?

Simplex = einfaches, nicht zusammengesetztes Wort

Singular = Einzahl: (die) Kirsche

Subjekt = Satzgegenstand: Das Kind spielt mit der Katze

Substantiv = Hauptwort: Der Tisch

substantivisch = als Hauptwort gebraucht

Suffix = Nachsilbe: ...lich, ...heit, ...ung usw.

Superlativ = Höchststufe bei der Steigerung des Adjektivs, zweite Steigerungsstufe: am schönsten

Verbalsubstantiv = hauptwörtlich gebrauchte Nennform: das Lesen, das Schreiben

Verb(um) = Zeitwort: gehen, kommen

Vokal = Selbstlaut: a, e, i, o, u, ä, ö, ü

1. Stunde

Så står vi op! **1A**

ßo' ßdō|ᵣ wi o'b!
Nun stehen wir auf
(ob.: aufstehen)!

Det	er	en	tidlig	onsdag	morgen.	—	Klokken
de	äᵣ	en	ti'dli	o'n|ßda	mo'rn.	—	tlo'gᵉn
Es	ist	ein	früher	Mittwoch	Morgen.	—	Um

halv	syv	ringer	vækkeuret.	—	Nu	skal	Åge	stå
hal|	ßüu'|	re'nꜱ-er	wä'ge-ū|rᵉd.	—	nu	ßga[l]	ō'ge	ßdo
halb	sieben	Uhr	läutet	der	Wecker.	— Nun	soll Åge	auf=

op.	— Han	drejer	sig	dog	bare	om	i	sin	seng
o'b.	— han	drai'-er	ßaⁱ	dog	bā'rᵉ	om|	i	ßin	ßä'nꜱ|
stehen.	— Er	dreht	sich	jedoch	nur	um	in seinem		Bett

og	sover	straks	videre.	—	„Åge,	stå	nu	op,
o[g]	ßou"|er	ßdra'gß	wi'dᵉrᵉ.	—	ō'ge,	ßdo	nu	o'b,
und	schläft	sofort	weiter.	—	„Åge,	steh	jetzt	auf,

klokken	er	mange!"	siger	hans	mor.	—	Åge	strækker
tlo'gᵉn	äᵣ	ma'nꜱ-e!	ßi'ᵣ	hanß	mō'ᵣ.	—	ō'ge	ßdrä'ger
es ist spät (eigl.: die Uhr ist viel)!			sagt seine Mutter.			— Åge		streckt

sig	og	gaber,	men	efter	morgengymnastikken	er
ßaⁱ	o	gā'bᵉr,	män	äfdᵉr	mo'rngümnaßde'gᵉn	äᵣ
sich	und	gähnt,	aber	nach	der Morgengymnastik	ist

han	lysvågen.	— I	badeværelset	vasker	han	sig.	—
han	lü'ßwōgᵉn.	— i	bā'dᵉwärᵉlßᵉd	wa'ßger	han	ßaⁱ.	—
er	hellwach.	— Im	Badezimmer	wäscht	er	sich.	—

Han	tager	brusebad.	—	Glatbarberet	og	pænt
han	tā|ᵣ	brū'ßᵉbad.	—	gla'dbaᵣbē|rᵉd	o	pä'|nd
Er	nimmt (ein)	Brausebad.	—	Glattrasiert	und	fein

Dän. Kurzlehrbuch

friseret	kommer	han	ind	i	spisestuen	til	morgen-
friſē'|rᵉd	ḳom|eᵳ	han	e'n|	i	ᵴbī'ᵴᵉᵴdū-ᵉn	te[l]	mo'rn-
friſiert	kommt er	herein	in	das	Eᵴzimmer	zum	Morgen=

maden.	—	„God	morgen,	far!	god	morgen,
mā|dᵉn.	—	go	mo'rn.	fāᵳ!	go	mo'rn.
eſſen (d. h. erſten Frühſtück).	—	„Guten Morgen, Vater!		guten Morgen,

mor!	undskyld	at	jeg	kommer	for	sent!"	—	„God
mōᵳ!	o'nᵴgül|	ad	jä	ḳomeᵳ	foᵳ	ᵴē'|nd!	—	go
Mutter!	entſchuldigt,	daß	ich	ḳomme	zu	ſpät!"	—	„Guten

dag,	min	dreng!	hvordan	har	du	sovet?"	—	„Tak,
dā'|	min	drä'nᵍ|!	woᵳda'n	hāᵳ	du	ᵴoᵘ'-ᵉd?	—	tag,
Tag,	mein	Junge,	wie	haſt	du	geſchlafen?"	—	„Danke,

godt!"	—	Karen,	mors	husassistent,	stiller	en
go'd!	—	tā'rᵉn,	morᵴ	hu'ᵴaᵴiᵴdän|d	ᵴde'[eᵳ	en
gut!"	—	Karen,	Mutters	Hausgehilfin,	ſtellt	einen

tallerken	havregrød	frem	til	ham.	—	Åge	nyder
talä'rgᵉn	hau'rᵉgrö|d	frä'm|	te[l]	ham.	—	ō'gᵉ	nü'|deᵳ
Teller	Haferbrei	hin	für	ihn.	—	Åge	genießt

den.	—	Bagefter	drikker	han	en	kop	dejlig	varm
dᵉn.	—	bā'|[gläſdeᵳ	dre'geᵳ	han	en	ḳob	daï'li	wa'ᵳ|m
ihn.	—	Hinterher	trinkt	er	eine	Taſſe	herrlichen	warmen

kaffe	og	spiser	et	stykke	knækbrød	med	ost.	—
ḳafᵉ	o	ᵴbī'|ᵴeᵳ	ed	ᵴdö'gᵉ	ḳnä'gbrö|d	mä[d]	o'ᵴd.	—
Kaffee	und	ißt	ein	Stück	Knäckebrot	mit	Käſe.	—

„Tak	for	mad,	mor!"	—	„Vel	bekomme,	Åge!"	—
ta'g	foᵳ	ma'd,	mō'ᵳ!	—	wä'lbeḳom|e,		ō'gᵉ!	—
„Danke	fürs	Eſſen,	Mutter!"	—	„Wohl	bekomm's,	Åge!"	—

„Nå,	nu	må	jeg	gå.	Farvel!"
no',	nu	mo	jä	gō'|.	faᵳwä'l!
„So,	nun	muß	ich	gehen.	Auf Wiederſehen!"

Øvelse 1B

Ugens dage er: mandag, tirsdag, onsdag, torsdag, fredag, lørdag og søndag. — Lørdag er en hverdag eller søgnedag, søndag er en helligdag.

Setze den unbestimmten Artikel statt des bestimmten und umgekehrt in folgenden Sätzen: Telefonen ringer. — Manden spiser et rundstykke. — En cykelhandler sælger en cykel. — Manden og konen køber en appelsin hos gartneren. — Giv mig en hat og en stok. — Fuglen bygger en rede. — Studiet varer længe. — Tyskeren elsker kagerne i Danmark. — Teatret er fuldt af mennesker. — Husassistenten giver drengen en kop og en tallerken.

øvelse (ö'welße), -r	Übung
uge (ü'ge), -r	Woche
mandag (ma'n|da)	Montag
tirsdag (ti'r|ßda)	Dienstag
onsdag (o'n|ßda)	Mittwoch
torsdag (to'r|ßda)	Donnerstag
fredag (frē'|da)	Freitag
lørdag (lö'rda)	Sonnabend
søndag (ßö'n|da)	Sonntag
hverdag (wä'rdā|[g])	Werktag
søgnedag (ßoi'nedā|[g])	
helligdag (hä'lidā|[g])	Feiertag
telefon (telefō'|n), -er	Fernsprecher
mand (man|), pl. mænd	Mann
rundstykke (ro'nßdöge) n, -r	Brötchen
cykel (ßü'gel), cykler	Fahrrad
cykelhandler (ßü'gel- hanler), -e	Fahrradhändler
sælge (ßä'l[g]e)	verkaufen
kone (tō'ne), -r	Frau; Ehefrau
købe (tö'be), -te	kaufen
appelsin (abelßī|n), -er	Apfelsine
hos (hoß)	bei
gartner(ga'rdner),-e	Gärtner, Obsthändler
give (gī'we, gi)	geben
mig (mai)	mich, mir
hat (had), -te	Hut
stok (ßdog), -ke	Stock
fugl (fū'|l), -e	Vogel
bygge (bü'ge), -ede	bauen
rede (rē'de), -r	Nest
studium(ßdū'|di-om) n, pl. studier	Studium
vare (wā're), -ede	dauern
længe (lä'ng-e)	lange
tysker (tü'ßger), -e	Deutsche(r)
elske (ä'lßge), -ede	lieben
kage (kā'ge), -r	Kuchen
Danmark (da'n- marg)	Dänemark
teater (te-ā'|der) n, pl. -tre	Theater
fuld (ful)	voll
af (a)	von
menneske (mä'neßge) n, -r	Mensch

Oversæt til dansk: Das Badezimmer des Hauses. — Der Wecker des Vaters. — Das Rathaus einer Stadt. — Die Tasse der Mutter. — Der Haferbrei des Kindes. — Åges Knäckebrot.

oversætte(oᵘ'-ᵉʳßädᵉ) übersetzen	rådhus (ro'dhů|ß) n,-e Rathaus
til dansk (te[l] ins Dänische	by (bů|), -er Stadt
da'n|ßg)	barn (bā|ʳn) n, pl. Kind
hus (hů|ß) n, -e Haus	børn

Grammatik

1C₁   Geschlecht — køn (kön\|)

Die dänische Sprache hat jetzt nur zwei grammatische Geschlechter: 1. genus commune („gemeinsames" Geschlecht fælleskøn n [fä'l\|ᵉßtön\|]), entstanden durch Zusammenfall von Maskulinum und Femininum; 2. Neutrum (sächliches Geschlecht intetkøn [e'ndᵉdtön\|]), in den Wortlisten durch n gekennzeichnet. Substantive, die ohne n angeführt werden, sind fælleskøn.

Das Geschlecht eines Substantivs muß in jedem Falle gelernt werden; oft stimmen deutsche Maskulinum- und Femininumwörter jedoch mit dem fælleskøn und deutsche Neutrumwörter mit dem dänischen Neutrum überein.

Zusammengesetzte Substantive richten sich nach dem Geschlecht des letzten Wortes in der Zusammensetzung: en mand, en landmand; et skab, et bogskab Bücherschrank.

1C₂   Artikel — artikel (arti'gᵉl)

	Singularis		Pluralis
	fælleskøn	intetkøn	
1. Unbestimmter Artikel	en	et	
2. Bestimmter Artikel	-en	-et	-ne

1. Der unbestimmte Artikel steht wie im Deutschen vor dem Substantiv: en mand, et barn.

2. Der bestimmte Artikel wird dagegen dem Substantiv angehängt: manden, barnet, husene. — Endet das Substantiv auf unbetontes -e, wird im Singular nur -n oder -t hinzugefügt: en pige, pigen; et menneske, mennesket (aber betont: en allé, alleen [alē'\|ᵉn]). Der bestimmte Artikel ändert nicht die Betonung des Substantivs: professor (profä'ßoʳ) — professoren (profä'ßorᵉn); Ausnahme: pastor (pa'ßdoʳ) — pastoren (paßdō'\|rᵉn) Geistlicher.

In Substantiven, die im Plural keine Endung hinzufügen (s. 2C₄), lautet der bestimmte Artikel im Plural -ene: en sko skoen, pl. sko, skoene; et ben, benet, pl. ben, benene.

Unregelmäßig sind Fremdwörter auf -um, die diese Endung vor dem Artikel verlieren: et adverbium, adverbiet; et ministerium, ministeriet. — Fremdwörter mit stummem Endkonsonanten fügen oft ein Apostroph vor dem bestimmten Artikel hinzu: buffet'en, chassis'et.

Über den bestimmten Artikel vor Adjektiven s. 2C₉.

1C₃

Die in den Vorbemerkungen (S. XIV) aufgestellte Regel über die Verdoppelung des Konsonanten nach kurzem Vokal und über das Wegfallen von e in den tonlosen Endungen -el, -en, -er muß hier beachtet werden; z.B.: en søn, sønnen, sønnerne; et kloster, klostret, klostrene.

Substantive auf -er, die Nationen oder Berufe bezeichnen, behalten jedoch das e: en dansker Däne, danskeren, danskerne; en skomager, skomageren, skomagerne. Auch: vinter, sommer; frøken, morgen: vinteren, sommeren; frøkenen, morgenen; in der Mehrzahl aber: vintre, somre, frøk(e)ner, morgener.

1C₄

Unregelmäßig sind: en verden eine Welt, verden die Welt; mennesker *pl.*, menneskene.

Kasus — kasus

1C₅

Das dänische Substantiv kennt nur noch zwei Kasusformen: die Grundform (entspricht dem deutschen Nominativ, Akkusativ und Dativ) und den Genitiv.

1. Die Grundform

Nominativ: manden går; et barn leger.

Akkusativ: jeg slår barnet; han fandt ikke en eneste kammerat; vi går ind i stuen.

Dativ: jeg giver manden en bog; han sidder i stuen på en stol; det lykkes far. Der Dativ steht vor dem Akkusativ: jeg sendte bedstefar pakken.

2. Der Genitiv

Der Genitiv wird sowohl im Singular wie im Plural durch Anhängung von -s an das Substantiv gebildet, auch wenn der bestimmte Artikel angehängt ist. Der Genitiv wird immer vor das regierende Substantiv gesetzt, das in unbestimmter, artikelloser Form steht (wie deutsch: des Mannes Hut): en mands kræfter, mandens kræfter, mænds kræfter, mændenes kræfter; et barns mor, barnets mor, børnenes mor.

Ebenfalls bei Namen: Åges vækkeur, Københavns frihavn.

Bei mehrgliedrigen Ausdrücken wird das -s am Schluß des letzten Wortes angehängt:

kongens slot aber: kongen af Danmarks slot; vi unge menneskers problemer; min kære ven, grosserer og købmand A. P. Jensen juniors dødsfald.

Das regierende Wort eines Genitivs wird weggelassen, wenn es soeben erwähnt ist oder leicht zu ergänzen ist: bogen her er fars; hvis er den blyant? — Peters; han brugte både konens penge og svigerfaderens. Wie auf deutsch ebenfalls in folgender Verbindung: Sørensens (ergänze: familie) var ikke hjemme.

Substantive und Namen auf -s fügen -'s -'es oder -es (als selbständige Silbe [-eß] gesprochen) hinzu (aber nie ein Apostroph allein): en mus's (oder mus'es, muses) rede; Hans's kæreste; Paris's tårne.

Über Umschreibung mit Präposition s. 25 C_1.

1C_6 Präsens

Im Präsens enden die Verben regelmäßig auf -(e)r; s. 19C_1. Dieselbe Form wird sowohl für Singular als für Plural in allen drei Personen gebraucht: jeg går, manden går, vi går, mændene går; du spiser, alle spiser usw.

---

2. Stunde

2A   På arbejde
på   a'ˈrbaide
Auf Arbeit

Åge Larsen er elektriker. — Han bor i Hellerup,
ōge lɑ'ˈʁsen är elä'gtrigeʳ. — han bō'|ʳ i hä'l|eʳob,
Åge Larsen ist Elektriker. — Er wohnt in Hellerup,

nord for København. — Han tager til byen med det
nō'|ʳ foʳ kø̄benhau'|n. — han tāʳ te[l] bū'|en mä[d] de
nördlich von Kopenhagen. — Er fährt zur Stadt mit dem

elektriske S-tog. — Han når lige at springe på,
elä'gtriŋge ä'ß-tō̄|g. — han nō'|ʳ lī-e o [ad] ßbreŋ-e pō'|,
elektrischen S-Zug. — Er schafft es gerade, aufzuspringen,

| Lesestück | — 7 — | 2. Stunde |

inden toget kører. — Han læser morgenavisens med-
e'nᵉn tō'|gᵉd tö'rᵉʳ. — han læ'|ḫᵉʳ mo'rnawi|ḫᵉnḫ mä'd-
ehe der Zug fährt. — Er liest der Morgenzeitung Mit-

delelser, indtil toget standser på Vesterport
dē|lᵉlḫᵉʳ, e'nte[l] tō'|gᵉd ḫda'nḫᵉʳ po wä'ḫdᵉʳpō'|ʳd
teilungen, bis der Zug hält auf der Vesterport

station. — Her stiger han ud, går op ad den
ḫdaḫjō'|n. — hē'|ʳ ḫdī|[g]ᵉʳ han u'd|, goʳ o'b ad dᵉn
Station. — Hier steigt er aus, geht hinauf die

rullende trappe og stiger om i sporvognen linie
ru|lᵉnᵉ tra'bᵉ o[g] ḫdī'|[g]ᵉʳ o'm| i ḫbo'rwog|nᵉn li'njᵉ
Rolltreppe und steigt um in die Straßenbahn Linie

seks. — Den går ud på Vesterbro, hvor han
ḫä'gḫ. — dᵉn goʳ u'd| po wäḫdᵉʳbrō'|, woʳ hän
sechs. — Sie geht hinaus auf Vesterbro, wo er

skal efterse flere lysanlæg. — I sin mappe har
ḫga[l] ä'fdᵉ¹ḫē| flē'rᵉ lü'ḫanlä|g. — i ḫin ma'bᵉ hä|ʳ
soll nachsehen mehrere Lichtanlagen. — In seiner Mappe hat

han sin frokost: en stor madpakke med fem
han ḫin fro'ʳoḫd: en ḫdō'|ʳ ma'dpagᵉ mä[d] fä'm|
er sein (zweites) Frühstück: ein großes Frühstückspaket mit fünf

stykker mad og en termoflaske med sin kaffe.
ḫdö'gᵉʳ ma'd o[g] en tä'rmoflaḫgᵉ mä[d] ḫin ʳa'fᵉ.
Stück Butterbroten und eine Thermosflasche mit seinem Kaffee.

Åges far er grosserer Kaj Larsen. — Hans
ō'gᵉḫ fā'ʳ äʳ groḫᵉ'|rᵉʳ ʳaⁱ lā'ʳḫᵉn. — hanḫ
Åges Vater ist (der) Großhändler Kaj Larsen. — Sein

kontor ligger i Studiestræde. — Han kører i
ʳontō'|ʳ le'gᵉʳ i ḫdū'|di-eḫdrädᵉ. — han tö'rᵉʳ i
Büro liegt in der Studiestræde. —. Er fährt im

bil ind til byen. — Undervejs holder han ved en ben-
bī'|l e'n| te[l] bū'|ᵉn. — onᵉʳwaⁱ'|ḫ ho'l|ᵉʳ han we[d] en bän-
Auto hinein zur Stadt. — Unterwegs hält er an einem Ben-

zintank for at få benzin fyldt på. — „Lad
ḫī'|ntaŋ|g foʳ o fo bänḫī'|n füld pō'|. — lā[d]
Zintank um zu bekommen Benzin aufgefüllt. — „Lassen

2. Stunde — 8 — Lesestück

mig få ti liter!" siger han til tankpasseren. —
maⁱ fō'| tī'| li'dᵉʳ ʜī'r han te[l] ta'nəgpaʜeʳen. —
Sie mich bekommen zehn Liter!" sagt er zum Tankwart. —

Han kører videre, men må standse ved lyskurvenes røde
han kørᵉʳ wi'dᵉrᵉ, män mo ʜda'nʜᵉ we[d] lü'ʜtorwᵉnᵉʜ rö'dᵉ
Er fährt weiter, aber muß halten bei der Verkehrsampeln roten

stoppesignaler. — Han parkerer bilen på parkerings-
ʜdo'beʜi[g]nā][lᵉʳ. — han parkē'|rᵉʳ bī'|lᵉn po parkē'|renəʜ-
haltsignalen. — Er parkt das Auto auf dem Park-

pladsen ved rådhuset. — Så går han hen til kontoret.
plaʜᵉn we[d] ro'dhū|ʜᵉd. — ʜo' goʳ han hä'n| te[l] kontō'|rᵉd.
platz am Rathaus. — Dann geht er hin zum Büro.

— Skrivemaskinerne klaprer allerede. — Bogholderen
— ʜgrī'wᵉmaʜginᵉʳnᵉ kla'brᵉʳ alᵉrē'dᵉ. — bo'gholǀᵉrᵉn
— Die Schreibmaschinen klappern schon. — Der Buchhalter

og de unge kontordamer hilser høfligt på deres
o di onə-ᵉ kontō'|ʳdāmᵉʳ he'lʜᵉʳ hö'flid po därᵉʜ
und die jungen Bürofräulein grüßen höflich ihren

chef, da han åbner døren til sit privatkontor.
ʜiä'|f, da han ǿ'bnᵉʳ dǿ'|rᵉn te[l] ʜid priwā'|dkontō|ʳ.
Chef, als er öffnet die Tür zu seinem Privatbüro.

2B₁ Øvelse

Sæt følgende substantiver i ental: byer, vogne, år,
roser, køer, flipper, briller, hjul, teatre, katte, numre,
leer, øer, vintre, ben, ministerier, høns, benklæder.

Sæt følgende substantiver i flertal: avis, ord, gæld,
studium, datter, øje, får, land, mand, hat, plet, havn,
sommer, hest, cykel.

Hvad hedder den adjektiviske artikel i følgende tilfælde: — store hus; — røde bil; — kraftige mænd; — elektriske lys; — høflige kontordamer; — gode smørrebrød.

Oversæt til dansk: Åge fährt zur Stadt. — In der Mappe des Vaters liegt eine Flasche mit Kaffee. — Er hält beim roten Haltsignal. — Die jungen Damen parken das Auto neben (ved siden af) dem Büro.

sætte (ßä'd^e)	setzen	flertal (fle'rtal) n	Mehrzahl
følgende (fö'lg^en^e)	folgend	ord (ō|^r) n, —	Wort
ental (ē'ntal) n	Einzahl	studium (ßdū'|di-om)	Studium
vogn (wog|n), -e	Wagen	n, studier	
rose (rō'ß^e), -r	Rose	får (fō|^r) n, —	Schaf
flip (fleb), -per	Kragen	plet (pläd), -ter	Fleck
hjul (jū|l) n, —	Rad	havn (ha^u|n), -e	Hafen
teater (te-ā'|d^{er}) n, Teatre	Theater	sommer (ßo'm^{er}),	Sommer
kat (tad), -te	Katze	somre	
nummer (no'm|^{er})	Nummer	hest (häßd), -e	Pferd
n, numre		hvad (wad)	was; hier: wie
le (lē|), -er	Senfe	hedde (he'd^e)	heißen
vinter (we'n|d^{er}), vintre	Winter	tilfælde (te'lfäl^e) n, —	Fall
ben (bē|n) n, —	Bein, Knochen	kraftig (tra'fdi)	kräftig
ministerium (mini-	Ministerium	lys (lū|ß) n, —	Licht
ßdē'|ri-om) n, ministerier		god (gō|d)	gut

Samtale 2B₂

Taler De dansk (tysk)? — En smule (ganske lidt; ikke ret meget). — Jeg forstår desværre ikke tysk. — Det var kedeligt! — Forstår De, hvad jeg siger? — Ja, når De vil tale langsomt. — Vær så venlig at tale tydeligt. — Hvad hedder øl på tysk? — Det ved jeg ikke. — Hvadbeha'r? — Undskyld, jeg forstår ikke, hvad De siger. — Har De ikke et leksikon? — Kan De ikke slå ordet op?

samtale (ßa'mtāl^e), -r	Gespräch	ja (ja)	ja
tale (tā'l^e), -te	sprechen, reden	når (nō|^r)	wenn
De (di)	Sie	vil (we[l])	will
dansk (dan|ßg)	Dänisch	langsom (la'n^gßom|)	langsam
tysk (tüßg)	Deutsch	vær så venlig (wä'|^r	sei(en Sie) so
smule (ßmū'l^e), -r	Krume; en s	ßo wä'nli)	gut, bitte
	ein bißchen	at (ad)	zu
ganske (ga'nßg^e)	ganz	tydelig (tū'd^eli)	deutlich
lidt (led)	wenig	øl (öl) n	Bier
ikke (e'g^e)	nicht	ved (wē|d)	weiß
ret (räd)	recht; hier: be=	hvad behager?	wie bitte?
	sonders	(wa[d] behā'|g^{er},	
meget (ma^{i'}-^ed)	viel	wa b^ehā'|^r)	
forstå (fo^rßdō'|)	verstehen	leksikon (lä'gßikon)	Lexikon, Wör=
desværre (deßwä'r^e)	leider	n, -er oder leksika	terbuch
kedelig (fē'd^eli)	langweilig;	kan (tan|)	kann
	traurig	slå op (ßlo o'b)	nach=
det var kedeligt!	Schade!		schlagen

Grammatik

2C₁ Pluralbildung — flertalsdannelse

> 1. Pluralendung: -(e)r
> 2. Pluralendung: -e
> 3. Plural = Singular

Die jeweilige Pluralform wird in den Wortlisten angegeben.

2C₂

1. Der Plural wird durch Anhängung von -er (oder von -r allein wenn der Singular auf unbetontes -e endet) gebildet, z. B.: en måned Monat — måned/er; et træ Baum — træ/er; en ø Insel — ø/er; en allé — alle/er; en ske Löffel — ske/er; en tak Zacke — takk/er (Verdoppelung des Endkonsonanten, s. Vorbemerkungen S. XIV); en knippel — knipl/er (Wegfall von e und gleichzeitig Vereinfachung des Konsonanten, Vorbemerkungen, S. XIV); en uge — uge/r; et mærke — mærke/r.

Diese Pluralbildung ist die häufigste und jetzt die einzig produktive im Dänischen (Wörter auf -er fügen jedoch -e hinzu); neugebildete Wörter und die meisten alten und neuen Fremdwörter gehen danach: en avis Zeitung — avis/er; en bil Auto — bil/er; en cykel Fahrrad — cykl/er (Wegfallen von e); et fly Flugzeug — fly/er; en fabrik — fabrikk/er (Verdoppelung!); en kaktus — kaktus(s)/er; et komma — komma/er; en creme — creme/r.

Fremdwörter mit stummem Endkonsonanten oder fremdartig gesprochenem Endvokal fügen -'er hinzu: buffet'er, succes'er, debut'er, dejeuner'er, bon'er, fichu'er. Die Wörter auf -um und einige auf -a verlieren diese Endung vor der Pluralendung: et centrum — centrer; et adverbium — adverbier; en kollega — kolleger oder kollegaer. In lateinischen Lehnwörtern auf -or treten Änderungen in der Betonung ein: profe'ssor, professo'rer, do'ktor, dokto'rer.

Einige Substantive haben Umlaut in der Mehrzahl; die wichtigsten (alle fælleskøn) sind: and Ente — ænder; bog Buch — bøger; bonde Bauer — bønder; fod Fuß — fødder;

hånd — hænder; klo Klaue, Kralle — kløer; ko Kuh — køer; kraft — kræfter; nat Nacht — nætter; rod Wurzel — rødder; so Sau — søer; stad Stadt — stæder; stang Stange — stænger; tand Zahn — tænder; tang Zange — tænger.

2C₃

2. Der Plural wird durch Anhängung von -e gebildet, z. B.: en dag — dag/e; et land —, land/e; en hat Hut — hatt/e (Verdoppelung!); en finger — fingr/e (Wegfallen von e); en sommer — somr/e.

Umlaut haben: fader, far — fædre; moder, mor — mødre; broder, bror — brødre; datter Tochter — døtre.

In Wörtern auf -er, wo das e nicht ausgestoßen wird, geht das Plural-e verloren, wenn der bestimmte Artikel angehängt wird: en damper — damper/e, aber damper/-/ne; et pulver — pulver/e, aber: pulver/-/ne; en tysker — tysker/e, aber: tysker/-/ne.

2C₄

3. Plural = Singular, z. B. et år Jahr — år; en sko Schuh — sko; Umlaut haben: en mand — mænd; en gås Gans — gæs; et barn Kind — børn.

2C₅

4. Fremdwörter bilden wie erwähnt am häufigsten ihre Mehrzahl durch -(e)r. Einige weniger gebrauchte benutzen jedoch die fremde Endung -s:

en oder et fond = fonds (auch fond)
en film = films (mit Artikel: filmene)
et foto = fotos (mit Artikel: fotoerne)
en tank = tanks oder tanke (mit Artikel: tankene)
en bon = bons oder bon'er (mit Artikel: bon'erne)

Andere fremde Endungen: et faktum — fakta; mine personalia (oder -lier), mine data Daten; en modus — modi.

Unregelmäßige Pluralbildungen: **2C₆**

et øre Ohr — ører (od. øren); et øje Auge — øjne; en høne Huhn, henne — høner hennen oder høns (Sammelwort: Hühner); et menneske Mensch — mennesker, aber unregelmäßig in bestimmter Form: menneskene.

2C₇

Einige Substantive haben verschiedene Pluralendungen; meistens geben diese dann abweichende Bedeutungen an, z. B.:

en skat	{ skatte { skatter	Schätze Steuern
et bud	{ bud { bude	Gebote Boten
et våben	{ våben { våb(e)ner	Waffen Wappen

2C₈

Einige Substantive kommen im Dänischen nur im Singular vor (abweichend vom Deutschen): en ferie Ferien (ferier *pl.* mehrere „Urlaube"); en gæld Schulden; en påske Ostern; en pinse Pfingsten.

Andere kommen nur im Plural vor: benklæder Hose(n); briller Brille; bukser Hose(n); grøn(t)sager Gemüse; penge Geld; seler Hosenträger. Die Einzahl wird nur bei einigen ausgedrückt: et par benklæder (briller, bukser, seler).

2C₉ Der vorangestellte Artikel des Substantivs
substantivets foransatte artikel

Wenn ein Adjektiv attributiv vor dem Substantiv steht, wird der bestimmte Artikel nicht am Schluß des Substantivs gesetzt (1C₂), sondern vor das Adjektiv gestellt, und lautet:

	Singular	Plural
fælleskøn	den (dän|)	de (di)
intetkøn	det (de)	

Beispiele: manden, aber: den gamle mand; mændene, aber: de gamle mænd; huset, aber: det røde hus; husene, aber: de røde huse.

Ohne Adjektiv in: d'herrer (= de herrer) Anrede.

3. Stunde

På universitetet og i skolen 3A

po uniwärßitē'|dᵉd o[g] i ßgö'lᵉn
Auf der Universität und in der Schule

Åge har to søskende; broderen Gunner er fjorten år
ō'gᵉ hāʳ tō'| ßȫ'ßgᵉnᵉ; brō'[dᵉ]ʳᵉn go'n|ᵉr äʳ fjo'rdᵉn ō'|ʳ
Åge hat zwei Geschwister; der Bruder Gunner ist vierzehn Jahre

og søsteren Birte er nitten år. — Birte cykler ind
o ßö'ßdᵉrᵉn be'rdᵉ äʳ ne'dᵉn ō'|ʳ. — be'rdᵉ ßüglᵉʳ e'n|
und die Schwester Birte ist neunzehn Jahre. — Birte radelt hinein

til byen hver morgen, når vejret er godt. — Hun er
te[l] bü'|ᵉn wå|ʳ mo'rn, noʳ wå'|rᵉd äʳ go'd. — hon äʳ
zur Stadt jeden Morgen, wenn das Wetter ist gut. — Sie ist

stud. mag. og læser nordiske sprog på universitetet. —
ßdu'd| mā'|g o lǟßᵉʳ no'rdißgᵉ ßbrō'|g po uniwärßitē'|dᵉd. —
stud. phil. und liest (studiert) nordische Sprachen an der Universität. —

Hendes første forelæsning var i morges kl. ni. —
henᵉß fö'rßdᵉ fö'rᵉlǟ|ßnᵉng waʳ i mo'rß flogᵉn nī'|. —
Ihre erste Vorlesung war heute morgen um neun Uhr. —

Hun havde dansk litteratur hos den gamle professor
hon hādᵉ da'n|ßg lidᵉratū'|ʳ hoß dᵉn ga'mlᵉ profä'ßᵉʳ[-oʳ
Sie hatte dänische Literatur bei dem alten Professor

Petersen. — Han behandlede digteren H. C. Andersens
pē'|dᵉʳßᵉn. — han beha'n|lᵉdᵉ de'gdᵉrᵉn hō'| ßē'| a'nᵉʳßᵉnß
Petersen. — Er behandelte des Dichters H. C. Andersen

eventyr og tegnede et smukt billede af den berømte
ä'wᵉntü|ʳ o taⁱ'nᵉdᵉ ed ßmo'gd be'lᵉdᵉ a dᵉn berö'm|dᵉ
Märchen und zeichnete ein hübsches Bild von dem berühmten

forfatter. — Birte noterede ivrigt flere ting i sit
forfa'dᵉʳ. — be'rdᵉ notē'|rᵉdᵉ iᵘ'rid flērᵉ tenᵍ i ßid
Verfasser. — Birte notierte eifrig verschiedene Dinge in ihr

kollegiehæfte. — Bagefter studerede hun en times tid
kolē'|gi-ehǟfdᵉ. — bā'|[g]äfdᵉʳ ßdudē'|rᵉdᵉ hon en tī'mᵉß tī'|d
Kollegheft. — Nachher studierte sie einer Stunde Zeit

3. Stunde — 14 — Leseſtück

i laboratoriet, og kl. elleve spiste hun sin fro-
i laboratō'|ri-ᵉd, o tlogᵉn ä'lwᵉ ﬕbī'ﬕdᵉ hon ﬕin frō'-
im Leſeſaal, und um elf Uhr aß ſie ihr (zweites) Früh=

kost i Studiegårdens frokoststue sammen med sine
toﬕd i ﬕdū'|di-ᵉgō|rᵉnﬕ fro'toﬕdﬕdū-ᵉ ﬕa'm|ᵉn mä[d] ﬕīnᵉ
ſtück in des „Studienhofs" Frühſtücksraum zuſammen mit ihren

studenterkammerater. — Efter endnu et par forelæsninger
ﬕdudä'n|dᵉrtamᵉrā|dᵉr. — ä'fdᵉr e'nu ed par fō'rᵉlā|ﬕnᵉnɡ-ᵉr
Studentenkameraden. — Nach noch ein paar Vorleſungen

cyklede hun ned til det Kongelige bibliotek og
ﬕü'glᵉdᵉ hon nē'|d te[l] de to'nɡ-ᵉli-ᵉ bibli-otē'|g o
radelte ſie hin zu der Königlichen Bibliothek und

udarbejdede et foredrag om den danske folkehøjskole.
u'darbaⁱ|dᵉdᵉ ed fō'rᵉdrā'g om dᵉn danﬕgᵉ fo'lgᵉhoⁱﬕgōlᵉ
ausarbeitete einen Vortrag über die däniſche Volkshochſchule.

I skolen har Gunner i dag haft sit yndlingsfag
i ﬕgō'lᵉn har go'n|ᵉr i dā'| hafd ﬕid ö'nlᵉnɡﬕfä|g
In der Schule hat Gunner heute gehabt ſein Lieblingsfach

historie i anden time fra ni til ti. — Hans
hiﬕdō'|ri-ᵉ i a'nᵉn tī'mᵉ fra nī'| te[l] tī'|. — hanﬕ
Geſchichte in der zweiten Stunde von neun bis zehn. — Sein

lærer, adjunkt Nielsen, har eksamineret eleverne
lǟ'rᵉr, adjo'nɡ|d ne'lﬕᵉn, har äɡﬕaminē'|rᵉd elē'|wᵉrnᵉ
Lehrer, Studienrat Nielſen, hat examiniert die Schüler

i den moderne tids historie. — Derpå har klassen
i dᵉn modǟ'rnᵉ ti'd|ﬕ hiﬕdō'|ri'ᵉ. — dā'|rpō har tla'ﬕᵉn
in der modernen Zeit Geſchichte. — Danach hat die Klaſſe

spillet fodbold på skolens sportsplads. — Gunner
ﬕbelᵉd fo'dbol|d po ﬕgō'lᵉnﬕ ﬕbo'rdﬕpläﬕ. — go'n|ᵉr
geſpielt Fußball auf der Schule Sportplaß. — Gunner

har været målmand. — Efter at klokken havde
har wǟrᵉd mō'lman|. — ä'fdᵉr ad tlo'gᵉn hādᵉ
iſt geweſen Torwart. — Nachdem daß die Glocke hatte

ringet, var de vandret tilbage til skolen. —
re'nɡ-ᵉd, war di wa'ndrᵉd te[l]bā'gᵉ te[l] ﬕgō'lᵉn. —
geläutet, waren ſie gewandert zurück zur Schule. —

Klokken to var han fri og havde ledsaget et
tlogᵉn tō'| war han frī'| o hādᵉ le'dﬕā|[g]ᵉd ed
Um zwei Uhr war er frei und hatte begleitet ein

Øvelse — 15 — 3. Stunde

par kammerater hjem. — De samlede alle tre på
paʳ kamᵉrā′|dᵉʳ jä′m|. — di ßa′mlᵉdᵉ alᵉ trē′| po
paar Kameraden nach Hause. — Sie sammelten alle drei
frimærker, og de havde byttet en hel del nye
fri′märgᵉʳ, o di hādᵉ bü′dᵉd en hē′|l del nü′-ᵉ
Briefmarken, und sie hatten getauscht eine ganze Menge neue
mærker fra Tyskland. — Om eftermiddagen havde
mä′rgᵉʳ fra tü′ßglan|. — Om ä′fdᵉʳmedā|ᵉn hādᵉ
Marken von Deutschland. — Am Nachmittage hatte
han badet i Øresunds bølger.
han bā′dᵉd i ö′reßon|ß bö′lgᵉʳ.
er gebadet in des Øresunds Wellen.

Øvelse 3B₁

Bøj verberne i følgende sætninger i de forskellige tider:
Mureren bygger huset. — Jørgen elskede en pige og
friede til hende. — Jeg takkede for foredraget. — Han
ringer tit til mig. — Tilskuerne stirrede på den
ulykkelige taler, som var genert, sukkede dybt og stam-
mede. — Det tør og regner udenfor. — Nåede de færgen?
— Jeg har knækket min fine blyant. — Jeg har børstet
tænder i morges, lige da jeg var vågnet.
Oversæt til dansk: Åge radelte zur Stadt. — Die
Schwester studiert in der königlichen Bibliothek. — Spielt
das Theater die Stücke der modernen Zeit? — Die Ge-
schwister wandern, wenn das Wetter gut ist. — Ich will
Briefmarken tauschen. — Begleite den Kameraden nach
Hause! — Notieren Sie das Wort! — Auf Wiedersehen!

bøje (boi′-ᵉ), -ede	beugen
følgende (fö′lgᵉnᵉ)	folgend
sætning (ßä′dnensg), -er	Satz
forskellig (foʳßgä′l|i)	verschieden
murer (mü′reʳ), -e	Maurer
bygge (bü′gᵉ), -ede	bauen
Jørgen (jörn)	Eigenname
pige (pī′[g]e), -r	Mädchen
fri (fri|), -ede (til)	sich bewerben (um)
hende (he′nᵉ)	sie, ihr
takke (ta′gᵉ), -ede	danken
ringe til én	e-n anrufen
tit (tid)	oft
tilskuer (te′lßgü-ᵉʳ), -e	Zuschauer
stirre (ßde′rᵉ), -ede	starren
ulykkelig (ulö′gᵉli)	unglücklich
taler (tā′lᵉʳ), -e	Redner
som (ßom)	der
være genert (hjenē′|ʳd)	sich genieren, schüchtern sein
sukke (ßo′gᵉ), -ede	seufzen
dyb (dü|b)	tief
stamme (ßda′mᵉ), -ede	stammeln
tø (tö|), -ede	tauen

regne (raiˈnᵉ), -ede	regnen	
udenfor (ūˈdᵉnfoʳ)	draußen	
færge (fäˈrgᵉ), -r	Fähre, Fähr= schiff	
knække(knäˈge),-ede	brechen	

fin (fī|n)	fein
blyant(blūˈan|d), -er	Bleistift
børste (böˈrßdᵉ), -ede	bürsten, putzen
lige (līˈ[g]ᵉ)	grade
vågne (woˈgnᵉ), -ede	wach werden

3 B₂ Hilsner

Goddag (Abk. goˈda', da')!, godmorgen!, godaften! Guten Tag (Morgen, Abend)!

Hvordan har du (De) det? — Tak, godt! Wie geht es Dir (Ihnen)? — Danke gut!

Far vel!, godnat!, kom godt hjem!, sov godt! Auf Wiedersehen!, Gute Nacht!, Komm(en Sie) gut nach Hause!, Schlaf(en Sie) wohl!

Velkommen til Odense! Har du (De) haft en god rejse? — Ja, tak! Willkommen in Odense! Hast du (haben Sie) eine gute Reise gehabt? — Ja, danke!

God rejse!, På gensyn!, lev vel!, kom snart igen!, vi ses til jul! Gute Reise!, Auf Wiedersehen!, Leb(en Sie) wohl!, Komm(en Sie) bald wieder!, Wir sehen uns zu Weihnachten!

Hav det godt!, hils hjemme! — Tak i lige måde! Alles Gute!, Grüß(en Sie) zu Hause! — Danke gleichfalls!

Held og lykke!, god fornøjelse!, mor dig (jer, Dem) godt! Viel Glück!, Viel Vergnügen!, Viel Spaß!

hilsen (heˈlßᵉn), -sner	Gruß
vel (wäl)	wohl
velkommen (wäˈl-kom|ᵉn)	willkommen
Odense (ōˈ|dᵉnßᵉ)	Stadt
rejse (raiˈßᵉ), -r	Reise
gensyn (gäˈnßū|n) n,	Wiedersehen
leve (lēˈwᵉ), -ede	leben
snart (ßnäˈʳd)	bald
igen (igäˈn)	wieder
se (ßē|)	sehen;
ses	sich sehen

jul (jū|l)	Weihnachten
hilse (heˈlßᵉ), -ede oder -te	grüßen
hjemme (jäˈmᵉ)	zu Hause
måde (mōˈdᵉ), -r	Art, Weise
held (häl|) n,	Glück
lykke (löˈgᵉ)	Glück
fornøjelse (foʳ-noiˈ|ᵉlßᵉ), -r	Vergnügen
more sig (mōˈrᵉ), -ede	sich unterhalten, sich amüsieren

Grammatik

Die Hilfsverben have haben und være sein 3C₁

Infinitiv	at have (hā'we, ha)	at være (wå'rᵉ)
Imperativ (= Stamm)	hav! (hā|)	vær! (wå|ʳ)

Präsens	1. jeg (jaⁱ)
	2. du (du)
	3. han (han)
	    hun (hon)
	    den (dän|)
	    det (de)
	1. vi (wi)
	2. I (i)
	3. de (di) } har (hā|ʳ)
		er (är)

Imperfekt	jeg usw. havde (hā'dᵉ)	var (waʳ)
Perfekt	jeg usw. har haft (hafd)	**har** været (wå'rᵉd)
Plusqu.	jeg usw. havde haft	havde været
Futurum	jeg usw. { vil / skal } have	{ vil / skal } være

Regelmäßige („schwache") Verben nach der ersten Konjugation 3C₂

Imperf. -ede, Part. Perf. -et

	elske = lieben	spille = spielen; mit Doppelkonsonanten nach kurzem Vokal:	sy = nähen; Stamm auf Vokal:
Infinitiv	at elske (ä'lßgᵉ)	at spille (ßbe'lᵉ)	at sy (ßü|)
Imperativ (=Stamm)	elsk! (äl|ßg)	spil! (ßbel|)	sy! (ßü|)
Präsens	jeg usw. elsk/er (ä'lßgᵉʳ)	spill/er (ßbe'lᵉʳ)	sy/r (ßü|ʳ)

Imperf.	elsk/ede (ä′lßge*d^e*)	spill/ede (ßbe′l*e d^e*)	sy/ede (ßü′-*e d^e*)
Perfektum	har elsk/et (ä′lßg*e*d)	har spill/et (ßbe′l*e*d)	har sy/et (ßü′|*e*d)
Plusqu.	havde elsk/et	havde spill/et	havde sy/et
Futurum	vil skal } elske	vil skal } spille	vil skal } sy

Der „Artikel", das Kennwort des Infinitivs ist at „zu". Der Infinitiv endet auf unbetontes -e, wenn nicht der Stamm auf Vokal ausgeht: bo wohnen; nå reichen, schaffen; sy nähen; tro glauben; tø tauen usw.

Den Stamm des Verbs findet man durch Abtrennung des Schluß=e: elsk; ist ein Doppelkonsonant vorhanden (hinter kurzem Vokal), muß dieser vereinfacht werden (Vorbemerkungen, S. XIV): spille, aber spil; endet das Verbum nicht auf -e, ist der Infinitiv = dem Stamm: sy.

Der Stamm ist gleichzeitig Befehlsform (Imperativ); diese hat nur eine Form: spil! = 1. spiele!; 2. spielt!; 3. spielen Sie!

Das Präsens Indikativ wird durch Hinzufügung von -er an den Stamm gebildet: elsk/er, spill/er; bei den einsilbigen Verben auf anderen Vokal wird ein -r hinzugefügt: sy/r, bo/r, tro/r usw.

Im Imperfektum wird -ede an den Stamm hinzugefügt: elsk/ede, spill/ede, sy/ede.

Im Präsens und Imperfekt hat das Verbum wie erwähnt für alle Personen dieselbe Form, sowohl in der Einzahl als in der Mehrzahl: jeg, du, De, han, vi, I, de elsker usw.

Das Partizipium Perfekt wird durch Hinzufügung von -et an den Stamm gebildet: elsk/et, spill/et, sy/et. Die Endung -et wird in Ostdänemark meistens (-*e*d) in Westdänemark (-*e*d) ausgesprochen.

Perfekt und Plusquamperfekt werden mit den Hilfsverben have und være + Partizip Perfekt des Verbs gebildet: jeg har (havde) elsket.

Das Futur wird durch die Hilfsverben ville und skulle + die Infinitivform des Verbs gebildet: jeg vil (skal) elske; s. 19C$_4$. Oft verwendet man für das Futur wie im Deutschen die Präsensform (besonders in Verbindung mit Zeitausdrücken): jeg syr (statt: jeg vil sy) kjolen i morgen.

Zu dieser Gruppe gehören die meisten regelmäßigen Verben;
neugebildete Verben werden ebenfalls so konjugiert: bile Auto
fahren — bilede; cykle — cyklede. Die Verben auf -ere ge=
hören auch hierhin: bombardere, telefonere, redigere usw.

---

4. Stunde

Grosserer Larsens hjem **4A**

grohsēl'¦¦rᵉʳ	lā'ʳhsᵉnhs	jä'm¦
Des Großhändlers	Larsen	heim

Familien	Larsens	smukke	villa	ligger	i	Hellerup.
familjᵉn	lā'ʳhsᵉnhs	hsmo'gᵉ	wi'la	le'gᵉʳ	i	hå'l¦ᵉrob.
Der Familie	Larsen	hübsche	Villa	liegt	in	Hellerup.

—	Adressen	er	Lykkeallé 15.	—	Det	er	ikke
—	adrä'hsᵉn	äʳ	lö'gᵉ-alē¦	fä'mdᵉn. —	de	äʳ	e'gᵉ
—	Die Adresse	ist	Lyffeallee 15.	—	Es	ist	nicht

noget	gammelt	hus.	—	Hr.	Larsen	købte	den
nōd	ga'mᵉld	hū¦hs.	—	härr	lā'ʳhsᵉn	kö'bdᵉ	dᵉn
ein	altes	Haus.	—	Herr	Larsen	taufte	den

store	byggegrund	for	tolv	år	siden.	—	En
hsdö'rᵉ	bü'gᵉgron¦	foʳ	to'l	ō'¦ʳ	hsī'dᵉn.	—	en
großen	Baugrund	vor	zwölf	Jahren.		—	Ein

dygtig	arkitekt	tegnede	de	mange	tegninger
dö'gdi	aʳgitä'gd	taⁱ'nᵉdᵉ	di	manᵍ-ᵉ	taⁱ'nᵉnᵍ-ᵉʳ
tüchtiger	Architekt	zeichnete	die	vielen	Zeichnungen

dertil	og	indrettede	huset	efter	familiens
därte'[l]	o	e'nrädᵉdᵉ	hū¦hsᵉd	äfdᵉʳ	fami'l¦jᵉnhs
dazu	und	einrichtete	das Haus	nach	der Familie

ønsker.	—	Omkring	bygningen	ligger	der	en	dejlig
ö'nhsgᵉʳ.	—	omtrᵉnᵍ	bü'gnenᵍ-ᵉn	le'gᵉʳ	däʳ	en	daⁱ'li
Wünschen.	—	Um	das Gebäude	liegt		ein	herrlicher

have	med	grønne	plæner	og	velholdte	blomsterbede. —
hå'wᵉ	mä[d]	grö'nᵉ	plä'nᵉʳ	o	wä'lhol¦dᵉ	blo'm¦hsdᵉʳbēdᵉ. —
Garten	mit	grünen	Rasenflächen	und	gepflegten	Blumenbeeten. —

Huset	er	opført	af	røde	mursten,	taget	er	også
hū'¦hsᵉd	äʳ	o'bfö¦'ʳd	a	rö'dᵉ	mu'ʳhsdē¦n,	tā'¦gᵉd	äʳ	o'¦hsᵉ
Das Haus	ist	aufgeführt	von	roten	Backsteinen,	das Dach	ist	auch

rødt. — Man ringer på og kommer ind gennem
röd. — man reng-er pö'| o tomer e'n| gänem
rot. — Man flingelt und fommt hinein durch

entrédøren. — Fra den rummelige entré kan
angtre'dö|ren. — fra den ro'meli-e angtrē'| ta[n]
die Haustür. — Von der geräumigen Vorstube fann

man træde ind i spisestuen og derfra ind i
man träde e'n| i ßbi'ßeßdū-en o dä'rfrā| e'n| i
man hineintreten in das Eßzimmer und von da hinein in

herreværelset, dagligstuen og hr. Larsens
hä'rewärelßed, da'glißdū-en o här lā'rßenß
das Herrenzimmer, die Wohnstube und Herrn Larsens

bibliotek. — I køkkenet regerer Karen og fru
bibli-otē'|g. — i tö'gened regē'|rer tā'ren o fru
Bibliothef. — In der Küche regieren Karen und Frau

Larsen. — Hvis man går op ad den brede trappe,
lā'rßen. — weß man gōr o'b a[d] den brē'de tra'be,
Larsen. — Falls man geht hinauf die breite Treppe,

ser man de forskellige sove- og gæsteværelser,
ßē'|r man di forßgä'l|i-e ßou'-e o gä'ßdewärelßer
sieht man die verschiedenen Schlaf- und Gästezimmer,

samt badeværelset og toilettet. — Fra vinduerne
ßamd bā'dewärelßed o to-alä'ded. — fra we'ndū-erne
samt dem Badezimmer und der Toilette. — Von den Fenstern

eller altanen kan man se ud over det blå Øre-
äler altā'|nen ta[n] man ßē'| ud| ou-er de blö'| ö're-
oder dem Balfon fann man sehen hinaus über den blauen Øre=

sund, helt over til Sverige. — Larsens bor
ßon|' hē'|ld ou'|-er te[l] ßwä'r|i. — lā'rßenß bō|r
sund, ganz hinüber nach Schweden. — Die Familie Larsen wohnt

sandelig rart og godt!
ßaneli rā'|rd o go'd!
wahrhaftig nett und gut!

Jeg mødte Åge forleden dag, og han inviterede
jä mö'de ö'ge forlē'|den dā'|, o han enwitē'|rede
Ich traf Åge neulich, und er lud ein

mig hjem. — Han kørte mig derud, og jeg besøgte
mai jä'm|. — han tö'rde mai däru'd|, o jä beßö'gde
mich nach Hause. — Er fuhr mich dorthinaus, und ich besuchte

dem en hel dag. — Vi spiste til middag; fru
däm en hē'|l dā|. — wi sbī'sde te[l] mē'da; fru
fie einen ganzen Tag. — Wir aßen (zu) Mittag; Frau

Larsens mad smagte storartet. — Bagefter hørte vi
lā'ʳsenß ma'd smágde sdō'raʳdᵉd. — bā'|[g]äfdeʳ hö'rdᵉ wi
Larfens Essen schmeckte großartig. — Hinterher hörten wir

radio og talte sammen. — Til kaffen havde
rā'|di-o o tā'ldᵉ sa'm|ᵉn. — te[l] ta'fᵉn hādᵉ
Radio und sprachen (plauderten) zusammen. — Zum Kaffee hatte

Karen bagt lækre småkager. — De var gode.
tā|rᵉn bagd lä'grᵉ smo'tāgeʳ. — di waʳ gō'dᵉ.
Karen gebacken leckeres Kleingebäck. — Es war gut.

Von dieser Stunde an verzichten wir auf die durchgehende Lautschrift
unter dem Text sowie auf die wörtliche Übersetzung. Weniger bekannte
Vokabeln bringen wir im Anschluß an den Text mit Aussprachebezeichnung
und Übersetzung.

Øvelse 4B

Bøj verberne i følgende sætninger i de forskellige tider og byt om på bestemt og ubestemt artikel efter følgende mønster: En gammel mand læste den nye avis — Den gamle mand læser (har læst) en ny avis, o.s.v.:

Den tilfredse kunde betaler regningen. — Jeg brugte det lange efterår til at lære tysk. — Pigen følte ikke de stærke smerter. — Den gode ven lånte mig en gammel cykel. — Den rå morder dræbte en rig guldsmed. — Den tykke direktør mener, at han taber mange gram fedt ved det daglige bad. — Hvorfor har det uartige barn råbt en hel time?

Oversæt til dansk: Der tüchtige Architekt zeichnet die Häuser. — Die Wohnung der Familie ist hübsch; das Badezimmer ist groß. — Die schönen Gärten liegen am Sund. — Die Großkaufleute kauften und lasen die neuen Zeitungen. — Das rote Haus ist modern. — Die schicken (flott, smart) Hüte stehen (kleide) den Damen. — Ich traf den Studenten in der Kantine der Universität.

4. Stunde — 22 — Grammatik

bytte o'm på	umtauschen
bestemt (beßdä'm|d)	bestimmt
dette (dä'dᵉ)	dieses
mønster (mö'n|ßdᵉʳ) n, mønstre	Muster
o.s.v. = og så videre (oßowi'dᵉrᵉ)	und so weiter
tilfreds (telfre'ß)	zufrieden
kunde (ko'nᵉ), -r	Kunde
betale (betä'|lᵉ), -te	(be)zahlen
regning (raiˈnᵉnŋ), -er	Rechnung
bruge (brū'[g]ᵉ), -te	gebrauchen
lang (lanŋ|)	lang
efterår (ä'fdᵉrō|ʳ) n, —	Herbst
til at lære (lä'rᵉ)	dazu, Deutsch
tysk (tüßg)	zu lernen
føle (fö'le), -te	fühlen, spüren
stærk (ßdärg)	stark
smerte (ßmä'rdᵉ), -r	Schmerz
ven (wän), -ner	Freund
låne (lō'nᵉ), -te	borgen, leihen
rå (rō|)	roh
morder (mo'rdᵉʳ), -e	Mörder
dræbe (drä'bᵉ), -te	töten
rig (rī|[g])	reich
guldsmed (gu'l-ßmed), -e	Goldschmied
tyk (tüg)	dick
direktør (dirägtö|ʳ), -er	Direktor
mene (mē'nᵉ), -te	meinen
at (ad)	daß
tabe (tā'bᵉ), -te	verlieren
gram (gram|) n, —	Gramm
fedt (fed) n	Fett, Schmalz
ved (wed)	durch
daglig (da'gli)	täglich
hvorfor (woʳfo'ʳ)	warum
uartig (u-a'ʳ|di)	unartig
råbe (rō'bᵉ), -te	rufen

Grammatik

4C₁ Die Deklination des Adjektivs

Die Adjektive haben im Singular zwei Formen: die t=Form und die e=Form (auch die „starke" und die „schwache" Form genannt); sie bleiben auch im Genitiv unverändert. Die Pluralendung ist in beiden Formen -e.

stor = groß	Singular		Plural
	fælleskøn	intetkøn	
t-Form („stark")	stor	stort	store
e-Form („schwach")	store		

4C₂

So werden die meisten Adjektive dekliniert. Verdoppelung des Endkonsonanten nach kurzem Vokal sowie Wegfallen von e in den tonlosen Endungen -el, -en, -er treten nach den Regeln in den Vorb. S. XIV ein: flot schick — flotte; skøn — skønne; gammel alt — gamle; voksen erwachsen — voksne; mager — magre.

4C₃

Adjektive auf -e (ægte, moderne, elskende), -o (tro treu), -sk (dansk, elektrisk), -t (let), -u (snu schlau), -y (sky scheu) und einige auf -d (glad froh) und -s (fælles gemeinsam) fügen kein t hinzu.

Adjektive auf -å (blå blau), -e, -o, -s, -u und -y (Beispiele siehe oben) fügen kein -e hinzu. Fri und ny „neu" können sowohl die Form frie, nye als fri, ny haben.

4C₄

Man bemerke die in der Aussprache bisweilen eintretende Verkürzung des Vokals in der Neutrumsform, z. B.:

god (gō|d) gut — godt (god) — gode (gō'dᵉ);
hård (hō|ʳ) hart — hårdt (hord) — hårde (hō'rᵉ);
dyb (dü|b) tief — dybt (dübd) — dybe (dü'bᵉ);
blå (blō|) blau — blåt (blod) — blå (blō|);
rig (rī|g) reich — rigt (rigd) — rige (rī'gᵉ);
fri (frī|) frei — frit (frid) — fri, frie (frī|, frī'-ᵉ), usw.

In grov (groᵘ|) grob, und stiv (sdī|w) steif wird das v zu f vor t geändert: groft (grofd), stift (ßdifd).

4C₅

Adjektive und Partizipien auf unbetontes -et ändern das -t in d vor dem -e: snavset (ßnaᵘ'ßᵉd) schmutzig — snavsede (ßnaᵘ'ßᵉdᵉ); rynket (rö'nᵃgᵉd) runzelig — rynkede (rö'nᵃgᵉdᵉ).

Das Adjektiv lille „klein" heißt im Plural små: en lille mand, to små mænd.

Verwendung der beiden Formen   **4C₆**

A. Die t=Form („starke" Form) wird gebraucht:

1. nach dem unbestimmten Artikel: en rød rose, et rødt flag;
2. wenn das Adjektiv ohne vorhergehenden Artikel steht: god rejse!, der var stort opløb på gaden;
3. hinter einem unbestimmten Pronomen: han er ikke noget stort geni;
4. in prädikativer Stellung: marken er grøn, træet er grønt.

4C₇

B. Die e=Form („schwache" Form) wird in allen anderen Fällen verwendet:

1. nach dem bestimmten adjektivischen Artikel: den røde rose, det røde flag; bisweilen ist der Artikel weggelassen: gamle Danmark, Store Bælt, vedlagte skrivelse;
2. nach den demonstrativen, persönlichen und possessiven Pronomina (Stck. 7-8): denne røde rose, dette røde flag; jeg store fæ, min røde rose, dit røde flag; Deres røde rose;
3. nach einem Genitiv: pigens fine kjole;
4. in der Anrede: gamle dreng!; kære Peter!; røde rose!

4 C₈

Man merke die Adjektivbeugung in prädikativer Stellung (vom Deutschen abweichend): manden er stor, barnet er stort; drengene bliver store.

4 C₉ Regelmäßige („schwache") Verben nach der zweiten Konjugation

	Imperf. -te, Part. Perf. -t	
	høre hören	glemme vergessen; mit Doppelkonsonanten nach kurzem Vokal
Infinitiv	at høre (hö'rᵉ)	at glemme (glä'mᵉ)
Imperativ (= Stamm)	hør! (hö|ʳ)	glem! (gläm|)
Präsens	jeg hør/er (hö'rᵉʳ)	glemm/er (glä'mᵉʳ)
Imperfekt	hør/te (hö'rdᵉ)	glem/te (glä'mdᵉ)
Perfekt	har hør/t (hö|ʳd)	har glem/t (gläm|d)
Plusquamperfekt	havde hør/t	havde glem/t
Futurum	vil skal } høre	vil skal } glemme

Das Präsens wird wie bei der ersten Konjugation (3 C₂) durch Hinzufügung von -er an den Stamm gebildet; im Imperfektum wird -te und im Part. Perf. -t hinzugefügt.

Über Doppelkonsonanten nach kurzem Vokal s. Vorbem S. XIV: glemmer, aber glemte.

5. Stunde

Husligt arbejde **5A**

Når hr. Larsen og børnene er væk om morgenen, begynder den travle dag i huset for fru Larsen og Karen. — Karen reder først alle sengene. — I stuerne støvsuger hun møblerne og gulvtæpperne og gør rent overalt. — Hun støver borde og reoler af og fejer gulvene. — En gang imellem gør de hovedrent; så kommer der en formiddagskone og hjælper med det grovere arbejde, vasker gulve, banker tæpper, pudser ruder o. s. v.

I køkkenet vasker pigen det snavsede service op: tallerkner, fade, knive, gafler, skeer og glas. — Bagefter tørrer hun det af i et viskestykke. — Fru Larsen laver selv middagsmad; Karen skræller kartofler og gør grøntsagerne i stand. — Der står mange gryder, potter og pander på gasapparatet. — Tidligere havde de komfur. — I gasovnen bager de også kager, både sandkager og småkager. — Dejgen rører de sammen af mel og mælk, sukker, smør, forskellige krydderier og æg. — Deri kommer de bagepulveret. — Fru Larsen holder meget af at sætte fine kager på bordet.

Om eftermiddagen stryger de vasken. — De stiller strygebrættet op i køkkenet og tager det elektriske strygejern frem. — Karen må undertiden også stoppe strømper og strikke lidt. — Fru Larsen elsker at sidde med et håndarbejde ude i haven. — Hun broderer nu en dug.

huslig (hū'ßli)	häuslich	for (for) für
barn (bā|rn) n, børn	Kind	rede (rē'dᵉ), -te machen
væk (wäg)	weg	først (förßd) zuerst
begynde (begö'n|ᵉ), -te	anfangen	støvsuge (ßdöuʼ- Staub saugen
travl (trauˈl)	geschäftig, ar-	ßū|gᵉ), -ede
	beitsreich	møbel (mö'|bᵉl) n, -ler Möbel

5. Stunde — 26 — Lesestück

gulvtæppe(go'ltäbᵉ) n, -r	Teppich
gøre (gö'rᵉ)	machen
ren (rē|n)	rein, sauber
overalt (oᵘ-ᵉʳₐ'l|d)	überall
støve af (ḫdö'wᵉ ä'|), -ede	abstauben
bord (bō|ᵗ) n, -e	Tisch
reol (re-ō'|l), -er	Regal
feje (faⁱ'-ᵉ), -ede	fegen
gang (gang|), -e	Mal
imellem (imä'l|ᵉm)	dazwischen;
	„dann und wann"
gøre hovedrent	großreine=
(ḫō'd...)	machen
der (där)	„da", wird
	nichtübersetzt
formiddagskone	Morgenfrau
(formedā'|ḫtōnᵉ), -r	
hjælpe (jä'lbᵉ)	helfen
grov (groᵘ|)	grob
gulv (gol) n, -e	Fußboden
banke(ba'nᵍgᵉ), -ede	klopfen
pudse (pu'ḫᵉ), -ede	putzen
rude (rū'dᵉ), -r	Scheibe
vaske o'p	abwaschen
snavset (ḫnaᵘ'ḫᵉd)	schmutzig
service (ḫärwi'ḫᵉ) n, -r	Geschirr
fad (fad) n, -e	Schüssel
kniv (kniᵘ|), -e	Messer
gaffel (ga'fᵉl), gafler	Gabel
ske (ḫgē|), -er	Löffel
glas (glaḫ) n, —	Glas
tørre a'f (tö'rᵉ), -ede	abtrocknen
viskestykke (we'ḫgᵉ-	Geschirrtuch
ḫdögᵉ) n, -r	
lave (lā'wᵉ), -ede	machen
selv (ḫäl|)	selbst
middagsmad (me'-	Mittagessen
daḫ...)	
skrælle (ḫgrä'lᵉ), -ede	schälen
kartoffel (kaʳto'fᵉl), -tofler	Kartoffel
grøntsager (grö'nd-	Gemüse
ḫāgᵉʳ) pl.	
i stand (i ḫda'n|)	zurecht
stå (ḫdō|)	stehen
gryde (grū'dᵉ), -r	Topf
potte (po'dᵉ), -r	kl. Topf
pande (pa'nᵉ), -r	Pfanne

gasapparat (ga'ḫ-	Gaskocher
abarā|d) n, -er	
tidligere (ti'dligᵉrᵉ)	früher
komfur (tomfū'|ʳ) n, -er	Herd
ovn (oᵘ|n), -e	Ofen
også (o'ḫᵉ)	auch
sandkage (ḫa'n...)	Sandtorte
dejg (daⁱ|)	Teig
røre sa'mmen (rö'rᵉ)	zusammen=
	rühren
mel (mē|l) n	Mehl
mælk (mäl|g)	Milch
sukker (ḫo'gᵉʳ) n	Zucker
smør (ḫmör) n	Butter
forskellig (foʳḫgä'l|i)	verschieden
krydderi (trüdᵉrī'|) n, -er	Gewürz
æg (ä|g) n, —	Ei
deri (därī'|)	dort hinein
komme	hier: „tun"
bagepulver (bā'gᵉ-	Backpulver
pol|wᵉʳ) n, -e	
holde af (holᵉ ä'|)	lieben, gern
	haben
meget (maⁱ'ᵉd)	sehr
sætte (ḫä'dᵉ)	setzen
fin (fī|n)	fein
stryge (ḫdrū'[g]ᵉ)	plätten
vask (waḫg)	Wäsche
stille o'p (ḫde'lᵉ), -ede	aufstellen
strygebræt (...bräd)	Plättbrett
n, -ter	
tage fre'm (ta, tā'gᵉ)	hervorholen
strygejern (...jär|n) n, —	Plätteisen
må (mō|)	muß
undertiden (onᵉʳ-	bisweilen
tī'|dᵉn)	
stoppe (ḫdo'bᵉ), -ede	stopfen
strømpe (ḫdrö'mbᵉ), -r	Strumpf
strikke(ḫdre'gᵉ), -ede	stricken
lidt (led)	ein bißchen
sidde (ḫe'dᵉ)	sitzen
håndarbejde	Handarbeit
(ho'n...) n	
ude (ū'dᵉ)	draußen
brodere (brodē'|rᵉ),	sticken
-ede	
dug (dū|g), -e	Tischdecke

Übung — 27 — 5. Stunde

Øvelse 5B₁

Læs følgende tal: 16, 12, 18, 50, 36, 75, 54, 86, 62, 97, 81, 49, 57, 68, 99, 73, 40.

Den danske digter H. C. Andersen levede fra 1805 til 1875. — Komediedigteren Ludvig Holberg var født i Bergen i Norge 1684 og døde i København 1754. — Verdenskrigen varede fra 1914—1918. — Ved De, at Danmark har omtrent 4.250.000 indbyggere og er 44 000 km² (kvadratkilometer) stort? — Hvor stor er befolkningstætheden så?

Besvar følgende spørgsmål: Hvor gammel er De? — Hvilket år er De født? — Og Deres mor? — Hvorlænge har De gået i skole? — Hvor mange indbyggere har Deres fødeby? — Hvor lang er afstanden fra København til Korsør? — 107 km. — Og fra Skagen til Århus? — Omtrent 215 km.

Genfortæl læsestykket med Deres egne ord.

komedie (tomē'|-di-ᵉ), -r Komödie
Ludvig Holberg (lu'd|wi ho'lbär|)
føde (fö'dᵉ), -te gebären
Bergen (bä'r|gᵉn) Bergen
Norge (no'rgᵉ) Norwegen
dø (dö|) sterben
verdenskrig (wä'r- Weltkrieg
  dᵉnßtrī|g)
vare (wā'rᵉ), -ede dauern
ved (wē|d) wissen
omtrent (omträ'n|d) etwa
indbygger (e'n- Einwohner
  bügᵉʳ), -e
hvor (woʳ) wie
befolkningstæthed Bevölkerungs-
  (befo'l|gnenᵉßtädhē'|d) dichte

besvare (beßwā'|rᵉ), beantworten
  -ede
spørgsmål (ßbö'rß- Frage
  mö|l) n, —
hvilket (we'lgᵉd) welches
hvorlænge (woʳlä'nᵍ-ᵉ) wie lange
fødeby (fö'dᵉbū|) Geburtsstadt
afstand (aᵘ'ßdan|),
  -e Abstand
Korsør (torßö'|ʳ), } Dänische
Skagen (ßgā'|gᵉn),   } Städte
Århus (o'rhū|ß)
genfortælle (gä'n- wieder-
  foʳtäl|ᵉ) erzählen
egen (aⁱ'-ᵉn) eigen
ord (ō|ʳ) n, — Wort

5B₂

Hvad er klokken? (oder Hvor mange er klokken?). Klokken (od. den) er syv, klokken er en og tyve (in der Umgangssprache ni), klokken er mange (= det er sent). Klokken slår halv eet. — Klokken er snart et kvarter i 8 (vor 8). — Klokken er allerede et kvarter over 8 (nach 8). — Kl. er ca. tre minutter i 6. — Klokken er efter mit ur tre minutter over 6. — Der mangler endnu to min. og 25 sek. (= sekunder) i 10. — Toget går (kl.) 17¹⁹ (sytten nitten). — Mit ur går forkert, går nøjagtigt, går for langsomt, går for hurtigt.

Præcis (Abf. prc.) kl. 24 (fire og tyve, oder tolv), oder på slaget tolv. — På søndag kl. halv tre kommer han.

Et døgn har 24 timer. — En dag, en nat, en time, et minut, et sekund. — Ved ettiden.

Die Zahlen 1—24 Uhr sind amtlich durchgeführt; in der Umgangssprache rechnet man nur mit 1—12.

sen (ße|n)	spät	endnu (e'nu)	noch
slå (ßlō|)	schlagen	sekund (ßeto'n|d) n, -er	Sekunde
snart (ßnā|ᵗd)	bald	forkert (foʳtē'|ᵗd)	verkehrt, falsch
kvarter (twaʳtē'|ᵗ) n, -er	Viertel(=stunde)	nøjagtig (noⁱa'gdi)	genau
allerede (alᵉrē'dᵉ)	schon	hurtig (ho'rdi)	schnell
ca. = cirka (ße'rga)	zirka	præcis (präßi'|ß)	pünktlich
minut (minu'd) n, -ter	Minute	slag (ßlā|g) n, —	Schlag
efter (ä'fdᵉʳ)	nach	døgn (doⁱ|n) n, —	Tag und Nacht
mangle (ma'nᵍlᵉ),-ede	fehlen	nat (nad), nætter	Nacht
		ettid (e'dtī|d)	„Eins"

Grammatik

5C₁   Die Zahlwörter — talordene

Die Grundzahlen — mængdetallene

0 nul (nol) n
1 een (ē\|n), eet (ed) n
2 to (tō\|)
3 tre (trē\|)
4 fire (fī'rᵉ)
5 fem (fäm\|)
6 seks (ßägß)
7 syv (ßüᵘ\|)
8 otte (ō'dᵉ)
9 ni (nī\|)
10 ti (tī\|)
11 elleve (ä'lwᵉ)
12 tolv (tol\|)
13 tretten (trä'dᵉn)
14 fjorten (fjo'rdᵉn)
15 femten (fä'mdᵉn)
16 seksten (ßaⁱ'ßdᵉn)
17 sytten (ßö'dᵉn)
18 atten (a'dᵉn)
19 nitten (ne'dᵉn)
20 tyve (tü'wᵉ)

Man beachte besonders die Aussprache von: fire — fjorten, seks — seksten, syv — sytten, otte — atten und von elleve und tolv!

21	(e)en og tyve	(ēˈ|n o tūˈwᵉ)
22	to og tyve	
23	tre og tyve	
30	tredive	(träˈdwᵉ)
40	fyrre, fyrretyve	(föˈrᵉ[tūwᵉ])
50	halvtreds, halvtredˢsindstyve	(ḥaltreˈs̄[ᵉns̄tūwᵉ])
60	tres, tresindstyve	(treˈs̄[ᵉns̄tūwᵉ])
70	halvfjerds, halvfjerdsindstyve	(ḥalfjäˈrs̄[ᵉns̄tūwᵉ])
80	firs, firsindstyve	(fiˈr̩|s̄[ᵉns̄tūwᵉ])
90	halvfems, halvfemsindstyve	(ḥalfäˈm|s̄[ᵉns̄tūwᵉ])
100	hundrede, et hundrede	(ḥuˈnrᵉdᵉ)

5 C₂

Die Doppelformen der Zehner 40 bis 90 werden folgendermaßen verwendet: die kurzen Formen werden allgemein gebraucht, die langen Formen sind literarisch und werden in feierlicher Rede gebraucht, sowie oft vor Substantiven und tusind.

Die Geschäfts-, Bank- und Postsprache verwendet meistens die praktischeren „gemeinskandinavischen" Zahlen: 20 toti, 30 treti, 40 firti, 50 femti, 60 seksti, 70 syvti, 80 otti, 90 niti (21 toti een, 22 toti to usw.).

In den Zahlen 30 (urspr. tre tyve) und 40 (fire tyve) hat tyve eine alte Bedeutung „Zehner" (vgl. deutsch -zig). In den Zahlen 50, 60, 70, 80 und 90 erkennt man die Reste eines früheren Zwanzigersystems (sind bedeutet „Mal"):

halvtredsindstyve = halvtredje (drittehalb, $2^1/_2$) × 20 = 50
tresindstyve = tre × 20 = 60
halvfjerdsindstyve = halvfjerde (viertehalb, $3^1/_2$) × 20 = 70
firsindstyve = fire × 20 = 80
halvfemsindstyve = halvfemte (fünftehalb, $4^1/_2$) × 20 = 90

5 C₃

101	hundrede (og) een (oder eet)	
102	hundrede (og) to usw.	
200	to hundrede	
300	tre hundrede usw.	
1000	tusind(e) oder et tusind(e)	(tūˈ|s̄ᵉn[ᵉ])
2000	to tusind(e) usw.	
2610	to tusind seks hundrede og ti	
100 000	hundrede tusind(e)	
1 000 000	en million	(miljöˈ|n)
2 000 000	to millioner	
1 000 000 000	en milliard	(miljāˈ|ʳd)
1848	atten hundrede otte og fyrre	
1925	nitten hundrede fem og tyve	

5 C₄

I tyverne in den Zwanzigern (od. zwanziger Jahren); i 1880'erne (atten hundrede og firserne, abgekürzt: i firserne); en ener (ē'|nᵉʳ) eine Eins; toen (tō'|ᵉn) die Zwei; femmer (fä'm|ᵉʳ) Straßenbahn, Linie 5; Fünfkronenschein; en tier (ti'|ᵉʳ) Zehner, Zehnkronenschein. — I 1500-tallet im 16. Jahrhundert.

5 C₅   een und eet

e wird meistens doppelt geschrieben, damit das Zahlwort nicht mit dem Artikel en, et oder mit dem unbestimmten Pronomen en (oder én) verwechselt wird. Die adjektivische e-Form heißt ene (ē'nᵉ): den ene mand.

Die Form (e)en wird in der Umgangssprache bei Angabe eines Stücks aus einer größeren Menge gebraucht, auch wenn das Wort Intetkøn ist, so bei Bestellungen im Café: Tjener, (e)en øl! Herr Ober, ein Bier! (= ein Glas, eine Flasche Bier; øl ist Neutrum); må jeg få (kann ich bekommen) een kaffe (= en kop [Tasse] kaffe) og een smørrebrød (= et stykke smørrebrød Butterbrot); jeg drak en sodavand (= en flaske s).

Die Neutrumsform eet wird (wie im Deutschen) auch in folgenden Fällen gebraucht: Klokken er eet; nummer eet, linie eet, figur eet usw.

Als erstes Wort in zusammengesetzten Zahlen wird een nicht zu eet geändert, selbst wenn es vor einem Neutrumswort steht: een og tyve børn; dagegen am Schluß: hundrede og eet huse.

En wird tonlos (ᵉn) vor anderen Zahlen gebraucht, um das Ungefähre anzugeben: en fem seks stykker ungefähr fünf bis sechs Stück; en halvandet år ungefähr anderthalb Jahre.

5 C₆

$10 + 2 = 12$ ti og (od. plus) to er tolv
$10 - 2 = 8$ ti minus to (od. to fra ti) er otte
$10 \times (od. \cdot) 2 = 20$ ti gange to er tyve
$10 : 2 = 5$ ti divideret med to (od. to i ti) er fem

6. Stunde

På indkøb   6A

Fru Larsen ringer til den nærmeste slagter. — Hans telefonnummer er Hellerup 22 56. — „Hallo! Her er fru Larsen! Er det hos slagter Hansen?" — „Ja det er, frue!" — „Jeg vil gerne bestille kød til på søndag d. 18. Har De kalvekød?" — „Ja, De kan få den dejligste kalvesteg." — „Ja tak, vil De så ved lejlighed i dagens løb bringe tre halvkilo op til mig!" — „Så gerne, frue! Farvel, tak!" — Bydrengen kommer senere med det.

Karen går i byen for at besørge de vigtigste byærinder. — Hun skal hen til bager Jensen på hjørnet. — Hans brød er bedre end de andre bageres. — „Goddag, jeg vil gerne have et halvt rugbrød, et sigtebrød og et lille franskbrød". — Bageren henter det frem fra den nederste hylde. — „Så vil jeg bede om fem flødekager og en stang wienerbrød". — „Var der ellers noget?" — „Ja tak, vil De være så venlig at sende os to rundstykker ekstra i morgen tidlig?" — „Det skal vi nok, frøken!" — „Hvormeget bliver det?" — „Tak, det er lige 3,80 kr." — „Brødet bliver nu dyrere og dyrere!"

Hos gartneren henter Karen grøntsager, kartofler, ærter, gulerødder og blomkål. — Hun køber også lidt frugt og to citroner. — Børnene holder mere af appelsiner end af bananer. — Hendes kurv er tungere at bære end sædvanlig, næsten så tung som bly. — Vejen hjem er dog heldigvis ikke lang.

indkøb (eˈntɔ|b) *n*, Einkauf	ringe til (reˈnɡ-e), anrufen -ede

6. Stunde — 32 — Übung

nærmest (nä'rmᵉßd)	nächſt	nederst (nē'|dᵉʳßd)	unterſt
slagter (ßla'gdᵉʳ), -e	Schlächter	hylde (hü'lᵉ), -r	Brett, Fach
telefonnummer	Telephon=	bede (bē'dᵉ)	bitten; beten
(telefō'|nnom|eʳ) n,	nummer	flødekage (flȫ'dᵉ...)	Schlagſahne=
-numre			kuchen
hos (hoß)	bei	stang Stange,	hier „Streifen",
gerne (gä'rnᵉ)	gern		langer Kuchen
bestille (beßde'l|ᵉ),	beſtellen	wienerbrød (wī'|-	„Kopenhagener
-te		neʳ...)	Gebäck"
kød (köd) n	Fleiſch	ellers (ä'l|ᵉʳß)	ſonſt
til på søndag	für den Sonn=	noget (nöd)	etwas
	tag	venlig (wä'nli)	freundlich
d. = den	den	sende (ßä'nᵉ), -te	ſchicken
få (fö|)	bekommen	skal	hier: werden
kalv (tal|[w]), -e	Kalb	nok (nog)	ſchon
steg (ßdaⁱ|), -e	Braten	bliver (blī'|weʳ,	wird
lejlighed (laⁱ'lihē|d),	Gelegenheit	blī|ʳ)	
-er		lige (lī'[g]ᵉ)	grade
i ... løb (lȫ|b)	im Laufe	nu (nu)	„aber"
bringe (bre'nᵍ-ᵉ)	bringen	dyr (dū|ʳ)	teuer; „immer
halvkilo (ha'lkilo) n,	Pfund		teurer"
—		gartner(ga'rdnᵉʳ), -e	Gärtner, Ge=
til (tel)	für, zu		müſehändler
så gerne!	ſehr gern!	ært (är|d), -er	Erbſe
bydreng(bü'dränᵍ|),	Laufjunge	gulerod (gu'lᵉrō|d),	Mohrrübe
-e		-rødder	
besørge (beßö'r|gᵉ),	beſorgen	blomkål (blo'mtō|l)	Blumenkohl
-ede		frugt (frogd)	Obſt
vigtig (we'gdi)	wichtig	citron (ßitrō'|n), -er	Zitrone
ærinde (ä'renᵉ) n, -r	Beſorgung	banan (bana'|n), -er	Banane
bager (bä'geʳ), -e	Bäcker	kurv (toʳ|[w]), -e	Korb
Jensen (jä'nßᵉn)	Eigenname	tung (tonᵍ|)	ſchwer
hjørne (jö'rnᵉ) n, -r	Ecke	bære (bä'rᵉ)	tragen
bedre (bä'drᵉ)	beſſer	sædvanlig(ßädwä'|nli)	gewöhnlich
end (en)	als	næsten (nä'ßdᵉn)	beinahe
rugbrød (ru'...) n,-	Roggen=,	som (ßom)	wie
	Schwarzbrot	bly (blū|) n	Blei
sigtebrød (ße'gdᵉ...)	Graubrot	vej (waⁱ|), -e	Weg
franskbrød(fra'nß[g]...)	Fein=,	dog (dog)	jedoch
	Weißbrot	heldigvis(hä'ldiwl|ß)	glücklicher=
hente (hä'ndᵉ), -ede	holen		weiſe

6 B₁ Øvelse

Det er min fødselsdag d. 27. april. — Kong Frederik VI. (eller: 6.) døde 1839. — Læs følgende ordenstal: 54., 83., 67., 79., 92., 46. — Læs følgende brøker: $3^1/_4$; $5^3/_5$; $17^{31}/_{91}$; 56,72; 178,667.

Übung — 33 — 6. Stunde

Komparer følgende adjektiver: glad, lav, søvnig, fattig, dejlig, glemsom, voldsom, vågen, sulten, rynket, falsk, spændende, stor, lille, mange, nær.

Genfortæl læsestykket!

Oversæt til dansk: Dein Roman ist ebenso spannend (ligeså spændende) wie meiner. — Er war freundlicher als sie. — Kennst du den jüngeren der beiden Brüder? — Die Kaufleute (købmænd) wurden immer reicher (rig).

fødselsdag (fö′β^elß-dā|), -e	Geburtstag	søvnig (ßö^u′ni)	schläfrig
konge (to′nq-e), -r	König	fattig (fa′di)	arm
Frederik (frä′d|^ereg)	Friedrich	glemsom(glä′mßom|)	vergeßlich
brøk (brö|g), -er	Bruch	voldsom (wo′l...)	gewaltig, gewaltsam
komparere (tompa-rē′|r^e)	steigern	sulten (ßu′ld^en)	hungrig
lav (lā|w)	niedrig	rynket (rö′n^gg^ed)	runzlig

Månedernes navne 6 B₂

Et år har 12 måneder: januar (ja′nuā\|^r); februar (fe′bruā\|^r); marts (mardß); april (aprī′\|l); maj (ma^i\|); juni (jū′\|ni); juli (jū′\|li); august (a^ugo′ßd); september (ßäbtä′m\|b^er); oktober (ogtö′\|b^er); november (nowä′m\|b^er); december (deßä′m\|b^er).

I maj eller: i maj måned.

Hvad dato har vi i dag? — Det er i dag (eller: i dag har vi) den (Abk. d.) 2. maj. — Søndag d. 10. december om morgenen regnede det. — København, den 3. september 1923 (eller: d. 3/9 1923, læs: den tredie i niende).

Deres brev af 18. ds. (dennes); d. d. = dags dato; g. d. = gårs dato.

måned (mö′n^ed), -er	Monat	dennes	d. M.
navn (na^u|n) n, -e	Name	d. d.	am heutigen Tage
dato (dā′to), -er	Datum	g d.	vom gestrigen Tage
brev (brē|w) n, -e	Brief		

Grammatik

Die Ordnungszahlen — ordenstallene 6 C₁

1. (1ste) første (fö′rßd^e)   3. (3die) tredie (tre′dj^e)
2. (2den) anden (a′n^en)   4. (4de)   fjerde (fjä′r^e)

Dän. Kurzlehrbuch

5.	(5te)	femte (fä'mdᵉ)	21.	(21nde) een og tyvende
6.	(6te)	sjette (ɧjä'dᵉ)	22.	(22nde) to og tyvende
7.	(7ende)	syvende (ɧüu'|ᵉnᵉ)	30.	(30te) tredivte (trä'[d]ſdᵉ)
8.	(8nde)	ottende (o'dᵉnᵉ)	40.	(40nde) fyrretyvende
9.	(9ende)	niende (nĭ'|ᵉnᵉ)	50.	(50nde) halvtredsinds- tyvende
10.	(10ende)	tiende (tĭ'|ᵉnᵉ)		
11.	(11te)	ellevte (ä'lfdᵉ)	60.	(60nde) tresindstyvende
12.	(12te)	tolvte (to'ldᵉ)	70.	(70nde) halvfjerdsinds- tyvende
13.	(13de)	trettende (trä'dᵉnᵉ)	80.	(80nde) firsindstyvende
14.	(14de)	fjortende (fjo'rdᵉnᵉ)	90.	(90nde) halvfemsinds- tyvende
15.	(15de)	femtende (fä'mdᵉnᵉ)	100.	hundrede
			101.	(101ste) hundrede og første
16.	(16de)	sekstende (ɧaⁱ'ɧdᵉnᵉ)	102.	(102den) hundrede og anden uſw.
17.	(17de)	syttende (ɧö'dᵉnᵉ)	200.	to hundrede
18.	(18de)	attende (a'dᵉnᵉ)	1000.	tusinde
19.	(19de)	nittende (ne'dᵉnᵉ)	2000.	to tusinde uſw.
20.	(20nde)	tyvende (tü'wᵉnᵉ)		

6 C₂

Die Verkürzungen mit Punkt ſind die gebräuchlichſten; 1ste, 2den uſw. ſind jetzt ſeltene Formen.

Die Ordnungszahlen 40 bis 90 müſſen immer die lange Form haben (vgl. 5C₂). — Die Ordnungszahlen behalten überall die e-Form mit Aus= nahme von første (hvem var først? zuerſt) und anden, andet n. andre pl.

— Sie können im Genitiv ein -s hinzufügen, wenn das Subſtantiv zuerſt ſteht oder ergänzt werden muß: Kong Christian den femtes danske lov (Geſetz); den anden dags resultater var bedre end den førstes.

6 C₃ **Bruchzahlen (brøker) und andere Zahlenausdrücke**

¹/₂ en halv (hal\|[w]); 1¹/₂ een en halv oder halvanden (hala'nᵉn); 2¹/₂ to en halv oder ungebräuchlich halvtredie; ¹/₃ en trediedel (tre'djᵉdē\|l); ²/₃ to trediedel(e); 1¹/₃ een en trediedel; ¹/₄ en fjerdedel (fjä'rᵉdē\|l) oder in der Umgangs= ſprache en kvart (vgl. kvarter Viertelſtunde, kvartal, fjerding- år Vierteljahr); 3³/₄ tre tre fjerdedel(e) oder kvart; 7⁶/₁₁ syv seks ellevtedel(e).

0,7 nul komma syv; 5,22 fem komma to to (oder to og tyve).

enkelt (ä'nᵍ|gᵉld), dobbelt (do'bᵉld), tredobbelt, firdobbelt usw. ein=, zwei=, drei=, vierfach; dobbelt så meget zweimal soviel.

for det første (andet, tredie) erstens, zweitens usw.; den næste (nä'ßdᵉ) nächste; den sidste (ßi'ßdᵉ) letzte; den næstsidste der zweitletzte (vgl. den næstbedste, den næstklogeste); den eneste der einzige.

een gang, to gange usw. einmal, zweimal; een gang til noch einmal.

6^3 seks i tredie (potens); $\sqrt{4}$ kvadratrod(en af) fire; $\sqrt[3]{36}$ den tredie rod (rō|d), Wurzel, af seks og tredive; log 12.5 (log) logaritmen til tolv komma fem.

et par: et par sko, for et par dage siden vor ein paar Tagen.

et dusin (dußi'|n) Dutzend; en snes (ßnē|ß) 20 Stück, Stiege (von Eiern; in der Umgangssprache = ungefähr zwanzig: der var en snes mennesker; om en halv snes dage in ungefähr zehn Tagen).

en tønde (tö'nᵉ) = $1/_2$ ha (hektar); auch Raummaß (Kohle, Korn, Wein).

en alen (ā'lᵉn) Elle; en fod (fō|d) Fuß; en tomme (to'mᵉ) Zoll; en mil (mī|l) Meile (7,5 km); en sømil (ßö'mī|l) Seemeile, 1,9 km.

et pund (pun|) Pfund; amtlich nur noch et halvkilo (ha'lkilo)

Die modernen Bezeichnungen: mm (millimeter); cm (centimeter); m (meter); km (kilometer); dl (deciliter); l (liter); m³ (kubikmeter); hl (hektoliter); cm² (kvadratcentimeter); m² (kvadratmeter); ha (hektar); km² (kvadratkilometer); mg (milligram *n*); g (gram *n*); kg (kilo *n*, kilogram *n*); t (ton).

Die Komparation der Adjektive

	Komparativ	Superlativ
1.	-ere	-est
2.	-ere	-st
3.	mere —	mest —

Wie 1. werden die meisten Adjektive kompariert: høj — høj/ere — høj/est; mager — magr/ere — magr/est (e weggelassen, Vorbemerkungen S. XIV); let leicht — lett/ere — lett/est (Verdoppelung, Vorbemerkungen S. XIV); ringe ge=

ring — ringe/re — ringe/st (fügt nur -re und -st hinzu, da das e schon vorhanden ist).

Die Adjektive auf -ig, -lig und -som werden wie 2. komparsiert: ivrig eifrig — ivrig/ere — ivrig/st; livlig lebhaft — livlig/ere — livlig/st; morsom spaßhaft — morsomm/ere — morsom/st (Konsonantverdoppelung vor Vokal).

Wie 3., mit vorangesetztem mere und mest, werden gewisse Adjektive auf -d, -en, -et, -s, sowie mehrsilbige auf -isk und -sk, und außerdem die Partizipien, die als Adjektive benutzt werden, komparsiert: fremmed — mere f. — mest f.; gnaven mürrisch — mere g. — mest g.; broget bunt — mere b. — mest b.; gammeldags altmodisch — mere g. — mest g.; krigersk — mere k. — mest k.; komisk — mere k. — mest k.; strålende strahlend — mere s. — mest s.; fornøjet vergnügt — mere f. — mest f.

6 C₅ Unregelmäßige Komparation

1. Umlaut haben vier Adjektive:

få wenige	— færre	— færrest
lang lang	— længere	— længst
stor groß	— større	— størst
ung jung	— yngre	— yngst

2. Folgende Adjektive bilden Komparativ und Superlativ aus einem fremden Stamm:

gammel alt	— ældre	— ældst
god gut	— bedre	— bedst
ilde, ond, slem, slet böse, schlecht	— værre	— værst
lille (*pl.* små)	— mindre	— mindst
megen viel (Umfang)	— mere	— mest
mange viele (Anzahl)	— flere	— flest

3. -mere und -mest wird hinzugefügt in:

nær nah	— nærmere	— nærmest

6 C₆

Bei Vergleichung gebraucht man im Positiv som „wie" und im Komparativ end (en) „als": han er lige så (ebenso) stor som jeg (od. mig) — han er større end jeg (od. mig).

Wenn von zweien die Rede ist, gebraucht man im Deutschen den Komparativ zur Bezeichnung des höchsten Grades, im

Dänischen aber den Superlativ: han er den dygtigste af de to drenge (der tüchtigere); hun er den mest moderne af de to søstre.

Man merke die Verdoppelung der Komparative in Ausdrücken, die im Deutschen durch immer + Komparativ übersetzt werden: det blev værre og værre (immer schlimmer).

6C₇

Der Komparativ hat immer die e-Form: en højere mand, et større Europa; den højere mand, det større Europa; de højere mænd.

Der Superlativ behält immer dieselbe Form; nur in den in 4 C₇ erwähnten Fällen hat er die e-Form: dette hus er højest; disse huse er højest, aber: den højeste mand; byens højeste hus; mit højeste ønske (Wunsch); bedste ven!

Einige Adjektive haben nur die Komparativform: nordre (no'rdrᵉ) Nord=, nördlich, søndre (ßö'nrᵉ) Süd=, südlich, vestre (wä'ßdrᵉ) West=, westlich, østre (ö'ßdrᵉ) Ost=, östlich.

Andre (von Adverbien und Präpositionen abgeleitet) kommen nur im Superlativ vor: bagest (auch bagerst) (ba'|gᵉ[ʳ]ßd) hinterst (bag hinter); forrest (fo'r|eßd) vorderst (for vor); først (förßd) erst (før ehe, bevor); mellemst (mä'l|ᵉmßd) mittelst (mellem zwischen); sidst (ßißd) letzt (siden seit); underst (o'n|ᵉʳßd) unterst (under unter); ypperst (ü'bᵉʳßd) vorzüglichst (op hinauf); hierher gehört auch eneste einzig (vom Zahlwort een).

Einige Adjektive (von Ortsadverbien abgeleitet) kommen nur im Komparativ und Superlativ vor: indre (e'ndrᵉ) inner, inderst (e'n|ᵉʳßd) innerst (ind hinein); nedre (ne'drᵉ) unterer, nederst (nē'|dᵉʳßd) unterst (ned hinunter); ydre (ü'drᵉ) äußer, yderst (ü'|dᵉʳßd) äußerst (ud hinaus); øvre (öᵘ'rᵉ) ober, øverst (ö'|wᵉʳßd) oberst (oven oben).

---

7. Stunde
Hos købmanden **7A**

På væggen i køkkenet hænger der en tavle. — Når fru Larsen mangler noget, skriver hun det straks op på den. — Hun siger i dag til sin husassistent: „Karen, vil De gå hen til købmand Grøn og købe de varer, som vi mangler. De skal tage Deres frakke på, det er koldt!" — Karen tager sin hat og frakke på og går. — „Goddag hr. Grøn! Jeg vil gerne bede om eet kg mel, en pakke rosiner, et fjerding-

7. Stunde — Læsestück

pund af Deres bedste kaffe, en tilsætning og to flasker hvidtøl." — „Ja tak! Var det alt?" — „Nej, jeg glemte at forlange en dåse grønærter og en æske skokræm." — „Vi har desværre ikke flere grønærter; de er udsolgte. Kan De ikke bruge noget andet konserves?" — „Nej tak, så må jeg først spørge fruen." — „Nå, som De vil! Det bliver ialt 8,52 kr." — „Kan De give tilbage på en 50-kroneseddel? Jeg huskede ikke at tage småpenge med."

— Købmanden giver hende fire tikronesedler, en enkrone, en 25-øre, to tiører, en toøre og en enøre tilbage, samt en kvitteret regning. — Hun siger farvel til ham. — Bybudet lukker døren for hende. — Købmanden siger til ham: „Kan du tage din cykel og bringe varerne hen til fru Larsen. Hendes adresse kender du jo". — Cyklebudet nikker og tager sin hat på. — Ti minutter senere har han afleveret sagerne. — Fru Larsen giver ham drikkepenge.

købmand (kö'man|), -mænd	Kaufmann
på	an
væg (wå|g), -ge	Wand
hænge (hä'ng-e)	hängen
tavle (tau'le), -r	Tafel
skrive o'p (ßgri'we)	aufschreiben
vare (wå'r e), -r	Ware
som (ßom)	die
tage på'	anziehen
frakke (fra'g e), -r	Mantel
kold (kol|)	kalt
hat (had), -te	Hut
pakke (pa'g e), -r	Paket
rosin (roßi'|n), -er	Rosine
fjerding...(fjä'ren g...)	Diertel...
tilsætning (te'l-ßädn eng), -er	(Kaffee=)Zusatz
hvidtøl (wi'döl) n	Weißbier, Dünnbier
glemme (glä'm e), -te	vergessen
forlange (forla'ng|e), -te	verlangen
dåse (do'ße), -r	Dose
grønærter (grönä'rd er)	grüne Erbsen
æske (ä'ßg e), -r	Schachtel
skokræm (ßgo'trä|m)	Schuhkrem
desværre (deßwä'r e)	leider
udsolgt (u'dßol|d)	ausverkauft
konserves (konßä'r- w eß) n	Konserven
ialt (i-a'l|d)	alles in allem
give tilba'ge	zurückgeben, wechseln
seddel (ßä'd|el), sedler	Note, Schein
huske (hu'ßg e), -ede	erinnern
småpenge (ßmo'- päng- e) pl.	Kleingeld
enkrone (e'ntrōn e), -r	Kronestück
25-øre	25=Œrestück
kvittere (twitē'|r e), -ede	quittieren
regning (ra i'n en g), -er	Rechnung
bybud (bü'bud) n, -e	Laufjunge, Bote
lukke (lo'g e), -ede	schließen
cykel (ßü'g el), cykler	Fahrrad
kende (tä'n e), -te	kennen
jo (jo)	ja
nikke (ne'g e), -ede	nicken

| Übung | — 39 — | 7. Stunde |

aflevere(au'lewē|re), abliefern | sag (ḥā|g), -er   Sache
-ede | drikkepenge (drege-) pl Trinkgeld

Øvelse 7B₁

Indsæt passende pronominer i følgende sætninger:
Ryger — en cigar hver dag? — køber en flaske blæk hos
— boghandler. Kan — sige mig, hvor rådhuset ligger?
— ligger på torvet. Jeg tænker tit på —. — gav —
et dejligt fotografiapparat til jul. Han tager — hat og
går. — søn er mindre end Deres. — er gamle. Hr. Holm
sendte et brev til —. Mine støvler er her; hvor er —?
Er det — avis?

Oversæt til dansk: Wo ist mein Auto? — Es steht auf
dem Parkplatz. — Ist Herr Kruse dein guter Freund? —
Ja, er besucht mich oft. — Wir nehmen unsre Bücher. —
Haben Sie Ihre Handschuhe (handske, -r) vergessen? —
Nein, hier sind sie. — Das Kind liegt in seinem Bett. —
Sein Sohn will nie seine Milch trinken. — Hier ist ihre
Mappe, wo ist seine?

indsætte (e'nßäde)	einsetzen	tænke (tä'nᵊge), -te	denken
passende (pa'ßene)	passend	tit (tid)	oft
ryge (rū'ge)	rauchen	gav (gā|w)	gab
cigar (ḥigā'|r), -er	Zigarre	fotografi (fotogra-	photo
blæk (bläg) n	Tinte	fī'|) n, -er	
boghandler (bo'g-	Buchhändler	søn (ḥön), -ner	Sohn
hanler), -e		støvle (ḥdöu'le), -r	Stiefel

Tak 7B₂

Tak! danke (bestens)!; en tak; sige tak sich bedanken;
mange tak!, tusind tak!; hjertelig tak!; tak skal De
have!

Tak for indbydelsen! vielen Dank für die freundliche
Einladung! — Antwort: (jeg) be'r (bē|r).

Tak for mad (kaffe usw.)! vielen Dank für das Essen!
— Antwort: velbekomme!

Tak for i aften! vielen Dank für den schönen Abend!;
tak for i går! „es war wirklich sehr nett bei Ihnen

gestern!"; tak for sidst! vielen Dank für „das letzte Mal";
Antwort: tak selv!, selv tak!, tak i lige måde! (gleich=
falls).

Tak for hjælpen (opmærksomheden, venligheden)!
Antwort: be'r!, ingen årsag!, ikke noget at takke for!
nichts zu danken!

Tak for lån! mit bestem Dank zurück!; på forhånd tak!
besten Dank im voraus!

Ja tak! ja bitte!; nej tak! danke, nein!; ellers tak!
danke sehr!, leider nicht!

Tak skæbne! (Umgangsspr.) das ist schlimm!, Donner=
wetter!; nu skal du ellers (od. sandelig) have tak! das ist
die Höhe!

7B₃   Oversættelse af bitte på dansk

1. (= keine Ursache!): (åh, jeg) be'r! (= beder), ingen årsag!
2. (erlaubend, anbietend): værs'go'! (= vær så god).
3. (= herein!): kom ind!, værs'go'!
4. (Frage, = entschuldigen Sie ...): undskyld, ...
5. (bitte, dürfte ich ...): åh, må jeg ...
6. (Widerspruch): om forladelse!
7. (= seien Sie so freundlich): vær så venlig (god, artig).
8. (= wie?): hvadbeha'r? (= hvad behager).
9. (= Sie wünschen?): De ønsker?
10. (= ja, danke!) ja tak!

hjertelig (jä'rdᵉli)	herzlich	lån (lö|n) n, —	Leihen; Dar-lehn
hjælp (jäl|b)	Hilfe		
opmærksomhed (ob-mä'rgḅomhē|d), -er	Aufmerksam-keit	skæbne (ḅgä'bnᵉ), -r	Schicksal
venlighed (wä'nli-hē|d), -er	Freundlichkeit	forladelse (fol-lā'|dᵉlḅeᵉ)	Verzeihung
årsag (o'rḅā|g), -er	Ursache	ønske (ö'nḅgᵉ), -ede	wünschen

Grammatik

Persönliche Pronomina — personlige pronominer

7C₁

Singular

	1. Person	2. Person		3. Person	
			höflich	Menschen	Tiere und Gegenstände
Nom.	jeg (ja^i)	du (du)	De (di)	han (han) hun (hon)	den (dän|), det (de) n
Akk.= Dativ	mig (ma^i)	dig (da^i)	Dem (däm)	ham (ham), hende (he′n^e)	den (dän|), det (de) n

Plural

Nom.	vi (wi)	I (i)	De (di)	de (di)	
Akk.= Dativ	os (oß)	jer (jär), veraltet: eder (ē′d^er)	Dem (däm)	dem (däm)	

7C₂

han „er" und hun „sie" werden im Hochdänischen nur für Menschen, den und det nur für Tiere und Gegenstände gebraucht; de aber für beide: Hvor er far? — **Han går ude i haven.** — Og hvor er Trofast (Hundename, = Treu)? — **Den er** også derude. — Hvor er far og hunden? — **De er i haven.** — Manden og **hans** søster, aber: Træet og **dets** blade. Bei Neutrumswörtern als Personenbezeichnungen oft schwankend: Hvor er barnet? — Det (oder han, hun) ligger i sengen.

De, Dem, Deres (Anrede) ist die höfliche Form und wird groß geschrieben; wenn eine Person gemeint ist, ist dies Pronomen Singular (nicht Plural wie im Deutschen); man macht z. B. folgenden Unterschied: de er voksne (Plural), aber: De er voksen (Subjekt Singular), De er voksne (Subjekt Plural). — Die praktische Verwendung von „De" ist wie deutsch „Sie".

7C₃

Die Pronomina haben in den „Akkusativ=Dativ=Formen" Reste einer alten, formenreicheren Deklination erhalten, die beim

Artikel und Substantiv verschwunden ist (im Deutschen noch er=
halten). Die Nominativ=Form wird nur verwendet, wenn das
Pronomen Subjekt ist: **jeg går en tur** ich gehe spazieren;
I kære børn! — Als Objekt, hinter Präpositionen usw. werden
die „Akkusativ=Dativ=Formen" verwendet: her er en bog til **jer**;
jeg kender **dig**; vi gav **ham** lov (erlaubten ihm) til at gå,
far gik med **hende**; vi så **den** ikke.

Verschieden vom Deutschen wird die „Akkusativ=Dativ=Form"
bei det (der) er (var, har været), det bliver (blev, er blevet)
verwendet: det er mig (dig, ham, hende, den, det, os, jer, dem,
Dem) ich bin es, du bist es usw.; var det mon (wohl) jer?;
nej, det har sandelig (bestimmt) ikke været os. — Verschieden ist
ebenfalls: stakkels (od. sølle) mig (dig, ham, hende, os, jer, dem,
Dem)! ich Ärmster! usw.; dagegen: jeg (du) stakkels mand!

Die Nominativ=Form statt Akkusativ=Form wird in den häufig
gebrauchten passiven Sätzen verwendet: han (statt: ham) blev
vist døren; han (statt: ham) blev tilbudt en plads.

7 C₄ Possessive Pronomen — possessive pronominer

Singular

1. Person	2. Person		3. Person	
*min (mī|n) *mit (mid) n *mine(mī'nᵉ) pl.	*din (dī|n) *dit (did) n *dine (dī'nᵉ) pl.	Deres (dä'rᵉß)	hans (hanß), hendes (he'nᵉß)	dens (dän|ß), dets (de[d]ß)n
			*sin (ßī|n), *sit (ßid) n, *sine (ßī'nᵉ) pl.	

Plural

1. Person	2. Person		3. Person
Schrift= sprache: *vor (wor) *vort (word)n *vore (wō'rᵉ) pl. Umgangsspr.: vores (wo'r[ᵉ]ß)	jeres(jä'r[e]ß) Un= gebräuchlich: *jer (jär) *jert (järd) n *jere (jä'rᵉ) pl. veraltet: eders (ē'dᵉrß)	Deres (dä'rᵉß)	deres (dä'rᵉß)

Die mit * versehenen Formen sind die eigentlichen possessiven
Pronomen; sie haben eine Neutrums= und Pluralform. Die

Genitivformen der persönlichen Pronomen: hans, hendes, dens, dets, vores, jeres (eders), deres und Deres werden jetzt auch nur possessiv verwendet; diese Formen werden nicht dekliniert.

Bei Schimpfwörtern in der 2. Person Singular werden im Dänischen die possessiven Pronomen din und dit verwendet: dit store fæ! du großes Rindvieh!; din slubbert! du Lümmel!; din grimme unge! du unartiges Kind! — Sonst normal: jeg fjols! ich Idiot!; De torsk (Dorsch)!; vi tossehoveder (Narren)!

Die possessiven Pronomen können auf dänisch substantivisch gebraucht werden: Jeg har min nøgle (Schlüssel), hvor er **din** (od. **Deres**)? Jeg ser hendes handsker (Handschuhe), men ikke **dine** og heller ikke (auch nicht) **hans**.

Die Verwendung von sin, sit, sine 7 C₃

bereitet dem Ausländer (und oft dem Inländer) verschiedene Schwierigkeiten.

Sin, sit, sine beziehtsich auf das Subjekt in demselben Satz; das Subjekt muß Singular sein, sonst steht statt sin usw.: deres; wenn das Pronomen sin usw. sich nicht auf das Subjekt bezieht, steht: hans, hendes, dens oder **dets**.

Manden tager **sin** jakke, **sit** slips og **sine** støvler på (zieht ... an);

Manden tager **hans** jakke, **hans** slips og **hans** støvler på (gemeint ist die Jacke usw. eines anderen!).

Sin hat fandt han aldrig mere.

Bilen spejler **sit** karosseri i vandpytten (Pfütze).

Han spiste **sin** kage.

Jeg så konen, som tabte **sin** pengepung (Geldbeutel).

Manden ryger på **sin** pibe, mens barnet leger (spielt) med **sine** ting.

Es ist demnach ein Unterschied vorhanden zwischen: Manden gav **sin** søn og **hans** ven (dem Freund des Sohnes) en ispind („Eis am Stiel"), und: Manden gav **sin** søn og **sin** ven (dem Freund des Mannes) en ispind.

Wenn das Subjekt ein Pluralwort ist, wird deres gebraucht: Mændene tager **deres** jakker på (hier kann man nicht wie im Singular sehen, ob die Jacken der anderen oder ihre eigenen Jacken gemeint sind).

Wenn das possessive Pronomen selbst in Verbindung mit dem Subjekt steht, wird nicht sin, sondern hans, hendes, dens, dets verwendet: **hans** stok og **hendes** handsker er her, og der ligger deres hatte; hvor bor **hans** broder? Læreren og **hans** elev gik hjem (aber: læreren gik hjem med **sin** elev).

8. Stunde

8A Hos skrædderen

I morges, da hr. Larsen klædte sig på, sagde fru Larsen: „Min kære mand, du trænger sandelig meget til et nyt sæt tøj. Gå op til skrædder Blom i formiddag og lad ham sy dig et sæt, som du kan bruge om søndagen!" — De talte lidt med hinanden om det, og Larsen lovede at gå, selv om han hader at prøve nyt tøj. — Da han åbnede døren til hr. Bloms forretning, viste skræddermesteren sig straks. — De hilste høfligt på hinanden. — „Goddag, hr. Larsen. Hvad er til tjeneste?" — „Jeg vil gerne have syet et pænt og solidt sæt tøj." — „Med fornøjelse! Hvordan har De tænkt Dem det?" — „Gråt klæder mig i og for sig godt." — „Her er fint kamgarnsstof til en klædning, pris ialt 500 kr., med syløn. Den kvalitet er en af de bedste, vi kan tilbyde Dem." — „Lad mig se det stof, der ligger øverst på hylden." — „Det er billigere, 450 kr., men også en dejlig vare." — Det endte med at Larsen bestilte det grå, som han bedst kunne lide. — Jakken ønskede han enradet, og han forlangte et par benklæder ekstra dertil af samme stof. — Det er færdigt i næste uge.

Fru Larsens dameskrædderinde syede sidste vinter mange kjoler, der alle passede fruen storartet. — Fru Larsen sætter pris på at gå velklædt og studerer hver uge de nyeste modeblade, der udkommer, omhyggeligt. — Hun

Læsestük — 45 — 8. Stunde

besøgte skrædderinden i går og bestilte to sommerkjoler, som hun får til pinse. — Den ene er uden ærmer, den anden har halvlange ærmer og bælte. — Nu i forårstiden går hun med en flot spadseredragt, som hun har købt i et varehus på strøget. — Strømper og undertøj køber hun i en lille butik på Østerbro, fodtøjet i et skotøjsmagasin i Hellerup.

skrædder (ßgrä'd^{er}), -e	Schneider
klæde på (tlä po'|), -te	anziehen
kær (tä|^r)	lieb
trænge ti'l (trä'ng-^{e}), -te	bedürfen, nötig haben
sæt (ßäd) n, — sæt tø'j	Satz; Anzug
tøj (toi$^{'}$) n	Zeug
lade (lā'd^e, la)	lassen
bruge (brü'[g]^e), -te	gebrauchen
lidt (led)	ein bißchen
hinanden(hina'n|^{e}n)	einander
love (lō'w^e), -ede	versprechen
selv om (ßä'l| om)	wenn auch
hade (hā'd^e), -ede	hassen
prøve (prö'w^e), -ede	anproben
åbne (ō'bn^e), -ede	öffnen
forretning (forä'd-neng), -er	Geschäft
vise (wī'ß^e), -te	zeigen
mester (mä'ßd^{er}), -tre	Meister
hilse (he'lß^e), -te	grüßen
høflig (hö'fli)	höflich
tjeneste (tjä'neßd^e), -r	Dienst; „was steht zu Diensten?"
solid (ßoli'd|)	haltbar
fornøjelse (fo^{r}no$^{i'}$|-elß^e), -r	Vergnügen
hvordan (wo^{r}da'n)	wie
grå (grō|); gråt (grod) n	grau
klæde (tlä'd^e, tlä|) i og for sig	stehen, kleiden an und für sich
fin (fī|n)	fein
kamgarn (ta'm-gä|^{r}n) n	Kammgarn
stof (ßdof) n, -fer	Stoff
klædning (tlä'd-neng), -er	Anzug
pris (prī|ß), -er	Preis
syløn (ßü'lön|)	Schneiderlohn
kvalitet (twalitē'|d), -er	Qualität
tilbyde (te'lbū|d^e)	anbieten
se (ßē|)	sehen
øverst (ö'|w^{er}ßd)	zuoberst
billig (bi'li)	billig
ende (ä'n^e), -te	enden
lide (lī'd^e, lī|)	leiden, mögen
jakke (ja'g^e), -r	Jacke
enradet (ē'nrā|d^{e}d)	einreihig
benklæder (be'n-tlä[d^e|^r) pl.	Hosen
samme (ßa'm^e)	selbig, derselbe
færdig (fä'rdi)	fertig
næste (nä'ßd^e)	nächste
skrædderinde (ßgrä-d^{er}e'n^e), -r	Schneiderin
sidst (ßißd)	letzt
kjole (tjō'l^e), -r	Kleid
sætte pri's på	schätzen, gern mögen
velklædt (wä'ltlä|d)	wohlgekleidet
mode (mō'd^e), -r	Mode
blad (blad) n, -e	Blatt
udkomme(u'dtom|^e)	erscheinen
omhyggelig (omhü'-g^{e}li)	sorgfältig
få (fō|)	bekommen
pinse (pe'nß^e)	Pfingsten
uden (u'd^{e}n)	ohne
ærme (ä'rm^e) n, -r	Ärmel
halvlang (ha'llang|)	halblang
bælte (bä'ld^e) n, -r	Gürtel
tid (tid|), -er	Zeit
flot (flod)	fesch

spadseredragt (ħba-ħē'rᵉdragd), -er	Kostüm	Østerbro(ö'ßdᵉʳbrō)	Stadtteil Kopenhagens
varehus (wā'rᵉḫū|ß) n, -e	Kaufhaus	fodtøj (fo'dto¹),	
strøg (ßdro¹) n, —	Hauptstraße	skotøj (ßgo'...) n	Schuhzeug
undertøj (o'nᵉʳto¹) n	Wäsche	magasin (magaßī'|n) n, -er	Magazin, Geschäft
butik (buti'g), -ker	Laden		

8B₁   Øvelse

Indsæt det refleksive pronomen i følgende sætninger:
Åge og hans far barberer og vasker — hver morgen.
Friserer De — foran spejlet? Har hun glædet — til at
se filmen? Skuespillerne kedede — frygteligt.

Indsæt det demonstrative pronomen: — mand har
været her to gange i dag med — bøger. Hvis aviser
er —? — hus ligger kønt, jeg elsker — omgivelser.

Indsæt det relative pronomen: Bogen her, — udkom
i går, er allerede udsolgt, — der undrer mig meget.
Det maleri, — jeg har malet og — alle har beundret,
er solgt for 50 kr. Den landsby, — jeg er født i, hedder
Bæktrup. Kunstnerne, med — jeg traf sammen forleden,
har været her. Jeg ved ikke, — der ellers blev sagt. Den
gård, — ejer er død, er til salg.

foran (fo'ʳan)	vor		male (mā'lᵉ), -ede	malen
spejl (ħba¹|l) n, -e	Spiegel		beundre (beo'n|drᵉ)	bewundern
glæde (glā'dᵉ), -ede	freuen		landsby (la'nßbū|), -er	Dorf
film (fil|m), (-s)	Film		kunstner (to'nßd-nᵉʳ), -e	Künstler
kede (kē'dᵉ), -ede	langweilen			
frygtelig (frö'gdᵉli)	furchtbar		forleden (foʳlē'|dᵉn)	vorgestern, neulich
køn (tön|)	schön			
omgivelse (o'mgī|welßᵉ), -r	Umgebung		ellers (ä'l|eʳß)	sonst
			blev (blē|w)	wurde
udsolgt (u'dßol|d)	ausverkauft		gård (gō|ʳ), -e	Hof
undre (o'ndrᵉ), -ede	wundern		ejer (a¹'-eʳ), -e	Besitzer
maleri (maleri'|) n. -er	Gemälde		salg (ßal|) n	Verkauf

8B₂   Lidt om tøj

Klæde sig a'f sich ausziehen; klæde sig o'm sich um=
ziehen; klæde sig på' sich anziehen; klæde sig u'd sich ver=
kleiden.

Det klæder (steht) dig godt!

Gå med hat, slips, sokker, lange støvler einen hut usw. tragen.

En klædning, en habit, et sæt tøj, et jakkesæt.

En jakke, en vest, et par benklæder (Umgangsspr. bukser), en pullover; en lomme, baglomme, inderlomme; en knap, et knaphul, et opslag, et fo(de)r, en strop, en spændtamp; et bælte, en livrem Gürtel.

En kjole, en nederdel, en bluse, en dragt.

Herreundertøj: en skjorte, en flip, et slips, et par sokker, en undertrøje, et par underbenklæder, et sæt undertøj.

Dameundertøj: et par strømper, en strømpeholder, et par underbenklæder, en (under)trøje (en chemise), en brystholder.

Hovedtøj: en hat, en hue, en kasket; en damehat.

Skotøj: et par støvler, sko, overtræksstøvler, hjemmesko; galocher.

Overtøj: en frakke, en kåbe (Damenmantel), en overfrakke, regnfrakke; en kappe (Uniformmantel); en pels, en pelskrave; en muffe; en handske, en vante (Fausthandschuh).

slips (ßlebß) n, —	Schlips
sok (sog), -ker	Socke
lomme (lo′m^e), -r	Tasche
baglomme (ba′g...)	Hintertasche
inderlomme(e′n^{er}...)	Innentasche
knap (tnab), -per	Knopf
hul (hol) n, -ler	Loch
opslag (o′bßlä/g) n,—	Aufschlag
foder (fō|^r) n	Futter
strop (ßdrob) n, -per	Anhänger
spændtamp (ßbä′n-tam|b), -e	Rüdengürtel
nederdel (ne′d^{er}-dē|l), -e	Rod

skjorte (ßgjo′rd^e), -r	Hemd
flip (fleb), -per	Kragen
trøje (troi′-^{e}), -r	Jade, Hemd
strømpeholder (...hol^{er}), -e	Strumpfhalter
brystholder (brö′ßd-hol^{er}), -e	Büstenhalter
hoved(hō′w^{e}d,hōd), n, -er	Kopf
hue (hū′^{e}), -r	Mütze
overtræksstøvle (o$^{u′}$-^{er}trägß...)	Überziehstiefel
hjemmesko(jä′m^e...)	Hausschuh
galoche(galo′ßj^e), -r	Gummischuh

Grammatik

8C₁ Das Reflexivpronomen — det refleksive pronomen

heißt im Singular und Plural **sig** (ßa̕ⁱ); nach De (als Anrede) jedoch Dem; f. 20C₄.

han keder (langweilt) sig; *pl.* de keder sig; Anrede: De keder Dem.

Eine andere Bedeutung hat der Satz: de keder dem (perf. Pron.) sie langweilen sie (d. h. die anderen).

8C₂ Die Reziprokpronomen — de reciprokke pronominer

sind **hinanden** (hina̕n|ᵉn) „einander" und das jetzt nicht gebräuchliche **hverandre** (wära̕ndrᵉ); sie fügen -s im Genitiv hinzu: vi elsker hinanden; brødrene så på hinanden; røverne stjal hinandens penge (stahlen sich gegenseitig das Geld).

8C₃ Die demonstrativen Pronomen — demonstrative pronominer

den, det *n*, **de** *pl.* (stärker betont als der bestimmte Artikel vor dem Adjektiv, 2C₉) der, die, das, die. Alleinstehend (substantivisch) wird es wie das persönliche Pronomen dekliniert.

denne (dä̕nᵉ), **dette** (dä̕dᵉ) *n*, **disse** (di̕ßᵉ) *pl.* dieser, diese, dieses. Alleinstehend fügt es im Genitiv ein -s hinzu. Statt denne usw. gebraucht man in der Umgangssprache meistens den.

Jeg har aldrig set den mand (den dame, det barn, de mennesker); nicht zu verwechseln mit dem best. Artikel manden, damen usw.; jeg vil hellere have den bog end den; denne herre kommer fra Fyn; hvad koster disse blomster?; hvad betyder dette?

In der Umgangssprache fügt man oft ein **her** (hä̕|ʳ) „hier" oder **der** (dä̕|ʳ) „da" (auch dær, dèr geschrieben) zu diesen Pronomen hinzu: den her mand kender jeg godt; hvis bøger er disse (od. de) her?; tag (nimm) den kage der (od. den der kage); det der bryder jeg mig ikke om (gefällt mir nicht); hvem bor i dette her hus?

8C₄

sådan (ßo̕dan), **sådant** (∼d) *n*, **sådanne** (∼ᵉ) *pl.* solcher, so. — Hierzu die erweiterten Formen: sådan en, sådan et n, sådan nogle (nōn); auch: en sådan, et sådant, nogle sådanne.

Det er sådan en god bog; en sådan spænding har jeg aldrig oplevet; sådanne (ob. sådan nogle) malerier er dyre.

In der Umgangssprache wird sådan auch als Adverb gebraucht: han kommer sådan ved 8- tiden ungefähr, zirka um 8 Uhr.

sikken (ße'gᵉn), **sikket** (ob. sikke noget) n, **sikke** (nogle) pl. „welch ein" wird in der Umgangssprache verwendet: sikken råben (Rufen)!; sikket (ob. sikken et) regnvejr!; sikke noget sludder (Quatsch)!, sikke børn! — Als Adverb sikke(n): sikke(n) han løb! und wie er lief!

selv (ßäl|) „selbst" steht nach dem Substantiv: det var direktøren selv; vor dem Substantiv wird ein -e hinzugefügt: selve direktøren var her.

samme (ßa'mᵉ) „selb" bleibt unverändert; im Genitiv wird ein -s hinzugefügt, wenn es allein steht; wenn samme adjektivisch steht, kann es den bestimmten Artikel des Adjektivs vor sich haben (2C₉): (den) samme dag tog jeg væk; det er kedeligt (langweilig) altid at se de samme mennesker; det er mig det samme das ist mir gleich.

Die relativen Pronomen — de relative pronominer **8C,**

som (ßom) und **der** (där) sind die gebräuchlichsten relativen Pronomen. Sie sind substantivisch, undeklinierbar und werden sowohl für Singular als Plural gebraucht. Man wechselt damit ab, wenn mehrere relativen Pronomen aufeinander folgen: de folk, som har købt den bil, der stod i vinduet (Fenster) i går, er nok (schon) de samme, der købte den anden, som der stod om i avisen; jeg har en bror, der er i Amerika og som kommer hjem om 14 dage.

der kann nur gebraucht werden, wenn es Subjekt im Relativsatz ist; som kann sowohl als Subjekt wie als Objekt verwendet werden. Als Objekt wird es in der Umgangssprache sehr oft weggelassen:

den biograf { som / der } (Subjekt) spiller den nye film;

den biograf, (som) (Objekt) jeg tit besøger.

In der Umgangssprache kann som und der auch im Nominativ weg-
gelassen werden, wenn die Ortsadverbien her oder der im Satz vorhanden
sind: den mand, som går her — den mand, her går; det træ, som stod
der (då|ʳ) — det træ, der stod.

som und der weisen immer auf das unmittelbar vorher=
gehende Substantiv (ob. Pronomen) zurück; ein Satz wie: vi har
givet den lille dreng bogen, som gerne vilde have den muß
umschrieben werden: vi har givet bogen til den lille dreng,
som ...

In Relativsätzen, die auf ein Pronomen der 1. oder 2. Person
zurückweisen, muß das betreffende Pronomen im Deutschen
wiederholt werden, im Dänischen dagegen nicht: jeg som var
så glad ich, der ich ...; I som kender ham så godt Jhr, die
Jhr ...

8 C₆

hvem (wäm|) „den, dem; wen, wem"; wenig gebräuchlich,
unveränderlich, sowohl Singular als Plural: grossereren, med
hvem jeg telefonerede; børnene hvem (besser: som) glæden
havde gjort kåde (albern).

hvad (wad) „was"; unveränderlich, bezieht sich auf einen
ganzen Satz, sowie auf alt „alles": han vilde rejse, hvad jeg
var ked af; alt, hvad vi kan gøre, er at skrive.

hvis (weß) „dessen"; unveränderlich, sowohl Singular als
Plural: København, hvis skønne beliggenhed er velkendt; du,
på hvis intelligens jeg ikke tvivler.

hvilken (we'lgᵉn), **hvilket** (we'lgᵉd) *n*, **hvilke** (we'lgᵉ) *pl*.
„welcher" wird in der Umgangssprache nicht verwendet.

hvem und hvad können das Relativpronomen der hinzu=
fügen, wodurch sie im Nominativ gebraucht werden können
(= wer, was): hvem der overtræder forbudet, straffes (wird
bestraft); hvad der ellers foregik, siges ikke; det er ikke sikkert,
hvad der skal tales om (wovon gesprochen werden soll), eller
hvem der holder talen.

8 C₇

Präpositionen, die ein relatives Pronomen regieren, werden
in der Umgangssprache immer an den Schluß des Satzes gestellt;
das Relativpronomen bleibt am Anfang des Satzes stehen (vor
som kann keine Präposition stehen, dagegen vor hvilken, aber
nur in feierlicher Schriftsprache).

Schriftsprache:	Umgangssprache:
det hus, i hvilket (ob. hvori) jeg bor	det hus, (som) jeg bor i
en ven, på hvem (ob. hvorpå) man kan stole (vertrauen)	en ven, (som) man kan stole på
direktør Nielsen, med hvis kone jeg snakkede	dir. N., hvis kone jeg snakkede med
han er et menneske, med hvem jeg har medlidenhed, men for hvem jeg ikke sværmer	han er et m., hvem (ob. som) jeg har m. med, men som jeg ikke sværmer for

Über „verschlungene Sätze" f. 27 C₂.

9. Stunde

Hos barberen 9A₁

Om formiddagen er der ikke mange mennesker hos barber Nørregård. — Hr. Larsen plejer gerne at gå derhen på den tid. — „Hvad ønsker grossereren i dag?" — „Jeg vil gerne have håret vasket og klippet." — „Vil grossereren være så venlig at tage plads." — Mens Larsen bliver klippet, snakker barberen. — Han vil gerne fortælle ham alt, hvad der foregår i omegnen. — „Nå, nu regner det ikke mere", indleder han; „der var mange som var glade ved regnen!" — Hr. Larsen spørger: „Hvis er den bil, der holder derovre?" — „Hvad for en bil mener De, hr. Larsen?" — „Den lille grønne åbne vogn." — „Det er direktør Holms. Det er ham, der ejer sæbefabrikken." — „Hvilken gade ligger den i?" — „I Thorsgade på Amager." — Pavse. — „Jeg søger en chauffør til forretningen", siger hr. Larsen så, „kender De ikke nogen, der kunde egne sig dertil?" — „Nej, jeg kender desværre ingen, som jeg kan anbefale. Og De vil jo ikke antage enhver som helst?" —

9. Stunde

"Nej, det skal være en, som man kan stole på, og som ens kunder kan være tilfredse med." — Det ringer, døren går op. — Det er en af Larsens bekendte, som kommer ind. — "Hvad for noget, er det dig, Larsen, som sidder der?" råber han glad. — Han tager derpå et ugeblad, som ligger på det lille bord. — Det læser han i og venter, til der bliver en plads fri foran spejlet.

9A₂ Livsfilosofi

Filosoffen: Jeg spørger kun, hvad er et menneske?
Hans sidemand: Ja, jeg er f. eks. skomager!

barber (ba^{r}bē′|^r), -er Friseur
menneske(mä′n^{e}ßg^e) Mensch
  n, -r
Nørregård (nö′r^{e}gō|^r) Eigenname
pleje (pla$^{i′}$-^{e}), -ede pflegen, gewöhnlich tun
derhen (därhä′n|) dorthin
hår (hō|^r) n, — Haar
have vasket „waschen lassen"
klippe (kle′b^e), -ede schneiden (mit Schere)
mens (män|ß) während
snakke (ßna′g^e), -ede plaudern, reden
fortælle (fo^{r}tä′I|^e) erzählen
alt (al|d) alles
foregå (for^{e}gö′|) sich ereignen, passieren
omegn (o′ma^i|n) Umgegend
indlede (e′nlē|d^e), -ede einleiten
glad (glad) froh;
  være glad ved sich freuen über
regn (rqi|n) Regen
spørge (ßbö′r^e) fragen
der ovre (o$^{u′}$r^e) dort drüben
åben (ō′b^{e}n) offen
vogn (wog|n), -e Wagen
eje (a$^{i′}$-^{e}), -ede besitzen
sæbe (ßä′b^e) Seife
fabrik (fabre′g), -ker Fabrik
gade (gā′d^e), -r Straße

Amager (a′mā|g^{er}) Insel vor Kopenhagen
pavse (pa$^{u′}$ß^e), -r Pause
søge (ßö′g^e), -te suchen
chauffør (ßjofö′|^r),-er Schofför
kende (tä′n^e), -te kennen
egne sig (a$^{i′}$n^e), -ede sich eignen
desværre (deßwä′r^e) leider
anbefale (a′nbefā|l^e), empfehlen
  -ede
jo (jo) ja
antage (a′ntā|[g^e]) nehmen, anstellen
stole på (ßdō′l^e), vertrauen auf
  -ede
tilfreds (telfre′ß) zufrieden
ringe (re′ng-^{e}), -ede klingeln
bekendt (betä′n|d),-e Bekannter
hvad for noget? was?
sidde (ße′d^e) sitzen
råbe (rō′b^e), -te rufen
derpå (dä′|^{r}pō|) darauf
vente (wä′nd^e), -ede warten
til (te[l]) bis
blive (bli, blī′w^e) werden
liv (li^u|) n, — Leben
filosofi (filoßofī′|) Philosophie
filosof (...ßo′f), -fer Philosoph
kun (ton) nur
sidemand (ßi′d^e...) (Tisch)nachbar
f. eks. = for eksempel 3. B.
skomager (ßgo′- Schuhmacher
  mā|g^{er}), -e

Øvelse 9B₁

Dan sætninger til alle interrogative og indefinite pronominer, f. eks.: Hvad hedder du? — Ved du, hvem der bor her? ufw.

Omskriv følgende sætninger: Hvormed kører du til byen hver morgen? — Hvilken bog læser du i? — Hvad for frimærker samler du på? — Der er ingen, der har taget min cykel. — Der skete intet. — Der er ingen penge i kassen. — De ejer ikke noget. — Jeg har ikke nogen tobak.

Spalt følgende sætninger (9 C₆): Der lugter af cigar eller pibe her. — Har mange mennesker set den nye film? — Kan en af jer veksle en tokrone? — Vil rigsdagen indføre den nye skat?

Oversæt til dansk: Wessen Zeitung liegt hier? — Von wem ist dieses Buch? — Welcher Maler hat dieses Gemälde gemalt? — In welcher Villa wohnst du? — Irgendeiner hat das Auto gesehen, erzählt man. — Wir kennen keinen Arzt (læge) hier. — Er besitzt nichts. — Jedermann ist bei mir willkommen. — Wir bewunderten (beundre, -ede) beide Schauspieler. — Kann jemand mir sagen, wie spät es ist? — Hat Åge das Geschenk (gave) geschickt (sende, -te) ?

hedde (he′dᵉ)	heißen	lugte af (lo′gdᵉ), -ede	riechen nach
omskrive(o′mßgrī|wᵉ)	umschreiben	pibe (pī′bᵉ), -r	Pfeife
ske (ßgē|), -te	geschehen	set (ßē|d)	gesehen
kasse (ta′ßᵉ), -r	Kasse	veksle (wä′gßlᵉ),-ede	wechseln
tobak (toba′g)	Tabak	skat (ßgad), -ter	Steuer
spalte (ßba′ldᵉ), -ede	spalten		

Navne og titler, tiltale 9B₂

Die Substantive herre, frue, konge, greve, fyrste verlieren das -e vor einem Namen und sind gleichzeitig unbetont: herr (Abk. hr.) Sørensen, fru Andersen, kong Christian, grev Gert, fyrst Peter.

Frøken wird abgekürzt: frk.

En kvinde = Frau, Weib (im allgemeinen): mand og kvinde; kvindelig = weiblich.

En kone = Frau (a. Scheuerfrau), Weib: en gammel kone; min kone sagt der Mann von seiner Ehefrau.

hustru ist vornehmer, = Gattin; hvordan har Deres hustru det? — Tak, min kone har det godt!

Hils Deres frue! (Ihre Frau Gemahlin).

Der står en dame på gaden. Dame = Frau, unbestimmt. Fru Hansen, født (Abk. f., geborene) Larsen.

Die sehr häufige Endung -sen in dänischen Namen ist eine Abschwächung des Wortes -søn = =sohn.

Mit efternavn er Hansen, mine fornavne er Jens og Peter.

Anrede in der dritten Person

Hvad ønsker fruen (od. fru Hansen)? die gnädige Frau. — Har frøkenen (od. frk. Larsen) set den sidste store film? das gnädige Fräulein. — Ønsker herren (od. den herre, od. hr. Petersen) varmt barbervand? — Kan generalkonsulen (od. generalkonsul Holm) give mig et godt råd? — Jeg håber, at direktøren (od. direktør Jensen, untertäniger: hr. direktøren) er tilfreds. — Vil professoren være venlig at underholde pastoren? — Har far læst avisen? — Tak for venligheden, frue! — Weniger formell ist die Umschreibung mit De: Hvad ønsker De, frue? — Har De set den nye film, frøken? usw.

konge (ko'ng-e), -r König
greve (grē'we), -r Graf
fyrste (fö'rßde), -r Fürst
efternavn (ä'fder-nau|n) n, -e Nach=, Familienname
fornavn (fo'r...) Vor=, Rufname

konsul (ko'nßu|l), -er Konsul
råd (rō|d) n, — Rat
underholde (o'ner hol|e) unterhalten
pastor (pa'ßdor), -er Pastor Pfarrer
venlighed (wä'nli-hē|d), -er Freundlichkeit

Grammatik

Die Interrogativpronomen — interrogative pronominer

9 C₁

(vgl. die Relativpronomen)

Substantivisch (alleinstehend) gebraucht wird:

Nominativ, Akkusativ, Dativ	hvem (wäm!) wer, wen, wem?	hvad (wad) was?
Genitiv	hvis (weß) wessen?	

hvem und hvis werden auch im Plural gebraucht. Beispiele: hvem bor her? — til hvem er det? — hvad sagde han? — hvis er bogen? — hvem er hvem? wer ist der eine und wer ist der andere?

hvad wird in der Umgangssprache oft mit einem Substantiv (als Artbezeichnung) verbunden: hvad tid var det? — hvad godt har han gjort?

Wenn hvem und hvad als Subjekt in Nebensätzen stehen, wird ein der hinzugefügt: aner du, hvem der har stjålet min cykel? — kan De gætte (raten), hvad der nu følger?

Statt Präposition + hvad kann eine Zusammensetzung des Frageadverbs hvor + die betreffende Präposition gesetzt werden: med hvad (= hvormed) har du lavet (gemacht) det? — på hvad (= hvorpå) skriver du?

Adjektivisch gebraucht wird:

hvilken (we'lgᵉn), **hvilket** (∼d) *n*, **hvilke** *pl.* welcher? — hvilken wird in der Umgangssprache kaum gebraucht. Statt dessen sagt man: fælleskøn: hvad for en (od. nogen); intetkøn: hvad for et (od. noget); Plural: hvad for ... (od. nogle).

Beispiele: hvilken (od. hvad for en) film vil du gerne se? — hvilke (od. hvad for, hvad for nogle, hvad slags) bøger købte du?

In der Umgangssprache stehen Präpositionen, die das Interrogativpronomen regieren, am Ende des Satzes: hvad ser manden på? — hvad for et hus bor Hansen i? — hvad slags mennesker kommer De sammen med? (verkehren Sie mit).

9C₂   Indefinite Pronomen — indefinite pronominer

Nominativ	man
Akk.-Dativ	en
Genitiv	ens

"man" wird nur substantivisch gebraucht; en wird oft én geschrieben. Dialektisch wird im Nominativ für man auch en verwendet. Beispiele: man nyder den gode mad, som sættes (wird vorgesetzt) for en; det glæder en at høre; redde ens liv j-m das Leben retten; stjæle ens penge j-m das Geld stehlen.

en, et *n* „ein gewisser, jemand". Beispiele: der gik en ude på gaden; digtet hedder „Til en"; vil du låne en bog, her er en god en! — du er en køn en (ein Netter)! — hver eneste en jeder (überhaupt).

en eller anden, et eller andet *n* irgendeiner, irgend etwas; **en anden** ein anderer; **en ... en anden** einer ... ein anderer.

en eller anden har taget min cykel; han kommer med et eller andet tog; en anden en vilde ikke sige sådan noget; en påstår (behauptet) det ene, en anden det modsatte (das Gegenteil).

nogen (nōn) „jemand", **noget** (nŏd, nōd) *n* „etwas", **nogle** (nō'le) *pl.* (in der Umgangssprache nur nogen) „einige", wird sowohl adjektivisch als substantivisch gebraucht; im letzten Falle wird im Genitiv ein -s hinzugefügt.

Beispiele: der var nogen tvivl derom hos nogle; sikke noget vrøvl (Unsinn)!; er der nogen?; var der noget i vejen (los)?; det er noget af det bedste, jeg ved! — det er noget mærkeligt noget (etwas Merkwürdiges)!; det er nogles tro (Glaube).

nogle ... andre einige ... andere: nogle siger ja, andre nej.

ingen (e'nŋ-ᵉn) „keiner, niemand", **intet** (e'ndᵉd) *n* „kein, nichts", **ingen** *pl.*, wird sowohl substantivisch als adjektivisch gebraucht; im ersten Fall fügt es im Genitiv ein -s hinzu. In der Umgangssprache wird das Pronomen meistens umschrieben: ingen = **ikke nogen**; intet = **ikke noget, ingenting** oder **ikke nogenting**; ingen *pl.* = **ikke nogle** (od. **nogen**).

Beispiele: der er ingen (od. ikke nogen) avis i brevkassen, var der heller intet (od. ikke noget) kort?; han købte ingen (od. ikke nogle) frimærker; de kender ingen (od. ikke nogen) her i byen; jeg tror ikke, at nogenting er så sundt som frisk frugt; jeg kan ingenting!

Am Anfang des Satzes wird ingen jedoch selten umschrieben: ingen tror (glaubt) det!, oder umschrieben: der er ikke nogen, der tror det (9 C₆).

mangen (en), mangt (et) *n* manch; mangen hat Gen. mangens; wird nur im Singular verwendet, sowohl substantivisch als adjektivisch; in der Umgangssprache meistens mit mange + Plural umschrieben: mangen (en) cyklist (od. mange cyklister) blev noteret af politiet; mangt et ord (od. mange ord); mangt og meget vieles (od. mange ting).

somme einige, Gen. sommes, nur im Plural, sowohl substantivisch als adjektivisch: somme tider bisweilen; det er sommes (umschrieben: nogles) mening.

anden (a′nᵉn), **andet** (a′nᵉd) *n*, **andre** (a′ndrᵉ) „anderer", sowohl adjektivisch als substantivisch (in diesem Falle mit Genitiv= form auf -s): en anden gang; de andre sagde noget andet; jeg bryder mig ikke om de andres snak (Reden).

al (al|), **alt** (al|d) *n*, **alle** (a′lᵉ) „all"; alt und alle werden sowohl adjektivisch als substantivisch gebraucht (Genitiv auf -s), al dagegen nur adjektivisch; alt wird substantivisch oft von alting ersetzt: jeg har drukket al mælken; alt guld er dyrt; alle lande(ne) i Europa; alt (od. alting) er smagfuldt her; alle var så glade; alles tanker drejede sig derom.

hver (wä|ʳ), **hvert** (₋d) *n* „jeder", **enhver, ethvert** *n* „ein jeder", sowohl adjektivisch als substantivisch (Genitiv auf -s); ethvert wird substantivisch oft von hver ting ersetzt. Beispiele: de fik hver ti kroner; hver anden dag jeden zweiten Tag; hvert femte år; enhver skal være velkommen; hver ting lå på sin plads.

adskillige (adßge′l|i-ᵉ), **flere** (flē′rᵉ) „mehrere, verschie= dene"; adskillig wird nicht mehr im Singular gebraucht, dafür verwendet man: megen, meget: jeg har set filmen adskillige (od. flere) gange; det vakte adskilliges (od. fleres) opmærk= somhed.

begge (bä′gᵉ) „beide", adjektivisch und substantivisch (Genitiv auf -s): begge drenge(ne) kom, begges øjne strålede. Für „die beiden" wird de to gebraucht: de to drenge; vi to wir beide; begge to alle beide.

An verschiedene unbestimmte Pronomen (hvem, hvad, [en-] hver, [et]hvert, hvilken, ingen, intet, nogen, noget) kann som helst „auch immer, überhaupt" angehängt werden: hvem som helst (jedermann überhaupt) må deltage; jeg er parat (bereit) til at gøre hvad som helst du vil (was auch immer); du kan spørge hvilken som helst professor; har det noget som helst at sige?

9 C₃ Die indefiniten Pronomen der und det

der (där) „es" wird gebraucht:

1. bei intransitiven (ob. intransitiv gebrauchten) Verben im Passiv: (20C₂) der synges og les; her lukkes der kl. 5.

2. als vorläufiges Subjekt bei transitiven Verben im Passiv, wenn das Subjekt unbestimmt ist: der blev spillet en melodi; der siges at han er rejst.

3. bei være und blive mit folgendem Adjektiv, wenn eine Ortsangabe hinzugefügt ist: der er så rart (nett) i skoven; er der ikke koldt her?

4. bei aktivisch gebrauchten intransitiven und reflexivischen Verben, die eine Bewegung, einen Zustand, eine Veränderung oder ähnliches bezeichnen; ebenfalls bei være und blive. Das nachfolgende Substantiv ist unbestimmt: hen ad (entlang) vejen kom der en mand cyklende; der gik flere dage; der viste sig ikke mange folk; foran huset indfandt der sig en del tilskuere; hvor er der en blyant? (aber: hvor er blyanten?); hvad er der i vejen (los)?; der var engang en soldat; der bliver stor glæde i byen.

5. bei modalen Hilfsverben und ähnlichen Verben mit einem Infinitiv (z. B. begynde, pleje): der må gerne ryges; der skal gøres rent i morgen; om søndagen plejer der at tage mange folk med toget; der kunde ingen komme ud.

6. bei den Relativ- und Interrogativpronomina hvem, hvad (8C₆ und 9C₁), sowie bei Frageadverbien in Nebensätzen: har De læst, hvad der er sket?; hvem der går i parken, får bøde (Geldstrafe); ved du, hvor der er et posthus?; hvad er der hændt (geschehen)?; hvem mon der kommer?

7. in den sogenannten „gespaltenen Sätzen", s. 9 C₆.

9 C₄

det (de) „es" wird gebraucht:

1. bei unpersönlichen und unpersönlich gebrauchten Verben, besonders bei Angaben der Naturerscheinungen: det sker; det mislykkes (mißglückt); det banker (klopft); det ringer (klingelt); det gør mig ondt (leid); det regner og sner; lyner (blitzt) det endnu (noch)?; det har frosset (gefroren) i nat.

2. bei være und blive „werden", mit Adjektiv, aber ohne Ortsangabe; auch bei Zeitbestimmungen: det er meget koldt; det var endnu lyst

(hell), da de kørte hjem; det er blevet forår; det er min fødselsdag i dag.

3. wenn das deutsche es als vorläufiges Subjekt auf einen nachfolgenden ganzen Satz (od. Infinitiv) hinweist: det er rart at sidde hyggeligt (gemütlich) hjemme; det bliver en større udgift, når regningen skal betales.

4. in den sogenannten „gespaltenen" Sätzen, s. 9 C₆.

9 C₅

Bei den unpersönlichen Passiven: bemærkes, fortælles, påstås, siges usw. kann sowohl der als det gebraucht werden: der (od. det) siges, at Kongen er rejst.

Da der ursprünglich ein Ortsadverbium ist, kann es oft durch her ersetzt werden: her danses (wird getanzt); hvor er her en læge (Arzt)?; her kommer vist ikke mange gæster i dag.

„Gespaltene" Sätze

9 C₆

„Gespaltene" Sätze sind Sätze, die mit Hilfe von der er (od. bliver) oder det er (od. bliver) in zwei Sätze „gespalten" sind. Ein unbestimmter Satz wird mit der er gespalten durch det er wird etwas Besonderes im Satze hervorgehoben. Diese Satzkonstruktionen sind besonders in der Umgangssprache sehr häufig.

1. der er:

Einfacher Satz:	„Gespaltener" Satz:
en mængde vil rejse	der er (od. bliver) en mængde, der (od. som) vil rejse
kender du en af dem?	er der en af dem, (som) du kender?
jeg forstod ikke noget dårligere	der var ikke noget, (som) jeg dårligere forstod
har nogen spurgt (gefragt) efter mig?	er der nogen, der (od. som) har spurgt efter mig?

Man kann kaum sagen: vil ingen (od. en, nogen) hjælpe mig?; es heißt: er der ingen (od. en, nogen), der (od. som) vil hjælpe mig?

2. det er:

Einfacher Satz:	„Gespaltener", hervorhebender Satz:
Petersen går på gaden	a) det er **Petersen**, som (od. der) går på gaden
	b) det er **på gaden**, P. går
jeg tog bogen	det var **mig**, der (od. som) tog bogen
han kommer til at betale **os**	det bliver **os**, (som) han kommer til at betale

hvor gammel er det, hun er?; det var dèr, (at) ulykken skete; det er, når man skal op om morgenen, at man er mest søvnig (hervorheben eines ganzen Satzes).

---

10. Stunde

10 A₁ Bøger

Birte låner ikke kun bøger inde på det Kgl. bibliotek, men også ude på folkebiblioteket i Hellerup. — I Danmark er der folkebiblioteker i alle byer og også ude på landet i de fleste landsbyer. — Disse biblioteker spiller en højst betydningsfuld rolle for den højtstående almenkultur i Danmark. — Enhver kan gå ind i et sådant bibliotek og låne de bøger med hjem, som han vil. — Og det er gratis altsammen. — Man må selv gå rundt mellem reolerne og tage bøgerne ned fra hylderne. — De bøger, man vil låne, bliver afstemplede på lånerkortet. — Man kan også sidde hyggeligt på bibliotekets læsesal og læse de nye aviser og tidsskrifter eller benytte det opstillede håndbibliotek.

Birte ved i dag ikke rigtigt, hvilke bøger hun skal tage med. — Hun vil gerne udsøge sig en virkelig god bog til på søndag. — Skal hun tage en lidt ældre klassiker, eller skal hun låne en moderne dansk forfatter? — Hun bestemmer sig endelig for et af Kaj Munks skuespil, som hun sværmer for. — Desuden tager hun en af Herman Bangs romaner med. — På turen hjemad glæder hun sig til at læse højt af bøgerne for sin mor hjemme om aftenen.

Mange af de danske forfattere er kendt ude i den store verden, især i Tyskland, f. eks. H. C. Andersen, Søren Kierkegaard, J. P. Jacobsen, Herman Bang, Karl Gjellerup, Gustav Wied, Johs. V. Jensen o. s. v.

Åge købte i morges omme hos boghandleren en nylig udkommen bog om radioteknik. — Den er ganske glimrende skrevet. — Han interesserer sig meget for den slags — I morgen vil han købe sig en til om flyvemaskineteknik

På biblioteket 10 A

Damen: Kan bibliotekaren anbefale mig en god bog?

Bibliotekaren: Her er en udmærket roman af Jacob Paludan.

Damen: Bibliotekaren må meget undskylde, men den er vist for tyk; vores spisestuebord vakler, og vi vil gerne have en passende bog at lægge under det ene bordben.

kgl. = kongelig	töniglich
folkebibliotek (fo′lgᵉ...) n	Doltsbücher= halle
by (bü|), -er	Stadt
land (lan|) n, -e	Land
højst (hoi|ßd)	höchst
betydningsfuld (betü′d|nenᵍßful|)	bedeutend
rolle (ro′lᵉ), -r	Rolle
højtstående (hoi′d|-ßdōᵉnᵉ)	hochstehend
almenkultur (a′l-mē|n...)	allgemeine Kultur
må (mo)	darf
rundt (ron|d)	herum, umher
mellem (mä′l|ᵉm)	zwischen, unter
afstemple(aᵘ′ßdäm|-blᵉ), -ede	abstempeln
lånerkort (lö′nᵉᵗ-foᵗd) n, —	Leih=, Lese= tarte
læsesal(lä′ßᵉßā|l),-e	Lesesaal
tidsskrift (ti′dß-ßgresd) n, -er	Zeitschrift
benytte (benö′dᵉ), -ede	benutzen
opstillet (o′bßdel|ᵉd)	aufgestellt
rigtig (re′gdi)	richtig, recht
udsøge(u′dßö|gᵉ),-te	aussuchen
til på søndag	für den Sonntag
lidt ældre (led ä′ldrᵉ)	etwas älter
klassiker (tla′ßigᵉʳ), -e	Klassiker
forfatter (foʳfa′dᵉʳ), -e	Verfasser
bestemme(beßdä′m|ᵉ), -mte	bestimmen, entschließen
endelig (ä′nᵉli)	endlich
Munk (monᵍ|g)	Eigenname
skuespil (ßgü′ᵉßbel) n, —	Schauspiel
sværme (ßwä′rmᵉ), -ede	schwärmen
desuden (deßü′dᵉn)	außerdem

tur (tū|ᵣ), -e	Tour, Fahrt, "Weg"	slags (ßlagß) en til	Art, Sorte noch einer
hjemad (jä'm|ad)	heimwärts	flyvemaskine(flū'we-maßgīn^e), -r	Flugzeug
højt (hoⁱ|d)	laut; "vor-lesen"	bibliotekar (bibli-o-tetā'|ᵣ), -er	Bibliothekar
verden(wä'rd^en),-er	Welt	udmærket (u'dmär-g^ed)	ausgezeichnet
især (ißā'|ᵣ)	besonders		
Kierkegaard (fe'rg^e-gö|ᵣ) Gjellerup (gä'l|^erob) Wied (wid|)	} Dichter-namen	vist (weßd)	gewiß, wahr-scheinlich
nylig (nū'li)	neulich	tyk (tüg)	dick
teknik (tägni'g)	Technik	vakle (wa'gl^e), -ede	wackeln
glimrende (gle'm-ren^e)	glänzend	lægge (lä'g^e)	legen
		bordben (bo'rbē|n) n, —	Tischbein
interessere (ent[ä]r^e-ßē'|r^e), -ede	interessieren		

10B₁   Øvelse

Komparer følgende adverbier: rigtigt, højt, smukt, godt, meget, lidt, langt.

Til sætningen: jeg rejser over til min onkel i Amerika, danner jeg den tilsvarende sætning: jeg er ovre hos min onkel i Amerika. Omdan på samme måde følgende sætninger: Hele familien rejste ud på landet. — Peter klatrede op i vort gamle æbletræ. — Katten ligger omme bag stakittet. — Vil du gå derhen? — Er I hjemme om en time?

Oversæt til dansk: Die Kinder reisten fort. — Ich sitze unter dem Tisch. — Radelte Birte zur Universität hin? — Bist du dort (derhenne) um 17 Uhr? — Sie waren hier drinnen den ganzen Tag. — Oben auf dem Hause steht ein Storch (stork, -e).

langt (lang|d)	weit	omdanne	umbilden
onkel (o'ng|g^el), -kler	Onkel	klatre (tla'dr^e), -ede	klettern
Amerika (amē'ᵣ|rika)	Amerika	æble (ä'bl^e) n, -r	Apfel
danne (da'n^e), -ede	bilden	kat (tad), -te	Katze
tilsvarende (te'l-ßwā|r^en^e)	entsprechend	bag (bā|g)	hinter
		stakit (ßdati'd) n, ter-	Staket

Vigtige udtryk 10B₂

jeg er ked af noget 1. etw. tut mir leid; 2. ich bin einer Sache überdrüssig.

jeg er glad ved (od. over, for) noget ich bin froh über etw.

det glæder mig (meget od. overordentligt).

det keder mig (meget, frygteligt, forfærdeligt).

det er kedeligt 1. traurig; 2. langweilig.

det morer mig es macht mir Spaß.

jeg morer mig storartet (glimrende, pragtfuldt, fortræffeligt, udmærket).

jeg er (meget) glad ved at være i København.

jeg synes (godt) om at være i København.

jeg kan (godt) lide at være i København.

jeg bryder mig (meget) om at være i København.

jeg holder (meget) af at være i København.

det gør mig ondt es tut mir leid; det gør ondt es tut weh; han er ond (böse).

udtryk (u'dtrög) n, — Ausdruck
overordentlig (oᵘ⁻ᵉʳ- o'r|dᵉndli) außerordentlich
kede (kē'dᵉ), -ede langweilen
forfærdelig (forfä'r|dᵉli) entsetzlich
pragtfuld (pra'gdful|) prachtvoll

fortræffelig (forträ'fᵉli) vorzüglich
jeg synes (ɦū'nᵉɧ) om noget etw. gefällt mir
lide (lī'dᵉ, lī|) leiden
bryde (brū'[dᵉ]) sig om mögen

Grammatik

Adverbien — adverbier 10C₁

Die Adjektive werden oft als Adverbien verwendet; sie haben dann die Neutrumsform (die t-Form). Adjektive, die kein t hinzufügen können (4C₃), haben als Adverbien die Grundform; z. B.: høj, Neutrum (= Adverb) højt: han råber højt; gammeldags altmodisch, Neutrum (= Adverb) dasselbe: du tænker gammeldags.

lille „klein" hat die Adverbform lidt (led) „ein bißchen".

Adjektive auf -lig und -ig fügen nur -t hinzu, wenn sie als Adverbien der Art und Weise gebraucht werden: han skriver rigtigt; hun synger forfærdeligt (entsetzlich). Wenn diese Adverbien den Grad bezeichnen, bekommen sie kein -t: han skriver rigtig godt; hun synger forfærdelig højt. Dies wird jedoch nur in der Schriftsprache durchgeführt; in der Umgangssprache gebraucht man meistens überall die t-lose Form.

Einige Adjektive auf -(l)ig können durch die Endung -vis zu Adverbien werden: naturligvis, tilfældigvis.

10 C₂

Die abgeleiteten Adverbien werden wie die Adjektive gesteigert (6 C₄): lavt niedrig — lav/ere — lav/est; rigtigt — rigtig/ere — rigtig/st; komisk — mere komisk — mest komisk; ebenfalls unregelmäßig: godt — bedre — bedst; ondt (od. slemt) — værre — værst; lidt — mindre — mindst; meget — mere — mest; langt lang (Raum) — længere — længst. Beispiele: han maler godt, men min broder maler bedre; vi arbejder mere praktisk og målbevidst (zielbewußt) end I: den der ler sidst, ler bedst.

Folgende nichtabgeleitete Adverbien können ebenfalls gesteigert werden: gerne — hellere lieber — helst; længe lange (Zeit) — længere — længst; ofte — oftere — oftest; snart bald — snarere — snarest; tit oft — tiere — tiest; vel — bedre — bedst.

10 C₃

Auch Präpositionen können als Adverbien gebraucht werden (oft als Teil zusammengesetzter Verben): må jeg få en kop kaffe **til**? dürfte ich noch eine Tasse Kaffee bekommen?; må jeg være **med**? darf ich dabei sein (od. mitmachen)?; **om igen!** nochmals!; knappen er (gået) **af** der Knopf ist ab(gegangen); det går **over** es verschwindet; han faldt **i** er fiel ins Wasser; skibet gik **under**.

10 C₄ Ortsadverbien — stedsadverbier

Eine Reihe Ortsadverbien, die eine Bewegung ausdrücken, haben eine mit -e erweiterte Doppelform, wodurch sie ein Verweilen, einen Ruhezustand angeben; im Deutschen kann dies durch den Akkusativ bzw. durch den Dativ ausgedrückt werden.

Bewegung	Ruhe (e=Form)
bort weg, fort	borte fort
frem vorwärts, hervor	fremme vorn
hen hin	henne (unübersetzbar)
hjem (jäm|) nach Hause	hjemme (jä′m^e) zu Hause
ind (en|) her=, hinein	inde (e′n^e) (dr)innen
ned her=, hinunter	nede unten
om (hin)um	omme (unübersetzbar)
op her=, hinauf	oppe (dr)oben
over (o$^{u′}$|^{er}) her=, hinüber	ovre (o$^{u′}$r^e) drüben
ud (ud|) her=, hinaus	ude (ū′d^e) (dr)außen

Beispiele: vi tog bort wir fuhren fort; vi blev borte wir blieben fort; toget kører frem der Zug fährt vor; toget holder længere fremme der Zug hält weiter vorn; han går hen i biografen; han sidder henne i biografen; Hansen gik hjem for en time siden (vor einer Stunde), så nu må han vel være hjemme (nun wird er wohl zu Hause sein); jeg rejser ned til Tyskland; jeg sidder nede i kælderen; jeg vil gå op på loftet (auf den Boden hinauf); det sner oppe i Norge; auch übertragen: faren går over die Gefahr geht vorüber; nu er smerten ovre jetzt ist der Schmerz verschwunden; han er langt nede er ist weit heruntergekommen.

Aus den Beispielen wird man sehen, daß die Richtung oder das Verweilen im Dänischen häufiger als im Deutschen an= gegeben wird, u. zwar mit Hilfe dieser erwähnten Adverbien.

10 C$_5$

Die Ortsadverbien **der** „da, dort", **her** „hier", **hvor**. „wo?" können mit Präpositionen zusammengesetzt werden, wodurch neue Ortsadverbien entstehen:

derfra von da	herfra von hier	hvorfra von wo?
derpå darauf	herpå hierauf	hvorpå worauf?
dertil dazu	hertil hierzu	hvortil wozu?
	usw. usw.	

der, her, hvor können ebenfalls mit den in 10 C$_4$ erwähnten Ortsadverbien zusammengesetzt werden:
derind — derinde; herind — herinde; hvorind — hvorinde?
derover — derovre; herover — herovre; hvorover — hvorovre?
usw. usw.

Andere Zusammensetzungen mit Präpositionen sind 3. B.: (langt) borte-fra von weitem her; fremad vorwärts; henad entlang; hjemad heimwärts; hjemmefra von dem Hause her; indad einwärts; indefra von innen her; indenfor innen; indeni innen, innerhalb; inden under unter; nedad abwärts; nedenfor unten; nedenfra von unten; nedenunder (ganz) unten; opad aufwärts; oppefra von oben; ovenfor oben; ovenover oben; overfor gegenüber; udefra von draußen (her); udenfor draußen; udenpå außen; nach außen usw.

Diese Adverbien können auch als zusammengesetzte Präpositionen auf= treten (mit Ausnahme von hjemad und den mit hvor- zusammengesetzten), und werd.n dann getrennt: hun går ovenpå sie geht oben, aber: spiret sidder oven på tårnet die Spitze sitzt oben auf dem Turm; vi kommer derudefra, aber: vi kommer derude fra skoven.

10C₆   Andere Ortsadverbien

foroven am oberen Ende, oben; forneden am unteren Ende, unten; nogensteds (nō'[g]ᵉnßdädß) irgendwo; ingensteds (ob. ikke nogensteds) nirgends; overalt überall; tilbage zurück; ved siden af nebenan; væk weg, fort.

11. Stunde

11A₁   På posthuset og i banken

Man kan straks kende de danske postbude på deres røde frakker. — Postkasserne overalt i Danmark er ligeledes røde, postbilerne er derimod gule.

Når hr. Larsens kontor lukker kl. 17 om eftermiddagen, bringer hans sekretær, frk. Hansen, sædvanligvis posten hen på postkontoret i Købmagergade. — Hun går først hen til skranken, hvor der står „Frimærker", og køber et ark 25-øres frimærker. — Derpå sætter hun frimærker på brevene, som hun så putter ind gennem brevsprækken under skiltet „Breve, brevkort, tryksager". — Derefter går hun igen hen til skranken, hvor hun ser skiltet „Ind-betalinger". — Her afsender hun til slut flere beløb, dels pr. giro, dels pr. postanvisning. — Har hun pakker, må hun ind i pakkepostkontoret og aflevere dem der. — Hun har altid omhyggeligt udfyldt adressekortene først.

Læsestykke — 67 — 11. Stunde

I posthuset er der også telegrafstation. — Man skal blot udfylde en blanket og give den til funktionæren, så bliver telegrammet omgående sendt afsted.

Frk. Hansen er omsider blevet færdig og går til sidst hen i banken, hvor hun endnu har et ærinde. — Især sidst på måneden er der overordentlig meget at gøre med ind- og udbetalinger. — Hun har adgang til bankens sikkerhedsrum, hvor firmaet har en boks. — Her ligger værdipapirerne godt bevarede. — Undertiden går hr. Larsen selv derned for at kontrollere sin ejendom.

På postkontoret 11A$_2$

— Jeg er kommet til at sætte frimærket på hovedet, — det forsinker vel ikke forsendelsen?

— Så kommer brevet overhovedet ikke af sted. Frimærket skal sidde på konvolutten!

posthus (po'ßdhū|ß) *n*, -e Postamt
bank (banᵍ|g), -er Bank
postbud (...bud) *n*, -e Briefträger
frakke (fra'gᵉ), -r Mantel; hier: Rod, Jade
postkasse (...taßᵉ), -r Briefkasten
overalt (oᵘ⁻ᵉʳal|d) überall
ligeledes (lī'[g]ᵉlē-dᵉß) ebenfalls
derimod (dä'|ʳimō|d) dagegen
lukke (lo'gᵉ), -r schließen
sekretær (ßetretä'|ʳ), -er Sekretär(in)
post (poßd) Post
postkontor *n* Postamt
Købmagergade (tö'-mä|ʳ...) Straße
skranke (ßgra'nᵍgᵉ), -r Schalter
ark (arg) *n*, — Bogen
sætte (ßä'dᵉ) setzen, kleben
brev (brē|w) *n*, -e Brief
putte (pu'dᵉ), -ede stecken
gennem (gä'n|ᵉm) durch
sprække (ßbrä'gᵉ), -r Spalt, Einwurf
skilt (ßgel|d) *n*, -e Schild
brevkort (breᵘ'tord) *n*, — Postkarte

tryksag (trö'gßā[g]), -er, Drucksache
indbetaling (e'nbe-tä|lenᵍ), -er Einzahlung
afsende (aᵘ'ßän|ᵉ), -te absenden
slut (ßlud) Schluß
beløb (belö'|b) *n*, — Summe, Betrag
giro (ßji'ro) Postscheck
anvisning (a'nwīl|ß-nenᵍ), -er Anweisung
altid (a'l|tid) immer
omhyggelig (om-hü'gᵉli) sorgfältig
udfylde (u'dfül|ᵉ), -te ausfüllen
adressekort *n* Paketkarte
telegrafstation (telᵉ-grä'|fßdaßjō|n), -er Telegraphenamt
blot (blod) bloß, nur
blanket (blanᵍtä'd), -ter Schein, Vordruck
funktionær (fonᵍßjo-nä'|ʳ), -er Beamter
telegram (telᵉ-gra'm|) *n*, -mer Telegramm
omgående (o'm-gō|ᵉnᵉ) umgehend

5*

11. Stunde — 68 — **Übung**

af sted (*a* ßdä'*d*)	davon, weg	undertiden (on⸱ᶜᵗ-tī'|*dᵉ*n)	bisweilen
omsider (omßī'*dᵉʳ*)	endlich	kontrollere (kontro-lē'|rᵉ), -ede	kontrollieren
til sidst (tel ßi'ßd)	zuletzt		
endnu (e'nu)	noch	ejendom (*a*iʲ-ᵉⁿ-dom|), -me	Eigentum
gøre (gö'rᵉ)	tun		
betaling(betā'|lenᵊ), -er	(Be)zahlung	jeg kommer til at ...	ich tue zufällig
adgang (*a*'dganᵊ|)	Zutritt	forsinke (for-ße'nᵊ|gᵉ), -ede	verspäten
sikkerhedsrum (ße'gᵉʳhedßrom|) *n*	Sicherheits-raum, Stahl-kammer	forsendelse (for-ßä'n|elßᵉ), -r	Versand, Beförderung
firma (fi'rma) *n*, -er	Firma	overhovedet (oⁿ-ᵉʳ-hō'*d*ᵉd)	überhaupt
boks (bogß), -e	Schließfach		
værdipapir (wärdi'-papī|ʳ) *n*, -er	Wertpapier	konvolut (konwo-lu'd), -ter	Umschlag
bevaret (bewā'|rᵉd)	aufgehoben		

11 B   Øvelse

Dan små sætninger med nogle af de i grammatikken nævnte adverbier.

Oversæt til dansk: Wie lange wohnen Sie schon in Dänemark? — Ich wohne hier seit (i) 5 Jahren. — Ich bin im Jahre 1910 geboren, Anfang April. — Im Sommer fahren wir meistens nach Bornholm, im Winter wohnen wir in der Stadt. — Vorgestern abend kam (kom) mein Bruder plötzlich nach Hause; morgen früh oder übermorgen fährt er zurück. — Heute nachmittag gehen wir ins Kino, und heute in 14 Tagen ins Theater. — Heute vormittag regnete es. — Er verdient wöchentlich 165 Kronen. — In ungefähr zehn Minuten stehe ich auf.

meistens	for det meste	zurück	tilbage
plötzlich	pludselig (plu'ßᵉli)	verdienen	tjene, -te

Grammatik

11 C₁   Zeitadverbien — tidsadverbier

af og til (ā'\| o tel) ab und zu; aldrig (a'ldri) nie; allerede (alᵉrē'*d*ᵉ) schon; altid (a'l\|ti\|*d*) immer; atter (a'dᵉʳ) wieder; da (da) damals; dengang (dänga'nᵊ\|) damals; derefter (därä'ⁱfdᵉʳ), -næst (ˬnä'ᵢßd), -på (ˬpö'\|) danach, darauf; endelig (ä'nᵉli) endlich, schließlich; endnu (e'nu) noch; engang (enga'nᵊ\|) einmal; engang imellem dann und wann; forleden (forlē'\|*d*ᵉn) neulich; for længe siden, for længst längst; for nylig (nü'li)

neulich; fra tid til anden dann und wann; fremdeles (främdē'|ľĕß) weiter=
hin; før (fȫ|ʳ) früher, eher; først (förßd) zuerst; igen (igā'n) wieder; imidler=
tid (imi'd||[eʳtĭ|d) unterdessen; just (jußd) grade; langt om længe schließlich;
lige (lī'[g]e) grade; længe lange; nu jetzt, nun; nu og da ab und zu; nylig,
nys neulich, vor kurzem; ofte (o'fde) oft; om lidt (led) bald, binnen kurzem;
omsider (omßi'deʳ) endlich; siden (ßi'den) später, nachher; snart (ßnā|ʳd)
bald; sommetider (ßo'metīdeʳ) bisweilen; stadig (ßdā'di), stedse (ßde'ße)
stets; straks (ßdragß) sofort; så (ßo) dann, so; til sidst (te[l] ßi'ßd) zuletzt;
til slut zum Schluß; tit (tid) oft; tit og ofte sehr oft; undertiden (oneʳ=
tĭ'|den) bisweilen.

Verschiedene andere Zeitbestimmungen 11C₂

Im Jahre 1925: i året 1925; år 1925; i 1925; 1925.
Regelmäßig wiederkehrender Zustand: om sommeren, om
vinteren, om dagen, om natten, om lørdagen im Sommer,
Winter, am Tage, in der Nacht, sonnabends.

Anfang März: først i marts (od. i begyndelsen af m.);
Mitte März: midt i marts (od. i midten af m.); Ende März:
sidst i marts (od. i slutningen af m.).

først på dagen, måneden, ugen Anfang des Tages, des
Monats, der Woche.

i forgårs (fo'ʳgō|ʳß) vorgestern; i går (gō'|ʳ) gestern; i dag
heute; i morgen (mo'rn) morgen; i overmorgen übermorgen.

i lørdags, sidste lørdag (deutlicher: nu i lørdags) ver=
gangenen Sonnabend; på lørdag, kommende (od. næste) l.
(deutlicher: nu på l.) nächsten Sonnabend.

i mandags aftes (vergangenen) Montag abend; i forgårs mor=
ges vorgestern morgen; i går morges, middags gestern morgen,
mittag; i aftes (od. i går aftes) gestern abend; i morges
heute morgen; i eftermiddags heute nachmittag (wenn der Nach=
mittag schon vergangen ist); i eftermiddag heute nachmittag
(wenn der Nachmittag noch bevorsteht); i aften heute abend; i
nat heute (od. diese) Nacht; i morgen tidlig morgen früh; i
morgen middag morgen mittag; på søndag aften Sonntag abend.

Ein -s (als Rest einer alten Kasusdeklination) wird noch in
gewissen Zeitbestimmungen gebraucht, um eine vergangene
Zeit auszudrücken (s. oben).

Mit Hilfe des Wortes nu „jetzt" kann man eine gegenwärtige
Zeitbestimmung präziser ausdrücken: nu i år (= [i] dette år);
nu i sommer (= [i] denne sommer); nu til sommer kom=
menden Sommer; nu i juli; nu i nat (= [i] denne nat), nu
i formiddag, nu til morgen diesen Morgen; nu på søndag
diesen Sonntag.

Verwendung des Wortes sidst „letzt" in Zeitbestimmungen: sidste år (auch: i fjor), sidste sommer, sidste jul, sidste måned, sidste uge, sidste lørdag; das Wort forrige, das eigentlich „vorletzt" bedeutet, wird oft in derselben Bedeutung wie sidst verwendet: forrige sommer, forrige jul, forrige nat.

Übersetzung des Wortes „neulich": for nylig, for lidt siden; for et par dage siden, forleden (dag).

„vor" = for ... siden: for en uges tid siden vor ungefähr einer Woche; for to år siden (= i forfjor).

Hvor længe har De (nu) boet i København? Wie lange wohnen Sie schon in Kopenhagen? — Hvor længe har De (før) boet i København? Wie lange haben Sie (früher) in Kopenhagen gewohnt? — Jeg har (nu) boet her $2^1/_2$ år Ich wohne hier seit $2^1/_2$ Jahren, oder: Ich habe (früher) $2^1/_2$ Jahre hier gewohnt. Im Dänischen macht man keinen Unterschied in diesen Fällen, da es aus der Situation hervorgeht, ob früher oder jetzt gemeint ist. Durch nu und før kann man die Zeit genauer ausdrücken.

I dag otte dage heute in acht Tagen; på søndag fjorten dage Sonntag in vierzehn Tagen. Om en uge in einer Woche (aber: om sommeren im Sommer).

Jeg tjener (verdiene) 20 kr. om dagen (od. pr. [pär] dag); den dag i dag heute noch; nutildags heutzutage; de'n dag an dem (od. diesem) Tag; de'n fredag an dem Freitag; midt på dagen mitten am Tage; hver dag jeden Tag; hveranden dag jeden zweiten Tag; hele dagen den ganzen Tag; dag efter dag = dag ud, dag ind.

På denne tid zu dieser Zeit; på denne årstid; på denne tid af døgnet (do$^{i'}$|n^{e}d) zu dieser Tageszeit.

årlig jährlich, månedlig, ugentlig, daglig.

Unbestimmte Zeitbestimmungen: et par måneder ein paar Monate; en halv snes minutter ungefähr zehn Minuten (vgl. 6 C$_3$); et års tid ungefähr ein Jahr; en fjorten dages tid, en uges (dags, times) tid; omtrent et år (od. et års tid). — En skønne dag eines schönen Tages; forleden dag neulich; om kort tid, om lidt, snart, inden længe bald, binnen kurzem. Lidt efter kurz danach.

11 C$_3$ Adverbien des Grades — gradsadverbier

aldeles (aldē′|leß) ganz und gar; altfor (a′l|dfo^r) allzu; betydelig (betü″|d^{e}li) bedeutend; blot (blod) bloß, nur; cirka (ße′rta) zirka; endog(så) (eno′g, eno′ße) sogar; endnu (e′nu) noch; for (fo^r) (all)zu; fuldkommen (fu′ltom|^{e}n) vollkommen; ganske ganz; godt gut, über; henved (hä′n!wed) ungefähr; hvor wie; højlig (ho͡i'li) im hohen Grade; højst (ho͡i|ßd) höchst; især (ißä'|ᵗ) besonders; knap taum; kun (ton) nur; langt weit; langtfra bei weitem nicht; lidt (led) ein wenig; meget sehr; navnlig (naᵘ'nli) namentlich; nogenlunde (nō'nlonᵉ) einigermaßen; nok (nog) genug, wohl; næppe (nä'bᵉ) taum; nær (nä|ᵗ) fast; næsten (nä'ßdᵉn) fast, beinahe; omtrent (omträn|d) ungefähr; overhovedet (oᵘ⁻ᵉʳhō'dᵉd) überhaupt; overmåde (oᵘʳ⁻ᵉʳmōdᵉ) über die Maßen, außerordentlich; overordentlig (oᵘ⁻ᵉʳo'r|dᵉndli) außerordentlich; rundt regnet (ro'n|d raⁱ'nᵉd) rund; så (ßo) so; såre (ßō'rᵉ) sehr; sikke(n) wie (s. 8 C₄); særdeles (ßärdē'|lᵉß) besonders; særlig (ßä'rli) besonders; temmelig (tä'ᵐᵉli) ziemlich.

Adverbien der Art und Weise — arts- **11 C₄**
og mådesadverbier

anderledes (a'nᵉʳlēdᵉß) anders; baglæns (ba'glän|ß) rücklings, rückwärts; efterhånden (äfdᵉʳho'n|ᵉn) allmählich; forgæves (foʳgä'|wᵉß) vergebens; forlæns (fo'ʳlän|ß) nach vorn; gerne (gä'rnᵉ) gern; hovedkulds (hō'dkul|ß) kopfüber; hvordan (woʳda'n), hvorledes (...lē'dᵉß) wie; ilde (i'lᵉ) schlecht; lidt efter lidt nach und nach; ligeledes (li'[g]ᵉlēdᵉß) ebenfalls; ligeså (li'[g]ᵉßo, li'ßᵉ) ebenso; nødig (nȫ'di) ungern; så (ßo) so; sådan (ßo'dᵉn), således (ßolē'dᵉß) so; sikke(n) wie (s. 8 C₄); vel (wäl) wohl; -vis (...wi|ß): delvis, parvis, skarevis, stykvis, tilfældigvis usw.

---

12. Stunde

En cykeltur **12 A₁**

Det var en dejlig forårsdag. — Solen skinnede varmt og mildt. — Den friske vind blæste salt fra søen ind over hovedstaden. — Gunner hentede sin cykel op fra kælderen. — Han fik pludselig lyst til at tage en tur ud i naturen. — Han havde nemlig fri fra skole. — Han ringede straks til sin skolekammerat og gode ven Povl Dam. — „Hallo, er det dig, Povl? Hør, vil du med ud at cykle?" — „Ja, selvfølgelig!" svarede Povl, „hvor vil du hen?" — „Til Roskilde, ikke?" sagde Gunner og lagde så røret på.

De to drenge cyklede langs „Søerne", over Vesterbro og ud forbi Frederiksberg slot og Zoologisk have. — Overalt spadserede og kørte folk i solskinnet. — Træerne var næsten grønne. — Landevejen til Roskilde er god og bred. — Der er ca. 30 km derhen. — Vinden var sydlig og generede dem ikke særligt. — Ved vejen stod der mange små iskageboder med viftende dannebrogsflag på. — „Mon vi skal spise en isvaffel, Povl? Jeg har sandelig appetit på en!" — „Nej, jeg vil hellere have en ispind!" sagde Povl og standsede. — Han betalte 35 øre for en stor ispind med vanilleis. — Den smagte naturligvis herligt. — De købte også lidt chokolade. — Så kørte de videre.

Kl. 12 ankom de til Roskilde og opsøgte straks domkirken. — Her ligger de fleste danske konger begravede. — Kirken er bygget af røde mursten og har to tårne med meget spidse spir. — Rundt om kirken er der opført mange kapeller. — Povl og Gunner havde i historie lige lært om dronning Margrethe, der samlede de tre nordiske riger i middelalderen. — Nu vilde de se hendes sarkofag i kirken. — De to drenge kiggede betaget på hende; hun ligger, hugget i alabast, oven på kisten.

Om eftermiddagen vendte de tilbage. — „Du er ikke træt, vel?" spurgte Povl. — „Jo, en smule!" sagde Gunner, „men her står en bænk, hvor man måske kan hvile sig lidt. Du er også øm i kroppen, ikke?" — „Jo!" indrømmede Povl, „det vil jeg ikke nægte". — De pustede en halv times tid, inden turen gik videre. — Da hørte de pludselig et mægtigt knald: bang!! — „Av, det var mit baghjul, der punkterede!" råbte Povl. — „Uha, så må vi finde en cykelsmed snart." — Heldigvis boede der en i nærheden. — Han lappede slangen, og uden videre uheld vendte de hjem, trætte men glade.

12 A$_2$ Op ad bakke

To mænd cykler op ad en bakke. Den ene er døv. Den anden siger til ham: Din bagskærm rasler! — Hvad for noget? spørger den døve. — Din bagskærm rasler! råber den anden. — Hvad siger du? — Din bagskærm rasler!! brøler den anden. — Ja, du må meget undskylde, siger

12. Stunde

den døve beklagende, men jeg kan ikke høre, hvad du siger, fordi min bagskærm rasler!

cykeltur (bü'gᵉltū|ʳ), -e	Radfahrt
sol (ßō|l), -e	Sonne
skinne (ßgeʹnᵉ), -ede	scheinen
mild (mil|)	mild
frisk (fresg)	frisch
vind (wen|), -e	Wind
blæse (blāʹßᵉ), -te	wehen
salt (ßal|d)	salzig
sø (ßö|)	See
hovedstad (ßōʹd-ßdad), -stæder	Hauptstadt
fik (fig)	bekam
lyst (lößd)	Lust
tage en tur	eine Fahrt machen
natur (natūʹ|ʳ)	Natur
nemlig (näʹmli)	nämlich
ven (wän), -ner	Freund
selvfølgelig (ßälföʹl|gᵉli)	selbstverständlich
Roskilde (roʹßtilᵉ)	Stadt
rør (rö|ʳ) n, —	Rohr; hier: Hörer
langs (lanᵍ|ß)	entlang
„Søerne" 3 Seen in Kopenhagen	
slot (ßlod) n, -te	Schloß
folk (fol|g) pl.	die Leute
solskin (ßōʹlßgen|) n	Sonnenschein
næsten (näʹßdᵉn)	beinahe
landevej (laʹnᵉ-waⁱ|), -e	Landstraße
sydlig (ßüʹdli)	südlich
genere (ßjenēʹ|rᵉ), -ede	hindern
særligt (ßäʹrlid)	besonders
iskage (iʹßtāgᵉ), -r, isvaffel (...waf ᵉl), -fler	Eiswaffel
bod (bō|d), -er	Bude
vifte (weʹfdᵉ), -ede	wehen
dannebrog (daʹnᵉ-brö|g) n, flag (flā|g) n, —	dänische Flagge
appetit (abᵉtiʹd)	Appetit
hellere (ßäʹlᵉrᵉ)	lieber
ispind (...pen|), -e	„Eis am Stiel"
standse (ßdaʹnßᵉ), -ede	anhalten
vanille (waniʹljᵉ)	Vanille
smage (ßmāʹgᵉ), -te	schmecken
naturligvis (natūʹ|ʳ-liwï|ß)	natürlich
chokolade (ßjotolāʹdᵉ)	Schokolade
opsøge (oʹbßö|gᵉ), -te	aufsuchen
domkirke (doʹmtergᵉ), -r	Dom
begrave (begrāʹ|wᵉ), -ede	beerdigen
bygge (büʹgᵉ), -ede	bauen
tårn (tö|ʳn) n, -e	Turm
spids (ßbeß)	spitz
spir (ßbï|ʳ) n, —	Spitze
kapel (tapāʹl|) n, -ler	Kapelle
dronning (droʹnenᵍ), -er	Königin
samle (ßaʹmlᵉ), -ede	sammeln
rige (rïʹgᵉ) n, -r	Reich
middelalder (miʹd|ᵉl-al|ᵉʳ)	Mittelalter
sarkofag (ßartofāʹ|g), -er	Sarkophag
kigge (tiʹgᵉ), -ede	gucken, sehen
betaget (betāʹ|gᵉd)	ergriffen
hugge (hoʹgᵉ), -ede	hauen
kiste (tiʹßdᵉ), -r	Sarg
vende (wäʹnᵉ), -te	kehren, wenden
træt (träd)	müde
spurgte (ßboʹrdᵉ)	fragte
bænk (bän|g), -e	Bank
måske (moßgēʹ|)	vielleicht
hvile (wïʹlᵉ), -ede	(aus)ruhen
øm (öm|)	wund, knochenlahm
krop (trob), -pe	Körper
indrømme (eʹnröm|ᵉ), -ede	zugeben
nægte (näʹgdᵉ), -ede	leugnen
puste (pūʹßdᵉ), -ede	pusten, ruhen
inden (eʹnᵉn)	ehe
mægtig (mäʹgdi)	gewaltig
knald (tnal|) n, —	Knall
bang! (banᵍ)	peng!
baghjul (baʹgjü|l) n, —	Hinterrad
punktere (ponᵍtēʹ|rᵉ), -ede	platzen
uha! (ūʹha)	au!
finde (feʹnᵉ)	finden

cykelsmed(...ßmeđ), -e	Fahrradschlos= ser	bakke (ba'ge), -r	Hügel; „berg= auf"
heldigvis(hä'ldiwī|ß)	glücklicher= weise	døv (dö|w)	taub
nærhed (nä'rhē|d)	Nähe	bagskærm (...ßgär|m), -e	hinteres Schutzblech
lappe (la'be), -ede	flicken	rasle (ra'ßle), -ede	klappern
slange (ßla'ng-e), -r	Schlauch	brøle (brö'le), -ede	brüllen
uheld (u'häl|) n, —	Unfall	beklage (beklā'|ge), -ede	bedauern
op ad (o'dab)	hinauf		

12 B₁   Øvelse

Fortæl om en cykel- eller biltur, De har haft!

Dan sætninger med nogle af de i grammatikken nævnte adverbier.

Svar ja, jo eller nej på følgende spørgsmål: Har De nogensinde smagt dansk wienerbrød? — Kan De lide det? — Har De ingen bekendte her i byen? — Var den sidste film, De så, ikke morsom? — Cykler De aldrig lange ture? — Dansk er et svært sprog, ikke også? — De taber ikke modet allerede, vel?

Oversæt til dansk: Ob sie Larsens gestern besucht haben? — Glücklicherweise habe ich ein gutes Fahrrad. — Ich ebenfalls. — Er wird kaum kommen. — Wirklich nicht? (mon ikke?) — Er ist wahrscheinlich verreist (bortrejst) — Übrigens mag ich ihn und seinen Freund gar nicht.

    nogensinde(nō'nßene) jemals
    tabe (tā'be), -te   verlieren
    mod (mō|d) n   Mut

12 B₂   Vigtige småord

endelig: hold endelig (endlich) op!; du må endelig (unbedingt) komme!

ganske: det er ganske (ganz) fortrinligt; det er ganske (einigermaßen) godt.

lige: jeg er lige (soeben, gerade) kommet fra Århus; vil De ikke lige (schnell) have en cigar?

netop: jeg skulde netop (gerade) gå i byen; han er utiltalende! — Netop! (eben).

Übung | 12. Stunde

nok: jeg kommer nok (wahrscheinlich, wohl) kl. 10; jeg skal nok (schon) hjælpe dig!; hun er vel nok (aber) sød!

nu: vi kan nu (wirklich) godt lide byen; det er nu (aber) frækt!; jeg vil nu sige til ham, at det er forkert!

ret: det smager ikke ret (besonders) godt; han var ret (ziemlich) lille.

rigtig: han ser rigtig (ganz) godt ud!; det har han rigtig godt af da geschieht ihm recht; jeg slog mig rigtig (recht) hårdt.

sandelig: det er sandelig (wahrhaftig, aber) løgn!

sikkert: Petersen er sikkert (gewiß, wahrscheinlich) rejst; de kommer sikkert (bestimmt) ikke tilbage igen.

så: han sagde nej, og så (dann) gik jeg; og hvad så (dann)?; så-å? (so—o); hun er ikke så (besonders) klog.

vel: du vil vel (wahrscheinlich, wohl) ikke gøre det?; kan jeg vel gøre for det? ich kann doch nicht dafür?; det er vel ikke sandt?; han er vel nok (aber) dygtig.

vist: han kommer vist nok (wahrscheinlich) i morgen; brevet er vist (gewiß) fra Niels; det kan vist (wohl) godt passe; er dansk svært? — vist ikke!

småord (smo'ō|r)n,	kleines Wort	
holde op	aufhören	
utiltalende (u'tel- tā|lene)	unsympathisch	
hårdt (hord)	hart	
klog (klō|g)	klug	
løgn (loi|n), -e	Lüge	

Grammatik

**Adverbien, die eine Bejahung, Verneinung, Wahrscheinlich=
keit, Frage, Ursache oder einen Gegensatz, Wunsch u. ä. m.
ausdrücken**

12 C₁

aldrig (a'ldri) nie; alligevel (ali'[g]ewäl) doch, trotzdem; altså (a'l\|so) wirklich, tatsächlich; bare (bā're), blot (blod) wenn ... nur; derfor (dä'\|rfor) deshalb; derimod (...imō\|d) dagegen; desuden (deßū'den) außerdem; desværre (deßwä're) leider; dog (dog) (je)doch; ej (ai\|) nicht; ellers (ä'l\|erß) sonst; endelig (ä'n'li) unbedingt, ja; endsige (enßi'[g]e) geschweige; for-
mentlig (fo'mē'\|ndli) vermeintlich; formodentlig (fo'mō'\|dendli) vermut-
lich; for resten übrigens; for så vidt (wid) insofern; forøvrigt (foröu''rid) übrigens; fremdeles (främdē'\|leß) außerdem, weiter; fremfor alt vor allem; ganske vist allerdings; gid (gi\|d) wenn ... bloß; heldigvis (häldiwi'\|ß) glücklicherweise; heller ikke (hä'l\|er ege) auch nicht; hvor (wō\|r) wo; ikke

(e'gᵉ) nicht; ikke des mindre nicht destoweniger; imidlertid (imi'd|[eᵉtil|d) indessen, aber; ja (ja) ja; io (jō|) doch, ja; kanske (tanßgē'|) vielleicht, kann sein; ligeledes (li'[g]ᵉlēdᵉß) eben=, gleichfalls; mon (mon) ob... wohl; muligvis (mū'liwi|ß) möglicherweise; måske (moßgē'|) vielleicht, mag sein; naturligvis (natū'|ᵉliwi|ß) natürlich; nej (naⁱ|) nein; nemlig (nä'mli) und zwar; netop (nä'dob) grade, eben; nok (nog) schon, wohl; næppe (nä'bᵉ) kaum; også (o'ßᵉ) auch; rigtignok (re'gdinog) zwar, allerdings; rimeligvis (rï'mᵉliwi|ß) wahrscheinlich, wohl; sagtens (ßa'gdᵉnß) leicht; sandelig (ßa'nᵉli) aber; sandsynligvis (ßanßū'|nliwi!|ß) wahrscheinlich; selvfølgelig (ßäl[w]fö'lgᵉli) selbstverständlich; såmænd (ßomä'n|, ßo'mᵉn) wahrhaftig; tillige (tell'[g]ᵉ) außerdem, gleichzeitig; tværtimod (twä'rdimö|d) im Gegenteil; vel (wäl) wahrscheinlich, wohl, allerdings, zwar; velsagtens (...ßa'gdᵉnß) wahrscheinlich; virkelig (we'rgᵉli) wirklich; vist (weßd) wahrscheinlich; vistnok wohl, wahrscheinlich.

12 C₂   Bejahung und Verneinung

Nach negativen Fragen (mit: ikke, ingen, intet, aldrig) lautet die bejahende Antwort nicht ja, sondern jo. — nej wird dagegen nicht geändert: går du med? — ja! (in der Umgangs= sprache oft erweitert: ja, ja!, javel!, ja jeg gør!), aber: går du **ikke** med? — jo!; kender du nogen her? — ja!, aber: kender du **ingen** her? — jo!; vil De **aldrig** besøge mig? — jo!

jo wird auch im Innern eines Satzes = „ja" gebraucht: det ved du jo meget godt; nej, det kan jeg jo da ikke gøre for! dafür kann ich ja nicht!; auch ironisch: jo vist, det skal nok passe (das wird schon stimmen)!; jo, det vil jeg gerne tro!

nej als staunender Ausruf meistens næ(h)!

Durch Hinzufügung von vel? oder ikke?, ikke sandt?, ikke også? „nicht wahr?", kann man einen allgemeinen, erzählenden Satz in einen Fragesatz umwandeln. Wenn ikke im Satz vor= kommt, verwendet man vel, sonst gebraucht man ikke: du rejser i morgen, ikke? — du rejser **ikke** i morgen, vel?

ikke wird in sehr höflichen Fragen gebraucht: vilde De ikke være så venlig at låne mig en tændstik?; vil De hjælpe mig? — höflicher: vil De ikke hjælpe mig?

In poetischer und älterer Sprache findet man statt ikke oft das Wort ej; in der Umgangssprache nur in festen Wendungen: nej jeg vil ej! oder: vel vil jeg ej! nein, ich will bestimmt nicht!; ej heller auch nicht; hvad enten du vil eller ej ob du willst oder nicht.

Das Frageadverb mon „ob ... wohl": mon han er der? — ja, mon ikke? ich glaube ja, wahrscheinlich; ved du, om han mon kommer?; hvem mon (der) har gjort det? oder: hvem har mon gjort det? wer kann es wohl getan haben?

Interjektionen — Interjektioner **12 C₃**

Eine Auswahl der wichtigsten Interjektionen und ähnlicher Wörter:
a(h)! ach!, ah!; a(h) a(h)! ai ai!; aha! (aha′) ei!; ahøj! (ahoi′)
ahoi!; ak! (ag) poetisches Wort für å(h); atisj! (ati′ʒj) Gesundheit!;
av! (aᵘ|) au!; ba(h)! (bā) pah!; bang! (bang) peng!; bravo!
(bra′wo); brr! brr!; bu(h)! (bū); bum! (bom), bums! (bomß) peng!;
bø(h)! (bö) buh!; ding dang! (de′ng dang) bimbam!; ej! (aⁱ) aha!; fut!
(fud) puff!; fy! (fü), føj! (foⁱ) pfui!; ha! (ha); hallo! (halo′); halløj! (haloⁱ′)
hallo, holla!; hej! (haⁱ) he!; hejda! heda!; hejsa! hussa!; hep! (häb) Tempo!;
hm! hm!; hopsa! (ho′bʒa) heisa!; hov! (hoᵘ) heda, nana!; hu! (hū) hui!;
hurra! (hurā′); hyp! (hüb) hott(ehü)!; hys! bst!, still!; hørt! (hö|ᵗd) sehr
richtig!; i(h)! ei!; nå! (no), nåda! na!; ach so!; o(h)! oh!; paf! (paf),
pladask!, plask! (plada′ßg, plaßg) patsch!, badauz!; plump! (plomb)
plumps!; prr!; pst! bst!; puh!; pyh!; pyt! (püd) pah! skål! (ßgö|l)
Prost!, Gesundheit!; sss! bst!; svup! (ßwob) husch, schwapp!; tja! (tjā) tia!;
tju! (tjū) peng!; tys! bst!; uf! uff!; uha! (ū′ha) o je!, uff!; vips! (webß)
husch!; visvas! (wi′ßwaß) Quatsch!; øv! (öᵘ), æv! (äᵘ) ätsch!, pfui!
å(h)! (ō) ach!, wie schön!

Die Interjektionen werden oft verdoppelt: ej, ej!; ha ha!; hov hov!;
ja, ja!; nå nå!, se se!; uha uha!

Oft sind sie erweitert: fy dog!, løj for en ulykke! pfui!; ih ja! jawohl,
gern; ja ja da! selbstverständlich; wie du willst; ja så? ach so?, aha!;
jo pyt! so siehst du aus!; nej da!; nej se! so eine Überraschung!; ork ja!
selbstverständlich!; pik pak!; puh ha! uff!; pyt med det! ach was!; uha da!

12 C₄

Von den meist in vulgärer und zwangloser Sprache vorkommenden
Beteuerungswörtern und Flüchen sollen hier nur ein paar angeführt
werden:

bevares! (bewā′|ᵗß) bewahre! (eigl. Gud bevare os); Gud!(gud), Herre-
gud! du lieber Gott!; det ved (wē|d) Gud! (od. grød) weiß Gott!; ved
(wed) Gud! bei Gott!; gudskelov! (gu′ßgeloᵘ) Gott sei Dank!; såmænd
(ßomä′n|, ßo′mᵉn) aber, halt; skam (ßgam) aber; tatsächlich; minsandten
(minßa′n|dᵉn) wahrhaftig, aber.

det var Sørens (od. pokkers, fandens!) merkwürdig!; hvor er den
Sørens (od. pokkers, fandens, gröber: satans) bog?; den forbandede (od.
forbistrede) kvinde! verfluchtes Weib!; fanden (od. pokker, dæ′len,
satan) tage ham! hol ihn der Teufel!; for fanden (od. pokker, helvede
hölle; milder: Søren)! zum Teufel!; av for pokker! au!; Gu' vil jeg ej!
zum Donnerwetter nein!; sågu! (ßogu′), sgu! (ßgu) (eigl. så Gud hjælpe
mig so wahr mir Gott helfe), beteuernd, schwer zu übersetzen; sgutte
(ßgu′dᵉ) = sgu ikke.

13. Stunde

13A₁ Sygdom

I går aftes følte Åge sig rigtig dårlig tilpas, fordi han var blevet forkølet. Han havde både hovedpine og kuldegysninger. Fru Larsen sendte ham i seng straks og målte hans temperatur med lægetermometret, da han var klædt af. Hun så til sin forfærdelse, at han havde 39°(graders) feber. Han fik en kraftig svedepakning og varm citronsaft at drikke, for at sveden rigtig kunne komme ud. „Bare det nu kun er en lettere influenza", tænkte fru Larsen, „det vilde være kedeligt, hvis det blev lungebetændelse".

Næste morgen var Åge stadig sløj og havde ingen appetit. Feberen var lige så høj som om aftenen. Fru Larsen ringede til huslægen og spurgte, om han straks kunde komme. En halv time senere var han der og undersøgte Åge. „Ja, det er en slem influenza, unge mand!" sagde han, „men De kommer Dem nok igen! De skal nu blive liggende nogle dage i fuldstændig ro. Hvis De vil blive rask, må De hverken stå op eller gå ud, før jeg har givet Dem tilladelse dertil. Jeg skal skrive noget op, som De skal tage". — Birte gik med recepten op på apoteket og fik såvel nogle tabletter som en lille flaske medicin med tilbage.

Nu ligger Åge stille i sin seng og har tid til at tænke. For mange år siden, da han var en lille dreng, havde han brækket sit ben, fordi han var faldet ned fra naboens pæretræ. Han husker tydeligt, at han lå som patient på Rigshospitalet i mange uger. Hver dag kom hans far og mor i besøgstiden og besøgte ham, for det var meget kedeligt at ligge hele dagen i sengen.

Ja, det er trist at være syg, men det er godt, at vi har så dygtige læger og gode hospitaler. Åge er i sygekassen, så han behøver ikke at betale ekstra penge til lægen for sygebesøg og recept.

Vi ønsker den syge Åge „God bedring!" og håber, at han snart kan blive frisk og rask og arbejde igen.

Slagfærdighed 13 A₂

Den gamle dame, der er lige ved at blive kørt ned af et cykelbud: Kan du ikke ringe, knægt?

Cykelbudet: Jo gerne, hvad for et nummer har du, bessemor?

sygdom (ḫü'gdom|), -me	Krankheit
føle (fö'lᵉ), -te	fühlen
dårlig (do'rli) tilpas (telpa'ḫ)	schlecht
forkølet (fortö'|lᵉd)	erkältet
hovedpine (...pinᵉ)	Kopfschmerzen
kuldegysning (ku'lᵉ-gü|ḫnenᵃ), -er	Fröstein
måle (mö'lᵉ), -te	messen
lægetermometer (lä'gᵉtärmomē'|dᵉʳ) n, -tre	Siebertthermo- [meter
forfærdelse (foʳ-fä'r|dᵉlḫᵉ)	Entsetzen
feber (fē'|bᵉʳ)	Sieber
svedepakning (ḫwē'dᵉpagnenᵃ), -er	Schwitz- padung
citronsaft (ḫitrö'|nḫafd)	Zitronensaft
sved (ḫwē'|d)	Schweiß
influenza(enfluä'nḫa)	Grippe
lungebetændelse (lo'nᵍ-ᵉbetän|elḫᵉ)	Lungen- entzündung
stadig (ḫdā'di)	immer noch
sløj (ḫloⁱ|)	matt, schlapp
lige så	ebenso
huslæge (ḫū'ḫlägᵉ), -r	Hausarzt
undersøge (o'nᵉʳ-ḫö|gᵉ), -te	untersuchen
komme sig	sich erholen
fuldstændig (fu'l-ḫdän|di)	vollständig
ro (rö|)	Ruhe
rask (raḫg)	gesund
må (mö|)	dürfen
tilladelse (te'lā|-dᵉlḫᵉ), -r	Erlaubnis
recept (reḫä'bd), -er	Rezept
apotek (abotē'|g) n, -er	Apotheke
tablet (tablä'd), -ter	Tablette
medicin (mediḫi'|n)	Arznei
brække (brä'gᵉ), -ede	brechen
nabo (nā'bo), -er	Nachbar
pære (pä'rᵉ), -r	Birne
tydelig (tü'dᵉli)	deutlich
lå (lö|)	lag
patient (paḫiä'n|d), -er	Patient
hospital (ḫoḫbitā'|l) n, -er	Krankenhaus
besøgstid (beḫö'|gḫ-ti|d), -er	Besuchszeit
sygekasse (ḫü'gᵉ-taḫᵉ), -r	Krankenkasse
behøve (beḫö'|wᵉ), -ede	brauchen
bedring (bä'drenᵃ)	Besserung
slagfærdighed (ḫlag-fä'r|diḫē|d)	Schlagfertig- keit
køre ne'd	umfahren
cykelbud n, -e	Fahrradbote
ringe	1. klingeln; 2. anrufen
knægt (knägd), -e	Bengel
bessemor	Kopenhagener Ausdruck für alte Frau = bedstemor Großmutter

13B₁ Øvelse

Fortæl, om De har været syg og hvad De har fejlet! Dan udtryk med de sideordnende konjunktioner efter følgende mønstre: Det er ikke blot dårligt, men også dyrt; jeg bør på den ene side gå, men på den anden side har jeg ikke lyst, o.s.v.

Dan sætninger med de vigtigste underordnende konjunktioner efter flg. mønstre: Jeg vilde glæde mig, hvis han kom; (end)skønt han påstår det, tror ingen på det, o.s.v.

Oversæt til dansk: Entweder das Mädchen oder der Junge muß zur Apotheke gehen. — Er war weder erkältet noch krank. — Ich wußte nicht, daß er nicht arm, sondern reich sei. — Wann fährt der Dampfer (damper)? — Du mußt fleißig arbeiten, falls du die Prüfung (eksamen) bestehen (bestå, tage) willst. — Er geht zu Bett, weil er krank ist. — Obwohl das Buch 10 Kronen kostet, kaufe ich es doch. — Wir möchten fragen, ob Sie morgen zu Hause sind. — Je größer, desto besser. — Der Junge lief, damit er rechtzeitig (rettidig) in die Schule kommen konnte. — Er singt, so daß alle Leute lauschen (lytte).

jeg fejler (fai|ler), -ede	mir fehlt	påstå (po'ßdö|)	behaupten
mønster (mö'n|ßder)	Muster	tro (trö|), -ede	glauben
n, -stre			

13B₂ Sygdom

syg krank; rask gesund (im Gegensatz zu krank); sund gesund, frisch; bekömmlich.

blive forkølet sich erkälten; forkølelse Erkältung; snue Schnupfen; hoste husten; hæshed Heiserkeit; feber Fieber.

Jeg har ondt i hovedet, tænderne, halsen, maven, benet o.s.v. — Jeg har hovedpine, tandpine, halspine, mavepine.

Lunge-, blindtarmsbetændelse.

brække benet, forstuve armen.

Læge (doktor), sygeplejerske Krankenwärterin, -schwester; søster. — Sygekasse.

Recept, medicin, pille, pulver n, forbinding Verband;
gazebind n Mullbinde; jod.
Hvordan har De det? wie geht es Jhnen? — Tak,
udmærket! Men min mand har det ikke så godt (er ikke
rigtig godt tilpas). Vi er ellers raske allesammen.

hæs (hä|ß)	heiser	blindtarm (ble'n- tä|ᵗm), -e	Blinddarm
ondt (on|d)	weh		
tand (tan|), tænder	Zahn	forstuve (fo⁻- ßdū'|[w]e), -ede	verstauchen
hals (hal|ß), -e	Hals		
mave (mā'we), -r	Magen		

Grammatik

Die Konjunktionen — konjunktionerne   13 C₁

Beiordnende Konjunktionen

både ... og (bō'dᵉ) sowohl ... als (auch); dels ... dels (dē|lß)
teils ... teils; eller (ä'l|ᵉʳ) oder; enten ... eller entweder ... oder;
for denn; hverken ... eller (wä'rgᵉn) weder ... noch; ikke alene
(od. blot, kun) ... men også nicht nur ... sondern auch; men
aber, sondern; og (og, o) und; på den ene side ... på den
anden side einerseits ... andererseits; samt (ßam|d) samt;
snart ... snart bald ... bald; såvel ... som (ßowä'l) sowohl ... als;
thi (ti) denn.

for wird in der Umgangssprache gebraucht, thi ist Schrift-
sprache. — såvel ... som ist selten in der Umgangssprache.

men steht immer am Anfang des Satzes: han vilde rejse,
men blev forhindret; „Gør det nu!" — „Ja, men —". Will
man das men nicht am Anfang haben, muß man dafür das
Wort imidlertid „mittlerweile" oder dog „jedoch" gebrauchen;
die Umgangssprache kennt jedoch nur men: jeg så dig i går,
du hilste imidlertid (od. dog) ikke på mig (= men du hilste
ikke på mig).

sondern = derimod, men tværtimod.

Unterordnende Konjunktionen   13 C₂

A. Aussagesätze einleitend: at (ad) „daß", kann weg-
gelassen werden; han sagde, (at) han kom.

B. Temporalsätze einleitend: bedst som gerade als;
eben wie; da als; dengang (dänga'nᵍ|) (damals) als; efter at,

nachdem; forinden (fo^(r)e′n^(e)n) ehe; fra ſeit; før (fö|ʳ), forend (.˛′^(e)n) ehe, bevor; hvornår (wo^(r)nö′|ʳ) wann (häufiger als når); idet (ide′) indem; inden (e′n^(e)n) ehe, bevor; indtil (e′n|tel) bis; ime(de)ns, me(de)ns ([i]mä′n|ß, [i]mē′|d^(e)nß) während; når wenn, wann; når som helst wann auch immer; som (ßom) wie; siden (ßī′d^(e)n) ſeitdem; til bis.

C. Konditionalſätze einleitend: bare, blot wenn nur; dersom (dä′rßom) wenn; hvis (wiß) wenn, falls; ifald (iſa′l|) falls; med mindre es ſei denn, daß; når (bare) wenn nur; om wenn; såfremt wenn.

D. Kauſalſätze einleitend: da weil, da; eftersom da; fordi (fordi′) weil; idet (ide′) indem; siden da, weil.

E. Konzeſſivſätze einleitend: endskønt (e′nßgön|d) ob=gleich (Schriftſprache); hvor ... end wie ... auch; om end (od. også od. så), omendskønt (Schriftſprache) obgleich; selvom (ßä′l|om) obſchon; skønt obgleich, obwohl; trods, til trods for at trotzdem, daß; uagtet (ua′gd^(e)d) trotzdem, daß (Schriftſprache).

F. Vergleichungsſätze einleitend: efter som je nach=dem; end (en) als; jo ... des(to) (jo ... de′ßdo) je ... deſto; jo ... jo je ... je; lige som (om) gerade wie, als wenn; som wie; som (om) als ob, als wenn.

G. Frageſätze einleitend: hvorvidt (wo^(r)wi′d), om ob.

H. Finale Sätze (Zweckſätze) einleitend: at (ad) daß; for at damit.

I. Folgeſätze einleitend: at daß; så (at) ſo daß; til at dazu daß; uden (at) ohne daß.

---

14. Stunde

14A, Vejret

Danmarks klima er mildt og fugtigt. Havet omkring øerne og Jylland bevirker, at sommeren er kølig og vinteren i reglen mild. Kun af og til fryser havet til og hindrer skibsfarten. Sne er også forholdsvis sjælden; Danmark er ikke noget godt land for vintersport. Man kan ikke hver vinter løbe på skøjter, og den, der vil stå på ski, må helst rejse op til Norge.

Åge lå som sagt syg i sin seng og tænkte på alt muligt. Han havde jo tid til det. Han huskede en lille oplevelse sidste sommer. Han skulde en søndag på en tur i skoven med sin kæreste Jytte. De havde hørt radioens vejrmeldinger lørdag aften og troede, at vejret næste dag vilde blive godt. De valgte så at tage til Furesøen. Mor smurte en stor pakke mad til de unge, Gunner og Birte fulgte dem på banegården, og toget bragte dem ud til Lyngby. De vandrede ad Prinsessestien gennem skove og over moser til den poetiske Furesø. Her lagde de sig nede ved vandet og strakte sig i det bløde græs. Det var meget varmt, ja næsten lummert, og de blev begge døsige. Åge spurgte Jytte om hendes oplevelser på en rejse til Svejts sidste sommer, og hun fortalte ham, hvor hun havde været og hvad hun havde set.

Pludselig lynede det, og de hørte et mægtigt tordenskrald. Forskrækkede lyttede de. Mod vest samlede der sig store, sorte tordenskyer; vinden blæste på een gang kraftigt. De første tunge regndråber faldt allerede over søen. Hurtigt gjorde de sig parate og skyndte sig i ly, men inden de nåede et hus, var de allerede gennemblødte og pjaskvåde. Lynene glimtede og tordenen rullede. Regnen strømmede ned. Efter en halv times forløb skinnede solen igen, og det blev tørvejr. Men nu var der vådt i græsset, og i stedet for at gå tilbage gik Åge og Jytte en tur i skoven.

Åge kan ikke lide, når det er dårligt vejr. København skal ses i solskin, mener han. Så lyser alle tagene varmt og rødt og tårnene grønt. Men i regnvejr er alting gråt og kedeligt.

På kontoret **14 A$_2$**

— Hvor mange mand arbejder her på kontoret?
Chefen: Ca. halvdelen, antager jeg.

14. Stunde — Lesestück

klima (kli'ma) n, -er	Klima	prinsesse(prenßä'ße), -r	Prinzessin
fugtig (fo'gdi)	feucht	sti (ßdi|), -er	Weg, Pfad
hav (hau) n, -e	Meer	mose (mō'ße), -r	Moor
ø (ő|), -er	Insel	poetisk (po-ē'|tißg)	poetisch
Jylland (jü'lan|) n	Jütland	blød (blő|d)	weich
bevirke (bewe'rge), -ede	bewirken	græs (gräß) n	Gras
regel (rē'|gel), -gler	Regel	lummer (lo'm|er)	schwül
af og til	ab und zu	døsig (dő'ßi)	matt, döfig
fryse ti'l (frū'ße)	zufrieren	Svejts (ßwai|dß)	Schweiz
hindre (he'ndre), -ede	hindern	lyne (lū'ne), -ede	blitzen
skibsfart(ßgi'bßfä|rd)	Schiffahrt	torden (to'rden)	Donner
sne (ßnē|)	Schnee	skrald (ßgral|) n, —	Schlag, Krach
forholdsvis (fo'r-holßwi|ß)	verhältnismäßig	sort (ßord)	schwarz
		sky (ßgü|), -er	Wolke
sjælden (ßjä'len)	selten	på een gang	mit einem Mal
løbe på skøjter (ßgoi'der)	Schlittschuh laufen	dråbe (drő'be), -r	Tropfen
		parat (parä'|d)	bereit, fertig
stå på ski (ßgi'|)	Schi laufen	skynde (ßgö'ne), -te	beeilen
som sagt (ßagd)	wie gesagt	ly (lü|) n	Schutz
oplevelse (o'b-lē|welße), -r	Erlebnis	gennemblødt (...-blő|d)	durchnäßt
skov (ßgou|), -e	Wald	pjaskvåd(pja'ßgwő|d)	pitschenaß
kæreste (kä'reßde), -r	Braut, Bräutigam	lyn (lü|n) n, —	Blitz
		glimte(gle'mde), -ede	leuchten
melding (mä'leng),	Meldung	rulle (ru'le), -ede	rollen
Furesøen (fü're ßő|en)	See nördlich von Kopenhagen	strømme (ßdrö'me), -ede	strömen
banegård (bā'ne-gő|r), -e	Bahnhof	forløb (forlő'|b) n	Verlauf
		tørvejr (tö'rwå|r) n	trockenes W.
tog (tő|g) n, —	Zug	i stedet for	anstatt
Lyngby (lö'ngbü|)	Dorort	lyse (lü'ße), -te	leuchten
ad (ad)	längs	antage (a'ntä|)	annehmen

---

14 B₁   Øvelse

Fortæl hvordan vejret er i dag.

Find i læsestykket de verber, der behandles i grammatikken, og bøj dem i hovedtiderne.

Dan sætninger med de i grammatikken nævnte verber, der ikke er brugt i stykket.

Oversæt til dansk: Ich wußte nicht, was der Lehrer gefragt hatte. — Mein Vater ist zum Vorsitzenden (formand) erwählt worden. — Die Wirtin (værtinden) reichte ihm das Salz (salt). — Er fragte: Hast du es getan? — Peter sagte:

Jch legte meine Bücher hierhin. — Er starb vorgestern abend. — Meine Frau hat meine Butterbrote gestrichen. — Der Tabakhändler verkauft täglich 100 Schachteln Zigaretten.

Verdenshjørnerne 14B₂

Nord — syd — vest — øst; — nordvest, nordnordvest, sydøst o.s.v.

Norden der Norden; sydens lande, østens folk.

Fra nord; i nord; mod nord nordwärts; nord(en) for byen nördlich der Stadt; nord(en) fra vom Norden; nord(en) om nördlich um.

nordlig, sydlig, vestlig, østlig. — nordre nördlich, Nord...; søndre, vestre, østre; nordisk nordisch, skandinavisch.

Nordamerika, nordbo Skandinavier; nordmand Norweger; nordpol; Nordsjælland; Nordsøen; Nordtyskland.

Nørregade, Nørreport, Nørretorv *n*, Nørrevold, Nørrejylland. — Sønderborg, Søndergade; Sønderjylland Nordschleswig. — Vesterbro, Vesterbrogade, Vestergade, Vesterhavet die Nordsee. — Østergade, Østerland *n* Morgenland; Østersøen die Ostsee.

Nordenstorm, nordenvind; søndenvind südlicher Wind.

verdenshjørne *n*, -r Himmelsrichtung
port (pō|ʳd), -e Tor
vold (wol|), -e Wall

Grammatik

Liste der „schwachen" Verben, die nicht nach der 1. und 2.
Konjugation (3C₂, 4C₉) konjugiert werden **14C₁**

Diese Verben sind nicht unregelmäßig, sondern Reste verschwundener Konjugationen.

bringe (bre'nŋ-ᵉ) bringen; bringer (bre'nŋ|ᵉʳ) — bragte (bra'gdᵉ) — har bragt.

dø (dö|) sterben; dør (dö|ʳ) — døde (dö'dᵉ) — er død (dö|d); død gestorben = das Adjektiv død tot.

Petersen er død i nat; dagegen: tonerne er døet hen (verhallt).

følge (fö′lg^e) folgen, begleiten; følger (~^{r}) — fulgte (fu′l[g]d^e) — har fulgt (ful|[g]d).

Det følger af sig selv! ſelbſtverſtändlich!

gøre (gö′r^e) tun, machen; gør (gör) — gjorde (gjö′r^e) — har gjort (gjö|^{r}d).

Du må gøre dig umage (Mühe); jeg kan ikke gøre for det ich kann nicht dafür; det gør ikke noget! es macht nichts!; hvad (ob. hvor) har han gjort af det? wo hat er es gelaſſen?; spiser du? — ja, jeg gør! (über gøre als Wiederholung, ſ. 27 C$_3$).

Diele Zuſammenſetzungen können aus einem Adjektiv + gøre gebildet werden: delagtiggøre beteiligen; dygtiggøre ertüchtigen; fuldkommengøre vervollkommnen; legemliggøre verkörpern; levendegøre lebend(ig) machen; tilintetgøre vernichten; umuliggøre unmöglich machen, uſw. Dazu werden Subſtantive auf -gørelse gebildet: delagtiggørelse uſw.

have (ha) ſ. 3 C$_1$.

Hvordan har du det? wie geht es dir?; jeg har det dårligt (ſchlecht); du har at gøre det!; det har han rigtig godt af! da geſchieht ihm recht!; hvad har vi for? (aufhaben, Schule); jeg har cigarer med; vi havde ikke meget ud af det wir hatten nicht viel davon; bogen haves ikke das Buch iſt nicht vorrätig.

kvæle (kwä′l^e) erdroſſeln, erwürgen, unterdrücken; kvæler (kwä′|[^{e}r) — kvalte (kwā′ld^e) — har kvalt (kwā|ld).

lægge (lä′g^e) legen; lægger (~^{r}) — lagde (lā) — har lagt (lagd).

Læg tøjet! legen Sie ab!; jeg lagde ikke mærke til det ich bemerkte es nicht; hun har lagt sig ſie hat ſich ſchlafen gelegt.

række (rä′g^e) reichen; rækker (~^{r}) — rakte (ra′gd^e) — har rakt.

sige (ßī′[g]^e) ſagen, reden; siger (~^{r}) — sagde (ßā) — har sagt (ßagd).

Hvad skal det sige (heißen)?; som sagt så gjort geſagt getan; han sagde nej.

smøre (ßmö′r^e) ſchmieren, ölen; smører (~^{r}) — smurte (ßmo′rd^e) — har smurt (ßmō|^{r}d).

Han smører for tykt på er trägt zu dick auf; det går som det var smurt (wie geölt).

spørge (ßbö′r[g]^e) fragen; spørger (~^{r}) — spurgte (ßbo′rd^e) — har spurgt (ßbō|^{r}d).

Vi spurgte ham (ad); spørg dig for! erkundige dich!

strække (ßdrä′g^e) ſtrecken, recken; strækker (~^{r}) — strakte (ßdra′gd^e) — har strakt (ßdragd).

sælge (ẓä′l[g]ᵉ) verkaufen; sælger (~ʳ) — solgte (ẓo′ldᵉ) — har solgt (ẓol|d).

sætte (ẓä′dᵉ) setzen; sætter (~ʳ) — satte (ẓa′dᵉ) — har sat (ẓad).

Jeg sætter pris på en god kop kaffe (ich liebe, ich weiß zu schätzen).

træde (trä′dᵉ) treten; træder (trä′|dᵉʳ) — trådte (tro′dᵉ) — har trådt (trod).

tælle (tä′lᵉ) zählen; tæller (~ʳ) — talte (ta′ldᵉ) — har talt (tal|d).

vide (wi̅′dᵉ) wissen; ved (we̅|d) — vidste (we′ẓdᵉ) — har vidst (weẓd); wird konjugiert wie ein modales Hilfsverb (21C₅).

Hvem ved? wer weiß?; han vidste hverken ud eller ind; det har jeg ikke vidst a'I davon habe ich nichts gewußt.

vække (wä′gᵉ) erwecken; vækker (~ʳ) — vakte (wa′gdᵉ) — har vakt (wagd); nur in übertragenem Sinne; in der Bedeutung „wecken" regelmäßig: vækkede, vækket.

Jeg vækkede ham kl. syv, aber: talerens foredrag vakte ham åndeligt (geistig); det vakte (erregte) opsigt.

vælge (wä′lgᵉ) wählen, erwählen; vælger (~ʳ) — valgte (wa′l[g]dᵉ) — har valgt (wal|d).

Han havde to ting at vælge imellem; de valgte ham til formand

Schwankende Konjugation   *14 C₂*

Einige Verben schwanken zwischen der 1. und 2. regelmäßigen („schwachen") Konjugation, z. B.:

bruse	brausen	—	brusede od. bruste
grine	lachen	—	grinede od. grinte
hejse	hissen	—	hejsede od. hejste
hilse	grüßen	—	hilsede od. hilste
hvile	ruhen	—	hvilede od. hvilte
hælde	sich neigen, sich lehnen; gießen	—	hældede (mod) lehnte sich (an), od. hældte goß
lede	leiten	—	ledede od. ledte
læge	heilen	—	lægede od. lægte
nøle	zaudern, zögern	—	nølede od. nølte
skabe	schaffen	—	skabede sig zierte sich, od. skabte schuf
smile	lächeln	—	smilede od. smilte
suse	sausen	—	susede od. suste

14C₃ Das Passivum des Verbs

wird entweder durch Umschreibung mit blive „werden" oder durch -s gebildet (näheres f. 20C₂); Jnf.: at blive elsket, at elskes geliebt werden; Präs.: jeg bliver elsket, jeg elskes; Jmp.: jeg blev elsket, jeg elskedes.

15. Stunde

15A₁ På banegården

Birte gik tidligt hjemmefra i morges. Hun skulde ind på Københavns hovedbanegård for at modtage en tysk student, Fritz Schmidt fra Hamborg. Han har studeret dansk i flere år og skal bo et semester hos Larsens, mens han hører danske forelæsninger på universitetet og sætter sig ind i dansk kultur. Birte indbød ham til at komme; hun havde lært ham at kende sidste år, da hun rejste i Tyskland.

Birte gik rundt på banegården og ventede en hel time. Toget var forsinket. Hun gav sig først til at læse alle køreplaner og opslag. Så betragtede hun de ophængte plakater. Hun fortrød, at hun var kommet så tidligt. „Nu gider jeg snart ikke længere gå og vente på toget", tænkte hun ærgerligt. I restaurationen drak hun en appelsinvand. Dermed gik der et kvarter. Så gik hun ind i biografen, der er indrettet i selve banegården, og blev der en halv time. Der spilles kun korte film i den. Hun var utålmodig; til sidst købte hun en perronbillet og gik ned på perronen, hvor hun så lidt på et lyntog, der lige var kommet ind, og på de ekspres- og persontog, der stod på sporene.

Endelig rullede Skandinavienekspressen ind. — „Goddag, Fritz!" råbte hun til en ung mand med briller. Han gik med lys frakke og bar på to tunge kufferter. „Velkommen til Danmark!" — „Goddag, Birte! tak skal du have!" svarede Fritz, der ikke havde glemt at tale dansk, „vi blev forsinkede med færgen på grund af tåge." — „Kom, vi kalder på en drager til at bære bagagen. Skal vi tage hjem med en taksa, eller skal vi køre med S-toget?" — „En bil er vist for dyr. Jeg kører helst med banen." — „Godt, som du vil!"

Man sidder hyggeligt og bekvemt i de danske tog; Fritz satte sig mageligt til rette, lagde det ene ben over det andet, bød Birte en cigaret og tændte selv en, mens han fortalte om rejsen. „Hvordan har dine forældre og din søster det?" spurgte Birte; de to var dus. „Tak, glimrende! Jeg skulde hilse. Hvordan har I det?" — „Å tak, min bror Åge har længe været syg af influenza, men nu er han rask igen. Han er glad ved at du skal bo hos os. Vi skal nok få det sjovt!" — „Ja, det håber jeg også. Hvor er det dejligt at være i København! Jeg glæder mig til at se byen rigtigt."

Geografi 15 A₂

Grønlænderen ved billethullet: Jeg vil gerne bede om en billet til Asseguja.

Ekspedienten studerer jernbanekortet forgæves: Hvor i alverden er Asseguja?

Grønlænderen: Hun sidder inde i ventesalen.

modtage (mo'dta|[gᵉ])empfangen
sætte sig ind i sich einleben, sich vertraut machen mit
indbyde (e'nbû|dᵉ) einladen
lære at kende kennenlernen
give sig til anfangen (mit)
køreplan (kö'rᵉplā|n), -er Fahrplan
opslag (o'bsslā|g) n, Anschlag
plakat (platā'|d), -er Plakat
ærgerlig (ä'rgᵉrli) ärgerlich

restauration (reßdau- Restaurant raßjō'|n), -er
kort (tord) kurz
utålmodig (utol- ungeduldig mö'|di)
perronbillet (päro'ns- Bahnsteigkarte bilād), -ter
lyntog (lü'ntō|g) n, „Blitzzug", schneller Motorzug
eksprestog (ägs- D-Zug prä'ß...) n
spor (sbō|r) n, — Gleis, Spur

15. Stunde — Übung

briller (bre′l⁽ᵉʳ⁾) *pl.*	Brille
lys (lü|ß)	hell
kuffert (to′fᵉʳd), -er	Koffer
færge (fär′gᵉ), -r	Fähre, Trajekt
tåge (tó′gᵉ)	Nebel
drager (drä′gᵉʳ), -e	Gepäckträger
bagage (bagā′ḃjᵉ)	Gepäck
taksa (ta′gßa), -er	Taxe
bekvem (bekwä′m|)	bequem
magelig (mä′gᵉli)	gemächlich
til rette	zurecht
cigaret (ßigarä′d), -ter	Zigarette
tænde (tä′nᵉ), -te	anstecken
være dus (duß)	sich duzen
sjov (ḃjou|)	gemütlich, spaßhaft
geografi (ge-ografi′|)	Geographie
grønlænder (grö′n-län|ᵉʳ), -e	Grönländer
billethul (bilä′dhol) n, -ler	Fahrkarten-schalter
til	1. nach, 2. für
ekspedient (ägßbe-di-ä′n|d), -er	Beamter
jernbane (jä′rn-bänᵉ), -r	Eisenbahn
forgæves(foʳgä′|wᵉß)	vergebens
i alverden	in aller Welt
ventesal (wä′ndᵉ-ßā|l), -e	Wartesaal

15 B₁   Øvelse

Dan små sætninger til de i grammatikken behandlede verber.

Fortæl om banegården i Deres by.

Lav en række (Reihe) sætninger, man kan bruge på banegården, f. eks.: Hvornår kommer toget fra Gedser? — Jeg vil gerne bede om en billet til Roskilde frem og tilbage (kortere: een Roskilde, [tur-]retur!) o.s.v.

Oversæt til dansk: Er mochte nicht auf den Zug warten. — Wir bereuten unsere Frage, die sehr dumm war. — Hast du die Universität gefunden? — Peter ist vom Dach heruntergefallen. — Ich bat ihn um 2 Kronen. — Er hat nur eine kleine Flasche Bier getrunken. — Ihr faulenzt den ganzen Tag. — Was bedeutet der Satz, der hier steht? — Das wußte er nicht.

15 B₂   Færdsel — Huset

Højre hånd, til højre rechts; venstre side, til venstre links; lige ud gradeaus; om hjørnet um die Ecke.

På fortovet; gå over gaden.

Han bor Nørregade 14³ ᵗ· ʰ· (= tredje sal til højre). — Jeg bor i stuen, på 1. (2., 3. ...) sal (od. etage), på kvisten. — Jeg bor over gården.

Kælderen er forneden; en trappe fører op til loftet;
på taget ser man tre skorstene.

færdsel (fä′r|b̦ᵉl)	Derkehr	kvist (kveßd), -e	Dachgeschoß
højre (hoi′rᵉ)	recht	gård (gō|r), -e	Hof
venstre (wä′nßdrᵉ)	link	kælder (tä′|ᵉʳ), -e	Keller
fortov (fo′rtoᵘ) n, -e	Bürgersteig	loft (lofd) n, -er	Boden
stue (b̦dü′-ᵉ)	Erdgeschoß	skorsten (b̦go′r-	Schornstein
sal (b̦ā|l)	Stod	b̦dē|n), -e	
etage (etā′b̦jᵉ), -r	Etage		

Grammatik

Die unregelmäßigen („starken") Verben   15 C₁

Die „starken" Verben sind, wenn sie nicht zusammengesetzt
sind, im Imperfekt einsilbig. Sie werden nach den Ablauts=
reihen in verschiedene Ablautsklassen aufgestellt. Aus praktischen
Gründen werden sie hier jedoch alphabetisch gegeben.

Konjugationsmuster — konjugationsmønster   15 C₂

Aktiv:
    Inf.: at give (gi, gi′wᵉ); Imp. (= Stamm): giv! (gī\|[w]);
Part. Präs.: giv/ende; Part. Perf.: giv/et (gi′ᵉd); Präs.:
giv/er (gī\|r, gi′\|wᵉʳ); Imperf.: gav (gā\|); Perf. (Plusqu.):
har (havde) givet; Fut.: vil (od. skal) give.

Passiv (s. 20 C₂):
    1. s=Form: Inf.: at giv/es; Präs.: giv/es; Imp. (selten!):
gav/es; Fut.: vil (od. skal) gives;
    2. Umschreibung mit blive: Inf.: at blive givet; Präs.:
bliver givet; Imp.: blev givet; Perf. (Plusqu.): er (var)
bleven (od. blevet) givet; Fut.: vil (od. skal) blive givet.

Alphabetisches Verzeichnis der starken Verben   15 C₃

(folgende Formen werden angegeben: Inf., Präs., Imperf. und Perf.)

bede (bē\|, bē′dᵉ) beten, bitten; beder (bē\|r, bē′dᵉʳ) — bad
(bā\|d) — har bedt (bē\|d).
    Han bad en bøn (Gebet); må jeg bede Dem om noget?; man bedes
ringe! bitte klingeln!; åh, jeg be(de)r! s. 7 B₃; vi var bedt u′d (ein=
geladen).

betyde (betü′\|dᵉ) bedeuten; betyder (~ʳ) — betød (betö′\|d)
— har betydet (~d).
    Det betyder ikke noget das hat nichts zu bedeuten.

bide (bī′d^e) beißen; bider (bī′|d^{er}) — bed (bē|d) — har bidt (bid).

Han havde bidt sig i (auf) tungen.

binde (be′n^e) binden; binder (be′n|^{er}) — bandt (ban|d) — har bundet (bo′n^ed).

Døren binder (klemmt); jeg tør ikke binde a'n med ham; han bandt mig noget på ærmet er band mir etwas auf.

blive f. 20 C_2; als Hilfsverb = werden, sonst = bleiben; bliver (bli′|w^{er}, bli|^r) - blev (bl^e|[w]) - er blevet (bl^e[w]^e d)

Bliv her lidt endnu!; han blev her længe; bliv ve'd med det! bleibe dabei!; hvor meget bliver (macht) det?; hvordan bliver en bog ti'l? wie entsteht ein Buch?

briste (bre′$\text{ß}d^e$) bersten, brechen; brister (~^{r}) — brast (braßd), a. bristede — har bristet (~d).

Hans øje brast; han bristede (od. brast) i latter er lachte herzlich, min tålmodighed er bristet meine Geduld ist zu Ende.

bryde (brū′d^e) brechen; bryder (brū′|d^{er}) — brød (brö|d) — har brudt (brud).

Bryde sit hoved med ngt. sich den Kopf mit etwas zerbrechen; han brød hurtigt a'f; bryde sig om ngt. 1. sich um etwas kümmern; 2. etwas mögen; brydes ringen, kämpfen.

byde (bū′d^e) bieten, gebieten; byder (bū′|d^{er}) — bød (bö|d) — har budt (bud).

Jeg lader mig ikke alting byde (gefallen); vi indbød (luden ein) dem til middag; hvem har budt dem velkommen? (willkommen geheißen); byd (biete an) hr. Petersen en cigar!

bære (bä′r^e) tragen; bærer (~^{r}) — bar (bā|^r) — har båret (bō′r^ed).

Han bar alle udgifterne; hvordan bærer du dig a'd? 1. wie machst du es?, 2. wie benimmst du dich?; vi bar o'ver (hatten Nachsicht) med dem.

drage (drā′g^e) ziehen (wandern), locken; drager (~^{r}) — drog (drō|g) — har (er) draget (~d); so auch: bedrage betrügen.

Mange folk drog til Italien; vil du drage omsorg (Sorge tragen) derfor; syden drager (lockt) os.

drikke (dre′g^e) trinken, saufen; drikker (~^{r}) — drak (drag) — har drukket (dro′g^ed).

Han drak sig fuld er hat sich betrunken; må jeg drikke Deres skäl! auf Ihr Wohl!

drive (drī′wᵉ) treiben; faulenzen; driver (drī′|wᵉʳ) — drev (drē|w) — har (er) drevet (drē′wᵉd).

Bonden drev køerne hjem; vi driver (faulenzen) hele dagen; drive omkri'ng herumschlendern; han har drevet det vidt (es weit gebracht); drivende våd pudelnaß.

falde (fa′lᵉ) fallen; falder (fa′l|ᵉʳ) — faldt (fal|d) — er (har) faldet (~d).

Han faldt i søvn er schlief ein; Hans er faldet i' (ob. i vandet); det falder bo′rt (weg).

fare (fā′rᵉ) fahren, stürzen, eilen („fahren" = køre, rejse; sejle); farer (~ʳ) — for (fō|ʳ) — er (har) faret (~d); erfare wird meistens regelmäßig konjugiert: erfarede. — for wird oft fo′r geschrieben, damit es nicht mit der Präposition for verwechselt wird.

De for ned ad trapperne; han er faret vild (hat sich verirrt); far vel!

finde (fe′nᵉ) finden; finder (fe′n|ᵉʳ) — fandt (fan|d) — har fundet (fo′nᵉd).

Han fandt på mange spilopper er dachte sich viele Streiche aus; det må ikke finde sted!; har du fundet ud af det (herausbekommen)?; det må du sandelig finde dig i das mußt du dir wirklich gefallen lassen.

flyde (flū′dᵉ) fließen, schwimmen; flyder (flū′|dᵉʳ) — flød (flö|d) — har (er) flydt (flüd).

Mit skrivebord flyder med bøger og papirer; hun talte flydende dansk; vandet flød o′ver.

flyve (flū′wᵉ) fliegen, eilen; flyver (flū′|wᵉʳ) — fløj (floⁱ|) — er (har) fløjet (floⁱ′-ᵉd).

Han fløj afsted er eilte davon; har (ob. er) du fløjet fra København til Ålborg?

fortryde (fortrū′|dᵉ) bereuen; fortryder (~ʳ) — fortrød (~trö′|d) — har fortrudt (~tru′d).

Jeg fortrød ikke, hvad jeg havde sagt; det skal du komme til at fortryde! du wirst es bereuen!

fryse (frū′ßᵉ) frieren; fryser (frū′|ßᵉʳ) — frøs (frö|ß) — har frosset (fro′ßᵉd).

Jeg fryser på hænderne mich friert an den Händen; det frøs 2° (grader) i nat; frosset ihje′l erfroren; frosset kød Gefrierfleisch.

fyge (fū′gᵉ) stieben, stöbern; fyger (fū′|gᵉʳ) — føg (foⁱ, fö|g) — har føget (foⁱ′-ᵉd, fö′gᵉd).

Gnisterne (Funken) fyger; huset er føget ti′l af sne das Haus ist eingeschneit.

få (fō|) bekommen, erhalten, kriegen; får (~r) — fik (feg)
— har fået (fō'ᵉd).

Jeg har ikke fået jeres brev; de fik bugt med vanskelighederne wurden fertig mit den Schwierigkeiten; gå ned og få (hole) mig en avis!; han har fået (genommen) sig et bad; vi har ikke fået noget at vide (nichts erfahren); jeg fik ham ikke at se; vi får (werden) se!; jeg kunde ikke få maden ne'd (herunterbringen); børnene fik lektier fo'r (auf) i skolen; se at få lidt fart på! beeile dich!; fik du kat i Holm? hast du H. erwischt?; få øje på ngt. etwas erblicken; den vare kan ikke mere fås.

få als Hilfsverb f. 18C₇.

gide (gī'dᵉ) mögen, Lust haben; gider (gī'|dᵉʳ) — gad (gā|d)
— har gidet (~d); wird mit Inf. ohne at konstruiert.

Gider du gøre det?; han har ikke gidet bestille (tun) ngt.; gider du hjælpe mig?; at du gider! daß du es fertigbringst!; jeg gad vide, om det er sandt; gid han vilde komme! f. 19 C₇.

give (gi', gī'wᵉ) geben; giver (gī|ʳ) — gav (gā|) — har givet (gĭd).

Hun gav sig a'f med at male; kan De give tilbage (ob. igen)? können Sie wechseln?; vi giver os til (fangen an) at spise; det er givet! selbstverständlich!

glide (glī'dᵉ) gleiten, rutschen; glider (glī'|dᵉʳ) — gled (glē|d)
— er (har) gledet (glē'dᵉd).

gnide (gnī'dᵉ) reiben; gnider (gnī'|dᵉʳ) — gned (gnē|d) —
har gnedet (gnē'dᵉd).

Jeg gned huden i'nd med kræm; han gned sig i hænderne er rieb sich die Hände.

gribe (grī'bᵉ) greifen; griber (grī'|bᵉʳ) — greb (grē|b) —
har grebet (grē'bᵉd).

Tyven blev grebet i går; han greb fat (faßte an) i hendes frakke; stykket er meget gribende (ergreifend).

---

16. Stunde

16 A   Strøgtur

Samme eftermiddag var Birte og Fritz allerede på tur i hovedstaden for at se på byen og dens seværdigheder. Fra Nørreport station gik de ned ad Nørregade. „Se, her er universitetets hovedbygning; de fleste studenter kommer dog sjældent her. Og kirken der er Frue kirke, Københavns domkirke. Bryder du dig om den?" — „Ja, den er vældig smuk, så jævn og stilfuld." — „Kirken med det kønne spir er Petri kirke, den tyske kirke, og nu kommer vi ned på strøget." Fritz lo: „Hvad betyder det?" — „Strøget er byens hovedgade, hvor de fine forretninger ligger og hvor tusinder af folk træffer hinanden og promenerer, når det er strøgtid ved 5-tiden. Hver eneste by, selv den mindste stationsby, har for resten sit strøg." På Rådhuspladsen sad de først i en fortovskafé og så lidt på rådhuset. Senere gik de hele strøget igennem op til Kongens nytorv. Fritz morede sig over de flotte butiksudstillinger, over den livlige færdsel og det muntre, utvungne folkeliv. Fra Kongens nytorv gik de ned til Slotsholmen og passerede Christian IV's gamle børs. „Her er Christiansborg slot med rigsdagen", sagde Birte, „og der er Gammelstrand, hvor fiskerkonerne sidder og sælger fisk". — „Hvad hedder den gule bygning derovre? jeg tror, jeg kender den fra billeder." — „Det gør du nok, for det er Thorvaldsens museum."

Fritz nød turen. „Sikke mange cykler her er", sagde han, „og de er næsten alle sorte og har høje styr." — „Ja, her cykler vi alle", svarede Birte stolt, „i København alene er der en halv million cykler." — „Uha, det var voldsomt!" Fritz morede sig også over de mange automater, hvor man kunde få alt, smørrebrød, kaffe, strømper, frugt, cigaretter, films osv. „Hvor er der mange aviser", sagde han, „alle mennesker læser ivrigt. De danske blade er også meget større end de tyske."

„Kom, lad os drikke en kop kaffe og spise et stykke wienerbrød dertil, — eller vil du hellere have en flødeskumskage, Fritz?" — „Begge dele, Birte!" — „Ih hvor er

du grådig!" De satte sig ind i et konditori. Før de skulde
til at betale, sagde Birte: „Husk nu, at man i Danmark
giver 12½% i drikkepenge." — „Det er virkelig uprak-
tisk!" — „Ja, det har du ret i, men det er nu engang
sådan."

strøgtur (ḫdroi'-tū|ᵗ), -e	„Strög"=Bummel	IV's = den fjerdes	
strøg n, —	Hauptſtraße	børs (bör|ḫ), -er	Börſe
på tur	unterwegs	fisker (fe'ḫgeʳ), -e	Fiſcher
seværdighed (ḫe-wä'r|diḫē|d), -er	Sehens-würdigkeit	fisk (feḫg), -	Fiſch
Frue kirke	Frauenkirche	billede (be'ledᵉ) n, -r	Bild
bryde sig o'm	mögen	nok (nog)	ſchon
vældig (wä'ldi)	ſehr, gewaltig	for (foʳ)	denn
jævn (jäᵘ|n)	einfach, ſchlicht	Thorvaldsen (to'rwalḫᵉn)	Bildhauer
stilfuld (ḫdĭ'lful|)	ſtilvoll	sikke (ḫe'gᵉ)	ſ. 8 C₄
køn (kön|)	ſchön	styr (ḫdû|ᵗ) n, —	Lentſtange
promenere (promenē'|rᵉ), -ede	promenieren	stolt (ḫdol|d)	ſtolz
stationsby	Dorf mit Bahnſtation	uha! (ü'ha)	oh! ach je!
for resten	übrigens	voldsom (wo'lḫom|)	gewaltig
fortovskafé (fo'rtoᵘḫ...)	Kaffeehaus-terraſſe, Trottoircafé	automat (aᵘtomā'|d), -er	Automat
flot (flod)	fein, ſchick	ivrig (iᵘ'ri)	eifrig
udstilling (u'd-ḫdel|enᵍ), -er	Ausſtellung, Fenſterauslage	flødeskum (flȫ'dᵉ-ḫgom|) n	Schlagſahne
livlig (liᵘ'li)	lebhaft	grådig (grȫ'di)	gefräßig
utvungen (u'twonᵍ|ᵉn)	ungezwungen	konditori (konditorī'|) n, -er	Konditorei
Slotsholm (ḫlo'dḫ-hol|m), -e	Schloßinſel	skulle til at	gerade ſollen
passere (paḫē'rᵉ), -ede	paſſieren	% = procent (proḫä'n|d)	v. H.
		drikkepenge pl.	Trinkgeld
		have ret	recht haben
		nu engang	nun mal

16 B Øvelse

Prøv at skrive stykket efter diktat.

Dan sætninger til de i grammatikken nævnte verber.

Fortæl, hvad De har oplevet (erlebt) i København, eller
hvad De ved om Danmarks hovedstad.

Oversæt til dansk: Die Rathausuhr ſchlug 9, als der
König über den Platz ritt. — Fritz ſaß gemütlich im Café,
trank ſeinen Kaffee und rauchte eine dicke Zigarre. — Wie
hieß das Schloß, das auf der Inſel lag? — Das kleine
Mädchen fiel auf der Straße, als ſie zu ſchnell lief, und

weinte fehr. — Ein freundlicher Polizist half ihr und hielt ihr die Hand. — Jch sah sofort, daß er log.

Polizist (politi)betjent (politi'betjä|'nd), -e

Grammatik

Fortsetzung der starken Verben

16 C

græde (græ'd^e) weinen; græder (græ'|d^{er}) — græd (græ|d) — har grædt (gräd).

Det er ikke noget at græde for (od. over)! darüber sollst du nicht weinen!

gyse (gü'ß^e) schaudern; gyser (gü'|ß^{er}) — gøs (gö|ß) od. gyste — har gyst (gü|ßd).

Jeg gyser mich (od. mir) schaudert, vgl. 20 C$_5$.

gælde (gä'l^e) gelten; gælder (gä'l|^{er}) — gjaldt (gjal|d) od. gældte — har gældt (gäl|d) od. gjaldt; regelmäßig: gengælde vergelten, und undgælde entgelten, -te.

Det gjaldt dig!; her gælder det om at passe på hier heißt es aufpassen.

gå (gō|) gehen, vergehen; går (gō|^r) — gik (gig) — er (har) gået (gō'^{e}d); so auch: undgå entgehen; omgås verkehren mit (Jmp.: omgikkes).

Solen går ne'd (unter); hvilket stykke går (wird gespielt) i biografen?; det går nok! es wird schon gehen!; lad gå! meinetwegen!; uret er gået i stå' die Uhr steht; gå i sty'kker (od. itu) kaputtgehen; han går med (trägt) hat, sko, frakke usw.; vi fik tiden til at gå wir vertrieben die Zeit; hvordan går det dig?; hvad gik der af ham? was war mit ihm los?; greven går ige'n (geht um, spukt); nu går det op for mig jetzt begreife ich es; det går o'ver (vorüber); forretningen kan lige gå rundt das Geschäft geht grade. — Zustandsbezeichnung: han går og synger er singt dauernd.

hedde (he'd^e) heißen; hedder (he'd|^{er}) — hed (hē|d) — har heddet (he'd^{e}d).

Hvad (wie) hed han?; det er der ikke noget der hedder! davon kann keine Rede sein; a. ein solches Wort gibt es nicht.

hive (hī'w^e) ziehen, werfen; hiver (hī'|w^{er}) — hev (hē|w) — har hevet (hē'w^{e}d).

Hiv trossen over bord!; han hiver efter vejret er keucht.

hjælpe (jä'lb^e) helfen; hjælper (jä'l|b^{er}) — hjalp (jal|b) — har hjulpet (jo'lb^{e}d).

Må jeg hjælpe Dem?; skal vi hjælpes ad? wollen wir uns gegenseitig helfen?; han hjalp ti'l (war behilflich) i butikken.

holde (ho'lᵉ) halten; holder (ho'l|ᵉʳ) — holdt (hol|d) — har holdt.

Det gode vejr holder sig nok!; jeg kunde ikke holde ham (od. det) u'd; hold mund!; hold til højre! rechts fahren!; jeg holder a'f ham ich mag (liebe) ihn; jeg holder af København Kopenhagen gefällt mir, ich bin gern in Kopenhagen; han holdt mig med selskab i går (leistete mir Gesellschaft).

hænge (hä'ng-ᵉ) hängen (intrans., vgl. 17C₂); hænger (hä'ng|ᵉʳ) — hang (hang|) — har hængt (häng|d).

Frakken hang på knagen (Haken); han hænger med næbbet er läßt den Kopf hängen; jeg hænger på den! (Umgangssprache) ich bin in der Patsche; hæng i', min dreng! nur fleißig!

jage (jā'gᵉ) jagen; jager (-ʳ) — jog (jō|[g]) od. jagede (-dᵉ) — har jaget (-d); in der Bedeutung: „auf die Jagd gehen" immer jagede.

Jægeren jagede agerhøns (Rebhühner) og harer (Hasen); han jog mig bort.

klinge (kle'ng-ᵉ) klingen; klinger (-ʳ) — klang (klang|) od. klingede — har klinget (-d).

Klokken klang over dalen.

knibe (knī'bᵉ) kneifen; kniber (knī'|bᵉʳ) — kneb (knē|b) — har knebet (knē'bᵉd).

Det kniber es hapert; det kneb for os es fiel uns schwer, wir schafften es kaum; han kunde lige knibe sig igennem (sich durchbeißen, -setzen); han kneb udenom er drückte sich.

komme (ko'mᵉ) kommen; kommer (ko'm|ᵉʳ) — kom (kom|) — er (od. har) kommet (-d).

Han kommer (tut) sukker i kaffen; vi kom til at le, da han kom til at vælte kaffekanden wir mußten lachen, als er versehentlich die Kaffeekanne umstieß; jeg kommer i tanker om ngt. etwas fällt mir ein, ich komme auf eine Sache; vi kom ud for en masse spændende oplevelser wir hatten eine Menge spannende Erlebnisse; hun kom gående (s. 18 C₇); jeg kom for sent til toget ich verpaßte den Zug; jeg kom mig (genas, erholte mich) efter min sygdom, da jeg var kommet a'f med feberen (als ich das Fieber los geworden war); komme galt af sted übel ankommen, Pech haben; kom ind! herein!; kom med min bog! her mit meinem Buch!; drengene kom op at slås (gerieten sich in die Haare); det kommer ikke os ved! es geht uns nichts an!

krybe (krü'bᵉ) kriechen; kryber (krü'|bᵉʳ) — krøb (krö|b) — er (od. har) krøbet (krö'bᵉd).

Vi krøb i skjul (versteckten uns); hun kryber sa'mmen (kauert zusammen) i hjørnet.

lade (la, lā′d^e) laſſen; ſcheinen, tun; lader (lā|ʳ, lā′|d^{er}) — lod (lō|d) — har ladet (lā′d^{e}d) od. ladt (lad); wird mit Inf. ohne at verbunden (lade, -ede laden).
> Jeg lader ham komme; lad ham om det! das iſt ſeine Sache!; lad gå! meinetwegen!; lad os gå! gehen wir!; han lader ikke være med at drille er läßt das Neden nicht; lad mig være! laß mich in Ruhe!; han lod som om (tat als ob) han var syg; det lader til at (ſcheint, daß) vejret bliver koldere; lad (tun Sie) som om De var hjemme!; vi lader som ingenting wir tun, als wenn nichts los wäre.

le (lē|) lachen; ler (~ʳ) — lo (lō|) — har let (lē|d).
> Hun lo ad (über) mig; han ler af fuld hals (Kehle).

lide (lī′d^e) leiden; (lī|) mögen, gern haben; lider (lī′|d^{er}) — led (lē|d) — har lidt (lid).
> Det kan jeg lide das gefällt mir; jeg kunde ikke lide ham ich mochte ihn nicht; hun led forfærdeligt (ſchrecklich) af hovedpine.

ligge (le′g^e) liegen (ſ. lægge, 14 C$_1$); ligger (~ʳ) — lå (lō|) — har ligget (~d).
> Han ligger og læser (Zuſtandsbezeichnung); vi lå på la′ndet i Sydfyn wir waren in der Sommerfriſche auf Südfünen.

lyde (lü′d^e) (er)tönen, (er)klingen, lauten; (= adlyde) ge= horchen; lyder (lü′|d^{er}) — lød (l|ȫd) — lydt (lüd\.
> Sangen lyder (klingt) ikke godt; det lød som om han græd; papirerne lød på mit navn.

lyve (lü′w^e) lügen; lyver (lü′|w^{er}) — løj (loⁱ|) — har løjet (loⁱ′-^{e}d).
> Lyve for én jemanden belügen.

løbe (lȫ′b^e) laufen, rennen; løber (lȫ′|b^{er}) — løb (lȫ|b) — er (od. har) løbet (~d).
> Vandet har løbet hele formiddagen; Peter løb sin vej (lief davon). Børnene løber og leger (Zuſtand); det løber fuldstændig rundt for mig ich bin verwirrt, mir ſchwindelt; mine penge kan lige løbe rundt ich komme gerade mit dem Geld aus; hesten kom løbende (18 C$_6$).

nyde (nü′d^e) genießen, verzehren; nyder (nü′|d^{er}) — nød (nȫ|d) — har nydt (nüd).
> Vi nyder tilværelsen (Daſein); vi havde kun nydt (getrunken) eet glas øl; jeg skal ikke nyde noget! ich kann mich beherrſchen!

nyse (nü′ß^e) nießen; nyser (nü′|ß^{er}) — nøs (nȫ|ß) od. nyste — har nyst (nü|ßd).

pibe (pī′b^e) pfeifen, heulen; piber (pī′|b^{er}) — peb (pē|b) — har pebet (pē′b^{e}d).
> Skuespilleren blev pebet u′d (ausgepfiffen); hvad piber (heulſt) du for?

ride (rī′d^e) reiten; rider (rī′|d^{er}) — red (rē|d) — er (od. har) redet (rē′d^{e}d).

rinde (reˊnᵉ) rinnen, fließen (gebräuchlicher: flyde, løbe); rinder (reˊn|ᵉʳ) — randt (ran|d) — er rundet (roˊnᵉd).

Værelser med rindende (fließend) koldt og varmt vand.

rive (rīˊwᵉ) reißen, kratzen; harken; river (rīˊ|wᵉʳ) — rev (rē|w) — har revet (rēˊwᵉd).

Han har revet sig på (an) et søm (Nagel); gartneren rev (harkte) havegangen pænt.

ryge (rüˊgᵉ) rauchen; fahren, flitzen; ryger (rüˊ|gᵉʳ) — røg (roⁱ|) — har (od. er) røget (roⁱˊ-ᵉd).

Jeg ryger een cigar om dagen; hun røg af sted sie rannte davon; ryge i hårene på hinanden sich in die Haare geraten.

se (ßē|) sehen, gucken, blicken; ser (ßē|ʳ) — så (ßō|) — har set (ßē|d).

Se, hvor han løber!; se tiden aˊn abwarten; han så sig ikke for (sich in acht nehmen); se op til os! besuche uns!

sidde (ße'dᵉ) sitzen; sidder (ße'd|ᵉʳ) — sad (ßā|d) — har siddet (ße'dᵉd).

Han sidder og tænker (Zustand); nøglen sad fast i låsen der Schlüssel steckte im Schloß; vi blev roligt siddende (18 C₆); Larsens sidder ganske godt i det L. leben in guten Verhältnissen.

skride (ßgrīˊdᵉ) schreiten; Auto: schleudern; skrider (ßgrīˊ|dᵉʳ) — skred (ßgrē|d) — er (od. har) skredet (ßgrēˊdᵉd).

Sagen er langt fremskreden; politiet skred iˊnd (einschreiten, vorgehen).

skrige (ßgrīˊ[g]ᵉ) schreien; skriger (ßgrīˊ|[g]ᵉʳ) — skreg (ßgraⁱ|) — har skreget (ßgraⁱˊ-ᵉd).

Børnene skreg i vilden sky (aus voller Kehle); det var en skrigende farve.

skrive (ßgrīˊwᵉ) schreiben; skriver (ßgrīˊ|wᵉʳ) — skrev (ßgrē|w) — har skrevet (ßgrēˊwᵉd).

Kontordamen skrev brevet på maskine (od. maskinskrev brevet); navneord skrives med småt Subst. werden kleingeschrieben.

skyde (ßgüˊdᵉ) schießen; skyder (ßgüˊ|dᵉʳ) — skød (ßgö|d) — har skudt (ßgud).

Kanonen skyder meget langt; jeg skød bag på vognen ich schob den Wagen (von hinten); han har skudt papegøjen er hat das große Los gewonnen; soldaten blev skudt (erschossen); vi skød genvej wir schnitten ein Stück Weg ab.

skære (ßgāˊrᵉ) schneiden (mit Messer; sonst: klippe mit Schere); skærer (‿ʳ) — skar (ßgā|ʳ) — har skåret (ßgōˊrᵉd).

Han skar sig i fingeren; mor er ved at skære en pakke mad Mutter macht ein Frühstückspaket zurecht; har du skåret bogen oˊp?; jeg skar ham neˊd billedlich: ich legte ihn herein.

17. Stunde

På museum i København 17 A

For den, der interesserer sig for kunst, historie, folkeminder, gamle våben o.s.v., er der uhyre meget at se i Københavns talrige museer. Byen selv rummer mange smukke bygninger, især i renæssancestil, i barok og fremfor alt i klassicisme; de fleste bygninger fra middelalderen er desværre ødelagt p. gr. af talrige ildebrande.

Fritz besøgte i de første dage af sit ophold en masse museer. Han var inde på det lille lystslot Rosenborg og så de danske kongers rige og pragtfulde samlinger af sølv, glas, porcellæn, smykker. Her er også rigets kostbare klenodier, kronregalierne. Han så malerisamlingerne i Statens museum for kunst, hvor man allerbedst kan studere den danske malerkunst, især fra romantikken til vore dage. I Glyptoteket er der både skulptur og malerkunst, ikke blot dansk, men også fremmed kunst, f.eks. en fremragende samling franske malerier og romerske portrætbuster.

Et dybt indtryk gjorde Thorvaldsens museum på Fritz. Bygningens stil er karakteristisk. I gården ligger den verdensberømte billedhugger begravet i en jævn og enkel grav. Hans utallige billedhuggerværker er opstillede i selve bygningen, både i gips og marmor. „Men så skal du komme med ind i Frue kirke", sagde Birte, „der står hans 12 apostle og den berømte Kristusfigur". — „Ja, den kender jeg godt, den ser man tit kopieret i Tyskland."

Interessantest var dog det største museum, Nationalmuseet, lige over for Christiansborg slots ridebane og Marmorbroen. „Hvis du vil se hele samlingen", fortalte

Birte, „må du gå flere timer, ja dage omkring. Ialt er det en vandring på 5—6 km gennem alle rum." „Uha, uha, det bliver sandelig for meget af det gode! Hvilken afdeling skal vi helst se?" — „Det kommer an på hvad du mest interesserer dig for. Der er en fin etnografisk samling, hvor der f.eks. er mange udmærkede ting fra Grønland. Så er der Dansk folkemuseum med folke- og bondekultur, interiører fra bondestuer, folkedragter, redskaber osv.; men mest berømt er dog de danske samlinger." — „Ja, lad os se dem!" udbrød Fritz. De så så oldtidssamlingen: stenalderen med køkkenmøddinger og ravsmykker, broncealderen med egekister, hvori de begravede endnu ligger, forholdsvis velbevarede. De så de bekendte lurer og solvognen, og fra senere tid guldhornene, flere runesten, den store sølvkedel fra jernalderen og mange andre ting. — „Nu er jeg træt", sagde Fritz, „en anden gang kan vi se middelaldersamlingen og afdelingen for den nyere tid." — „Ja, og hvis du gider, kan vi en anden dag gå i Tøjhuset og se våbensamlingen." — „Jeg vil hellere se noget andet." — „Godt, så kan vi i morgen gå i Teatermuseet eller i Kunstindustrimuseet."

kunst (ton|ßd), -er	Kunſt
folkeminde (fo′lge-mene) n, -r	Volfserinnerung, =überlieferung, „Volfstunde"
våben (wö′|ben) n, -er	Waffe
uhyre (uhū′re)	ungeheuer
talrig (ta′lrl|[g])	zahlreich
rumme (ro′me), -ede	enthalten
renæssance (renäßa′nꜩe)	Renaiſſance
barok (baro′g)	Barock
fremfor alt	vor allem
klassicisme (tlaßißi′ßme)	Klaſſizismus
ødelagt (ö′delagd)	zerſtört
p. gr. af = på grund af	wegen
ildebrand (i′lebran|) -e,	Feuersbrunſt
ophold (o′bhol|) n,	Aufenthalt
masse (ma′ße), -r	Menge
lystslot (lö′ßdßlod) n, -te	Luſtſchloß
samling (ßa′mleŋ), -er	Sammlung
sølv (ßöl) n	Silber
glas (glaß) n	Glas
porcel(l)æn (porßelä′|n)	Porzellan
smykke (ßmö′ge) n, -r,	Schmuck
rige (rī′ge) n, -r	Reich
kostbar (to′ßdbā|r)	koſtbar
klenodie (tlenō′|-di-e) n, -r	Kleinod
kronregalier (trō′n- regā|li-er) pl.	Königs=, Reichsinſignien
maleri (maleri′|) n, -er	Gemälde

Læsestykke — 17. Stunde

stat (ẞdá|d), -er Staat
malerkunst Malerei, Malkunst
romantik (romanti'g) Romantik
glyptotek (glübto- Glyptothek
  tē'|g) n, -er
skulptur (ẞgulbtū'|ʳ) -er, Skulptur
fremmed (frä'mᵉd) fremd, aus-
                ländisch
fremragende (frä'm- hervorragend
  rā|gᵉnᵉ)
fransk (fran|ẞg) französisch
romersk (rō'|mᵉʳẞg) römisch
portræt (porträ'd) Porträt
  n, -ter
buste (bū'ẞdᵉ), -r Büste
indtryk (e'ntrёg) n, — Eindruck
karakteristisk (karag-
  teri'ẞdiẞg)
billedhugger (be'led- Bildhauer
  hogᵉʳ), -e
begrave (begrā'|wᵉ), beerdigen
  -ede
enkel (ä'nᵍ|gᵉl) einfach
grav (grā|w), -e Grab
utallig (uta'l|i) unzählig
værk (wärg) n, -er Werk
opstille (o'bẞdel|ᵉ), aufstellen
  -ede
gips (gibẞ) Gips
marmor (ma'ʳt|moʳ) n Marmor
apostel (apo'ẞdᵉl), -stle Apostel
Kristusfigur(tre'ẞduẞ- Christusfigur
  figū|ʳ), -er
kopiere (kopi-ē'|rᵉ), kopieren
  -ede
national (naẞjonā'|l) national
ridebane (ri'dᵉ- Reitbahn
  bānᵉ), -r

bro (brō|), -er Brücke
vandring (wa'n- Wanderung
  drenᵍ), -er
rum (rom|) n, — Raum
afdeling (aᵘ'dē|- Abteilung
  lenᵍ), -er
ting (tenᵍ|), — Ding, Sache
Grønland (grö'nlan|) n Grönland
bonde (bo'nᵉ), bønder Bauer
interiør (enteri-ö'|ʳ) Innenansicht
  n, -er
dragt (dragd), -er Tracht
redskab (re'dẞgā|b) Gerät
  n, -er
oldtid (o'lti|d) Altertum
stenalder (ẞdē'n- Steinzeit
  al|ᵉʳ)
køkkenmødding Abfallhaufen
  (kö'gᵉnmödenᵍ), -er
rav (raᵘ) n Bernstein
bronce (bro'nẞᵉ) Bronze
egekiste (ē'geˡtiẞdᵉ), Eichbaumsarg
  -r
forholdsvis (fo'r- verhältnis-
  holẞwī|ẞ) mäßig
bevare (bewā'|rᵉ), erhalten
  -ede
lur (lū|ʳ), -er Blashorn,
             Lure
guldhorn(gu'lhoʳ|n) goldenes Horn
  n, —
runesten (rū'nᵉ- Runenstein
  ẞdē|n), —
kedel (te'dᵉl), -dler Kessel
jern (jär|n) n Eisen
tøjhus (toi'hū|ẞ) n, -e, Zeughaus
kunstindustri Kunstgewerbe
  (ko'nẞdenduẞdri|)

Øvelse 17 B

Skriv stykket efter diktat.

Dan sætninger med de i grammatikken nævnte verber.

Oversæt til dansk: Hast du Herrn Petersen getroffen?
— Nein, er schlief noch, als ich ihn besuchte. — Der Zahn-
arzt zog den Zahn aus. — Die Mutter ließ den Teller
fallen, als mein Bruder unerwartet in die Stube trat. —
Der Kaufmann stand hinter dem Ladentisch. — Wir haben

selbstverständlich die Wette gewonnen. — Die Sängerin hat gestern ganz wunderbar gesungen; ich war sehr begeistert. — Jrrst du dich nicht?

| Zahnarzt | tandlæge, -r | Ladentisch | disk, -e |
| unerwartet | uventet | Wette | væddemål n, — |

17 B₂   Danske udtryk

tilbage = zurück; aber: der er to æbler tilbage (übrig); vi har een kilometer tilbage wir haben noch einen Kilometer zu gehen.

gal: du må være gal! (verrückt, toll); er du gal, mand! (Mensch!); han blev gal (i hovedet) (wütend); det er galt (falsch); den gale (verkehrte) medicin.

morsom: det var dog en morsom (komisch, spaßhaft) mand; vi har det morsomt wir amüsieren uns gut; morskab = Spaß.

sjov: ulkig; han er sjov; lave sjov Ulk treiben; gå på sjov ausgehen, bummeln gehen; for sjov aus Spaß.

høj = 1. hoch, 2. laut: et højt hus, en høj klang.

spille = spielen (Musik, Karten); lege = spielen (von Kindern).

det har han rigtig godt af das schadet ihm gar nichts; hvad skal vi bestille? (anfangen); han blev ved at arbejde er fuhr damit fort zu arbeiten; vi er i færd med (dabei) at skrive et brev.

travl = sehr beschäftigt; jeg har travlt ich habe es eilig; travlhed Geschäftigkeit, Eile; juletravlhed Hochbetrieb zu Weihnachten.

dyne = (Daunen)bett; klit = Düne; klint = Steilküste.

han er blevet forlovet (gift) er hat sich verlobt (verheiratet), auch: han har forlovet (giftet) sig; de er gift (verheiratet); de skal giftes i morgen sie heiraten morgen.

meget = viel, sehr; det var meget morsomt es war ganz nett (aber meget betont: sehr).

Grammatik

Fortsetzung der starken Verben 17 C₁

slibe (ḫlī'bᵉ) schleifen — sliber (ḫlī'|bᵉʳ) — sleb (ḫlē|b) — har slebet (ḫlē'b d).

slide (ḫlī'dᵉ) sich abmühen; abnutzen, abtragen; reißen; slider (ḫlī'|dᵉʳ) — sled (ḫlē|d) — har slidt (ḫlid).
Arbejderen sled fra morgen til aften; det slider på humøret die Laune vergeht dabei; han sled to par sko o'p sidste år; trappen er noget slidt; hunden slider (reißt) sig løs.

slippe (ḫle'bᵉ) loslassen; fallen lassen; davonkommen, (ent=) schlüpfen; slipper (ḫle'bᵉʳ) — slap (ḫlab) — har sluppet (ḫlo'bᵉd).
Han slap sit tag (Griff) i rebet; slip mig!; pengene er sluppet op das Geld ist alle; hvor slap vi sidste gang? wo sind wir stehenge= blieben?; hunden slap fra ham; så let slipper du ikke!; vi slap godt over gaden.

slå (ḫlō|) schlagen, hauen; slår (ḫlō|ʳ) — slog (ḫlō|[g]) — har slået (ḫlō'ᵉd).
Far slog i bordet (auf den Tisch); vasen er slået i stykker; slå på tråden til mig! (Umgangsspr.) rufe mich an!; slå ti'l! schlag zu (od. los)!; pengene slår ikke ti'l (reicht nicht); bonden slår (mäht) græs; der blev slået to ruder i'nd zwei Scheiben wurden eingeworfen; slog du dig?; vi vil ordentlig slå os lø's (bummeln gehen) i aften!; slå dig til ro! beruhige dich!

smide (ḫmī'dᵉ) schmeißen (gebildeter: kaste werfen); smider (ḫmī'|dᵉʳ) — smed (ḫmē|d) — har smidt (ḫmid).
Vi blev smidt u'd; han smider pengene ud ad vinduet er wirft das Geld weg.

snige (ḫnī'gᵉ) schleichen; sniger (ḫnī'|gᵉʳ) — sneg (ḫnē|g) — har sneget (ḫnē'gᵉd).
Jeg sneg mig stille bort.

snyde (ḫnū'dᵉ) betrügen; schneuzen, putzen; snyder (ḫnū'|dᵉʳ) — snød (ḫnö|d) — har snydt (ḫnüd).
Han snød os tykt (sehr); kan jeg ikke snyde mig fra det (sich drücken)?; jeg snyder (besser: pudser) min næse.

sove (ḫoᵘ'-ᵉ) schlafen; sover (ḫoᵘ'|ᵉʳ) — sov (ḫoᵘ|) — har sovet (ḫoᵘ'-ᵉd).
Vi lagde os til at sove kl. 10; du sover jo indvendig! du schläfst mit offenen Augen!; jeg er udsovet nu; vi sov o'ver os i morges (sich ver= schlafen); sove til mi'ddag Mittagsschlaf halten.

spinde (ḫbe'nᵉ) spinnen; spinder (ḫbe'n|ᵉʳ) — spandt (ḫban|d) — har spundet (ḫbo'nᵉd).

springe (ßbre′ng-ᵉ) springen; platzen; springer (ßbre′ng|ᵉʳ) — sprang (ßbrang|) — har (oð. er) sprunget (ßbro′ng-ᵉd).

Han sprang hen og købte en cigar; bomben springer.

stige (ßdī′[g]ᵉ) steigen; stiger (ßdī′|gᵉʳ) — steg (ßdē|g) — er (oð. har) steget (ßdē′gᵉd).

Flyvemaskinen stiger op; stig ned fra stolen, Peter!; vandet stiger.

stikke (ßde′gᵉ) stechen, stecken; stikker (~ʳ) — stak (ßdag) — har stukket (ßdo′gᵉd).

Bien har stukket mig i fingeren; han er stukket a′f (abgehauen, getürmt); stik i rend! laufe!; stik hen til bageren laufe schnell zum B.; jeg stak (stedte) tokronen i lommen; vi fik stukket en bog u′d uns wurde ein Buch in die Hand gedrückt; han stak mig en lussing gab mir eine Ohrfeige.

stinke (ßde′ngᵉ) stinken (gebildeter: lugte); stinker (ßde′ng|-gᵉʳ) — stank (ßdang|g) — har stinket (ßde′ngᵉd).

stjæle (ßdjä̆′lᵉ) stehlen; stjæler (ßdjä̆′|lᵉʳ) — stjal (ßdjǟ|l) — har stjålet (ßdjȫ′lᵉd).

stride (ßdrī′dᵉ) streiten; strider (ßdrī′|dᵉʳ) — stred (ßdrē|d) — har stridt (ßdrid).

Det kan der ikke strides om; det er stridende mod god tone.

stryge (ßdrū̄′gᵉ) streichen; plätten; stryger (ßdrū̄′|gᵉʳ) — strøg (ßdroⁱ|) — har strøget (ßdroⁱ′-ᵉd).

Hun strøg ham over håret; mine flipper bliver strøget i vaskeriet; forretningen går strygende (glänzend, flott).

stå (ßdō̄|) stehen; står (~ʳ) — stod (ßdō̄|d) — har stået (ßdō̄′-ᵉd).

Uret stod stille (blieb stehen); han står og saver brænde (Brennholz) (Zustand); sålænge det står på′ (dauert); soldaten står ret (stramm); hvem står for styret her? wer ist Leiter hier?; have ngt. at stå imod med Reserven haben; stå o′p, Åge!; solen står (geht) op; hvordan står det ti′l? wie geht′s?; det er Petersen som han står og går (wie er leibt und lebt).

svide (ßwī′dᵉ) versengen, **svie** (ßwī′-ᵉ) brennen; svi(d)er (ßwī′|[d]ᵉʳ) — sved (ßwē|d) — har svedet (ßwē′dᵉd) oð. sviet (ßwī′|ᵉd).

Græsset er helt afsvedet; hun sved maden; røgen svier i øjnene.

svinde (ßwe′nᵉ) schwinden, abnehmen; svinder (ßwe′n|ᵉʳ) — svandt (ßwan|d) — har (oð. er) svundet (ßwo′nᵉd).

Det svinder i bunken (Haufen); han forsvandt fra byen; svinde i′nd einschrumpfen.

Grammatik — 107 — **17. Stunde**

svinge (ßwe'ng-ᵉ) schwingen, biegen; svinger (ßwe'ng|ᵉʳ) — svang (ßwang|) od. svingede — har (od. er) svunget (ßwo'ng-ᵉd) od. svinget.

Vognen svingede (bog) om hjørnet; dragonen svang sin sabel; priserne svinger (schwanken); han har svunget sig o'p (sich emporgeschwungen).

sværge (ßwä'rgᵉ) schwören; sværger (~ʳ) — svor (ßwō|ʳ) — har svoret (ßwō'rᵉd).

Han svor en falsk ed; du må ikke sværge og bande (fluchen).

synge (ßö'ng-ᵉ) singen; synger (ßö'ng|ᵉʳ) — sang (ßang|) — har sunget (ßo'ng-ᵉd).

synke (ßö'ngᵉ) sinken, verschlingen, (ver)schlucken (s. 17 C₂); synker (ßö'ng|gᵉʳ) — sank (ßang|g) — har (od. er) sunket (ßo'ngᵉd).

Skibet sank til bunds; han synker maden; huset synker (sackt).

tage (ta, tā'gᵉ) nehmen; fahren, reisen; tager (tā|ʳ, tā'gᵉʳ) — tog (tō|[g]) — har (er) taget (tā'[g]ᵉd).

Han tog fejl af toget er nahm den falschen Zug; vil I tage fa't? (zupacken, anfassen); tag fo'r jer af retterne! bitte, langt zu!; jeg tog (machte) eksamen; det tager lang tid es dauert lange; han tog godt imod os er empfing uns gut; vi er taget i'nd (abgestiegen) på hotel Postgården; tag os det ikke ilde o'p (übelnehmen); min kone tog to pund på' (zunehmen); tag hatten på'! bitte hut aufsetzen!; hun tog sig rørende af børnene (annehmen); det tager sig godt u'd es macht sich.

In der Bedeutung „reisen" nur mit Präpositionsverbindung od. Ortsadverb: tage med toget (damper, flyver), på cykel; vi tog fra København til Ålborg; jeg tager væk (od. afsted, hjem); dagegen: rejser du i morgen?; jeg rejste (od. kørte) tre timer.

In der Umgangssprache beim Imperativ wird tage oft auffordernd od. bittend gebraucht (wird nicht übersetzt): tag (ta') og hjælp mig lidt!; vil I ikke ta' og gå med; nu skal du ta' og forsvinde! mache, daß du fortkommst!

tie (tī'-ᵉ) schweigen; tier (~ʳ) — tav (taᵘ|) — har tiet (~d).

Ti stille! ruhig!, schweige!; han blev tiet ihjel (totgeschwiegen).

træffe (træ'fᵉ) treffen; træffer (~ʳ) — traf (traf) — har truffet (tro'fᵉd).

Jeg traf hende ganske tilfældigt; træffe på én jemanden zufällig treffen; træffer jeg ministeren? ist der Herr M. zu sprechen?; „Træffes mellem 9—14" Sprechstunde ...; føle sig truffen (getroffen).

trække (træ'gᵉ) ziehen (in der Bedeutung „wandern" = drage); trækker (~ʳ) — trak (trag) — har trukket (tro'gᵉd).

Det trækker her i stuen; han trak uret o'p; tanden blev trukket u'd; du trækker på skulderen (die Achsel zucken); det trak o'p til torden (ein Gewitter zog heran), men heldigvis trak det o'ver (hat es sich verzogen); det trækker længe u'd es zieht sich hin; den syge trækker vejret (atmet) regelmæssigt; trække (schöpfen) frisk luft; hun trak sin strømpe a'f (aus).

tvinge (twe'ng-^{e}) zwingen; tvinger (twe'ng|^{er}) — tvang (twang|) — har tvunget (two'ng-^{e}d).

Han tvang (setzte) sin idé igennem; tvingende grunde.

vige (wī'g^e) weichen; viger (wī'|g^{er}) — veg (wē|g) — er (od. har) veget (wē'g^{e}d).

Hunden veg ikke fra stedet; hæren måtte vige tilbage; vige til side ausweichen.

vinde (we'n^e) gewinnen; vinder (we'n|^{er}) — vandt (wan|d) — har vundet (wo'n^{e}d).

Han vandt boksekampen; mit ur vinder (geht vor); det har vundet (gefunden) bifald overalt.

vride (wrī'd^e) ringen, drehen; vrider (wrī'|d^{er}) — vred (wrē|d) — har vredet (wrē'd^{e}d).

Han vred sine hænder; vride tøj wringen; vride nøglen o'm den Schlüssel umdrehen; jeg vrider (sträube) mig ved at gøre det; de vred sig (wälzten sich) af latter.

være sein, s. 3 C$_1$; regelmäßig: overvære, -ede beiwohnen, und undvære, -ede entbehren.

Hvad vil du være (werden)?; hvordan kan det være? wie kommt das?; det kan nok være, at vi lo! wir haben aber gelacht!; lad være med det! laß sein!; hvad er den a'f? was soll das bedeuten?; er du med? verstanden?; være ti'l existieren, sein; være i færd med ngt., være ved at gøre ngt. dabei sein, etwas zu tun.

æde (ǟ'd^e) fressen (essen = spise); æder (ǟ'|d^{er}) — åd (ō|d) — har ædt (äd).

17 C$_2$ Transitiv und intransitiv

Das Verhältnis zwischen transitiven und intransitiven Verben ist im Dänischen nicht verschieden vom Deutschen.

Man merke die Unterschiede der folgenden paarweise zusammenhängenden Verben:

intransitiv		transitiv	
falde, faldt	(fiel)	fælde, fældede	(fällte)
hænge, hang	(hing)	hænge, hængte	(hängte)
ligge, lå	(lag)	lægge, lagde	(legte)
sidde, sad	(saß)	sætte, satte	(setze)

intransitiv	transitiv
springe, sprang (sprang)	sprænge, sprængte (sprengte)
synke, sank (sank)	sænke, sænkede (senkte)
vågne, vågnede (wurde wach)	vække, vækkede (weckte)

Es heißt gegen die Regel: at synke maden, das Essen (hinunter)schlucken.

18. Stunde

Ved havnen 18 A₁

Fra Kongens nytorv gik Birte, Åge og Fritz en formiddag gennem Bredgade og Amaliegade op til Amalienborg slotsplads, gennem kolonnadens søjler. „Sikken smuk plads", sagde Fritz. Den er ottekantet, og de fire palæer, hvoraf kongen bebor det ene, ser meget stilfulde ud. Midt på pladsen står kong Frederik V's rytterstatue. Fra pladsen ser man op til Marmorkirkens vældige kuppel. Foran kongens slot går gardisterne vagt, lange, kraftige soldater, iført de høje bjørneskindshuer og morsomme gammeldags uniformer. På taget vajer kongeflaget. „Så er kongen hjemme", sagde Åge, „lad os nu vente her til vagtparaden kommer." De hørte lidt efter militærmusik i det fjerne, folk strømmede til for at se, og præcis kl. 12 kom vagtparaden marcherende ind på pladsen med tamburmajoren og orkestret i spidsen. Foran kongens slot blev fanen præsenteret og vagten skiftet. Det var som et skuespil fra gamle dage at se på.

Da de havde hørt lidt på musikken, gik de ned mod kastellet, der endnu ligger idyllisk med voldgrave og grønne volde. „Hvad er det for et stort springvand, Birte?" „Det er Gefionspringvandet. Gefion var en nordisk gudinde. Hun pløjede Sjælland ud af Sverige med sine sønner, som hun forvandlede til okser, fortæller sagnet, og det viser springvandet. Men nu er vi på Langelinie. Det er vor havnepromenade. Her ligger alle turistskibene og de fremmede krigsskibe, der kommer på besøg." Solen skinnede på lystkutternes hvide sejl, en kuldamper kom sejlende forbi med en sort røgsky efter sig, fra værfterne hørte man banken og hamren.

„Hvor nydeligt!" sagde Fritz, da han fik øje på en lille figur, der drømmende sad på en stor sten ude i vandet. „Ja, det er den lille havfrue, som du kender fra H. C. Andersens eventyr. Hun er meget bekendt af alle turister." „Vent lidt", sagde Fritz og trak sit lille fotoapparat op af lommen, „hende vil jeg tage et billede af". „Fik du hende godt fotograferet?" „Det vil jeg da håbe."

De nød den smukke spadseretur langs kajen og den friske havluft. „København ligger dejligt", sagde Fritz, „lige ud til vandet". „Ja", sagde Åge, „søfarten spiller jo ved siden af landbruget og industrien en stor rolle i vort økonomiske liv. Byen her har Østersøens største havn. Her bagved ligger frihavnen, og ellers strækker havnen sig langs hele kysten sydpå. Her er også orlogshavn; der ligger et par krigsskibe for tiden." „Sejl med over til Trekroner", foreslog Birte, „det er et gammelt fort, som nu er indrettet til restauration. Man kan gå rundt mellem alle kanonerne fra gammel tid; det er virkelig spændende." Det gjorde de

18 A₂   Ungt ægteskab

Han: Elskede, det forekommer mig, at du har kommet for meget salt i de fiskefrikadeller ...:

Hun: Fiskefrikadeller?? Det er kager!

Bredgade (bre'*dgād*ᵉ) Straße
kolonnade (kolo- Kolonnade
 nā'*d*ᵉ), -r
søjle (sjoi'*l*ᵉ), -r Säule
ottekantet (ō'*d*ᵉ- achteckig
 tan|*d*ᵉd)
palæ (palā'|) n. -er Palais

bebo (bebō'|), -ede bewohnen
midt (med) mitten
rytter (rü'*d*ᵉʳ), -e Reiter
statue (sdā'|tu-ᵉ), -r Standbild
kuppel (tu'*b*ᵉl), -pler Kuppel
gardist (gardi'sd), -er Gardist
vagt (wagd), -er Wacht

iført (i'fö|ʳd), beklædt mit Bärenfell-
bjørneskindshue (bjö'ʳnᵉꞗgenꞗhū-ᵉ), -r mütze
gammeldags (ga'mᵉl- altmodiſch
  dā|ꞗ)
uniform (uniſö'|ʳm), -er Uniform
vaje (wa'ⁱ-ᵉ), -ede wehen
vagtparade (wa'gd- Wachtparade
  parād*ᵉ*), -r
lidt efter kurz danach
militærmusik (mili- Militärmuſik
  tā'|ʳmuꞗi'g)
i det fjerne (fjä'ʳnᵉ) in der Ferne
strømme til herbeiſtrömen
  (ꞗdrö'mᵉ), -ede
marchere (marꞗjē'|rᵉ), marſchieren
  -ede
tamburmajor (ta'mbur- Tambur-
  majö|ʳ), -er major
orkester (orkä'ꞗdᵉʳ) n,-stre Orcheſter
spids (ꞗbeꞗ), -er Spitze
fane (fā'nᵉ), -r Fahne
præsentere (präꞗᵉn- präſentieren
  tē'|rᵉ), -ede
skifte (ꞗge'ſdᵉ), wechſeln
  -ede
kastel (kaꞗdä'l|) n, Zitadelle
  -ler
idyllisk (idü'l|iꞗg) idylliſch
voldgrav (wo'l- Wallgraben
  grā|w), -e
vold (wol|), -e Wall
springvand (ꞗbre'nᵍ- Springbrun-
  wan|) n, — nen
Gefion (gē'|ſjon) mythologiſche
  Geſtalt
gudinde (gudᵉ'nᵉ), -r Göttin
pløje (ploⁱ'-ᵉ), -ede pflügen
forvandle (foʳ- verwandeln
  wa'n|lᵉ), -ede
okse (o'gꞗᵉ), -r Ochſe
sagn (ꞗag|n) n, — Sage
Langelinie (lanᵍ-ᵉli'njᵉ) „Die lange
  Linie"
promenade (prome- Promenade
  nā'dᵉ), -r

turistskib (turi'ꞗd- Touristenſchiff
  ꞗgĭ|b) n, -e
krigsskib (tri'ꞗ...) n Kriegsſchiff
lystkutter (lö'ꞗd- Jacht
  kudᵉʳ), -e
sejl (ꞗaⁱ|l) n, — Segel
kuldamper (ko'l- Kohledampfer
  dambᵉʳ), -e
røgsky (roⁱ'ꞗgü|), Rauchwolke,
  -er -fahne
værft (wärſd) n Werft
banke (ba'nᵍᵉ), -ede klopfen
hamre (ha'mrᵉ), -ede hämmern
nydelig (nü'dᵉli) niedlich
få øje (oⁱ'-ᵉ) på bemerken
drømme (drö'mᵉ), -te träumen
havfrue (haᵘ'- Seejungfer
  frū-ᵉ), -r
fotoapparat (fo'to-
  abarā|d) n, -er Photoapparat
fotografere (ſoto- photo-
  graſē'|rᵉ), -ede graphieren
kaj (kaⁱ|), -er Kai
søfart (ꞗö'ſā|ʳd) Seefahrt
landbrug (la'nbrü|g)n Landwirtſchaft
økonomisk (öko- ökonomiſch
  nō'|miꞗg)
liv (liᵘ|) n, — Leben
Østersø (ö'ꞗdᵉʳꞗö|) Ostſee
frihavn (fri'haᵘ|n), -e Freihafen
kyst (tüꞗd), -er Küſte
orlogshavn (o'rlogꞗ...) Kriegshafen
Trekroner (trekrō'nᵉʳ) „Die drei
  Kronen"
foreslå (ſö'rᵉꞗlö|) vorſchlagen
fort (ford) n, -er Fort
kanon (kanō'|n), -er Kanone
ægteskab (ä'gdᵉ- Ehe
  ꞗgā|b) n, -er
elskede geliebte
forekomme (fö'rᵉ- vorkommen
  kom|ᵉ)
komme hier: tun
salt (ꞗal|d) n Salz
fiskefrikadelle Fiſchboulette
  (ſe'ꞗgᵉfregadäl|ᵉ), -r

18B₁ Øvelse

Dan imperativ og præsens participium til følgende verber: spise, drikke, gå, spille, grue, opfordre, handle.

Prøv at læse læsestykket igennem et par gange og derefter at skrive det som genfortælling.

Oversæt til tysk: Han er kommet ridende. — Vi kommer kørende med toget. — Kom de syngende? — Soldaten kom fløjtende ud af kasernen. — Min kone bliver altid stående foran modemagasinet. — Jeg fandt bonden sovende under et træ. — Pengene har jeg liggende i min tegnebog. — Få bøgerne taget frem! — Har du endelig fået syet knappen i? — Jeg tror ikke, du får din gamle skrivemaskine godt solgt. — Arbejderne forlangte arbejdstiden forkortet og lønnen forhøjet. — Ønsker De maleriet indrammet i sort eller forgyldt ramme?

genfortælling (gä′n- fortäl|enᵍ), -er Nacherzählung
soldat (ḃoldā′|d), -er Soldat
fløjte (floi′dᵉ), -ede pfeifen
kaserne (taẕä′rnᵉ), -r Kaserne
tegnebog (tai′nᵉbō̆|g) Brieftasche
arbejder(a′rbaⁱ|dᵉʳ), Arbeiter -e

forkorte (foʳtoʹrdᵉ), -ede verkürzen
løn (lön|) Lohn
forhøje (foʳhoi′|ᵉ), -ede erhöhen
indramme(eʹnram|ᵉ), -ede einrahmen
forgyldt (foʳgü′l|d) vergoldet

18B₂ Danske udtryk

Han er udlænding (Ausländer); hans udtale (Aussprache) er meget god (udtalelse = Aussage, Äußerung).

nå = reichen, langen; jeg kan ikke nå saltet; nåede (erreichte) han toget?; nej, han nåede det ikke er verpaßte ihn; vi når (schaffen) ikke arbejdet; jeg nåede ind til bredden es gelang mir, ans Ufer zu kommen.

par n Paar, paar; et par sko, et par mennesker zwei-drei Leute; hun er et par og tyve år sie ist Anfang zwanzig.

så meget des(to) bedre (værre) um so besser (schlimmer).

udenad = auswendig; udvendig = auswendig, äußerlich; lære udenad auswendig lernen; udvendig fra von außen.

formål n = Zweck; es hat keinen Zweck: det kan ikke nytte noget; mål n = Ziel; Schneider: Maß; Fußballspiel: Tor; Sprache (rigsmål, modersmål).

ting = Ding, Sache; alting = alles; ingenting = nichts; nogenting etwas; til at bage en kage hører der mange ting (allerlei); passe sine ting seinen Geschäften nach= gehen.

halm = Stroh; strå n = Halm.

gade = Straße; stræde n = Gasse.

bruge = gebrauchen; behøve = brauchen; jeg behøver ikke de penge! men jeg kan godt bruge dem.

hyggelig gemütlich, aber: bakket = hügelig.

Grammatik

Der Infinitiv — infinitiv   18 C$_1$

Das „Kennwort" des Infinitivs ist at (ad) „zu"; da die Aus= sprache in der Umgangssprache (o) ist, wird at oft mit og (o) verwechselt: nu skal vi til og gå; vær venlig at sende (od. og send) mig et brev; dies muß unbedingt vermieden werden.

Der Infinitiv endet auf unbetontem -e (deutsch: -en): elske, spille, true drohen, glemme, tie schweigen; den Stamm des Verbs findet man, wenn man das -e wegnimmt: elsk, spil, tru, glem, ti (s. 3 C$_2$). Einige Einsilber enden jedoch auf betonten Vokal: tro glauben, dø sterben, le lachen, få bekommen, sy nähen; diese Formen sind dann der Stamm.

Der Infinitiv des Perfekts wird durch at have oder at være + die Partizip=Perfekt=Form des Verbs gebildet: at have spillet, at være kørt.

18 C$_2$

Der Infinitiv kann, umgekehrt wie im Deutschen, von einer Präposition regiert werden (22 C$_2$): jeg synes om at køre med toget ich liebe es, mit dem Zug zu fahren; han blev opfordret til at gå er wurde dazu aufgefordert...

Vor einem erweiterten Infinitiv steht im Dänischen kein Komma (s. Vorbem. S. XV): vi lever for at lære.

18C₃

Man merke die Umschreibung folgender Ausdrücke, bestehend aus einem Substantiv oder Pronomen + einem Infinitiv vor einer Präp.: her har jeg en god bog at læse i (ein gutes Buch zum Lesen, oder: worin ich lesen kann); har du ingen at tale med? (mit dem du reden kannst); en reol (Regal) at stille sine bøger på. — Ebenfalls bei være und blive + til at (meistens in Sätzen mit ikke): den tilværelse (Dasein) er ikke til at holde ud (zum Aushalten); maleriet er dyrt, det bliver ikke til at købe (das wird man kaum kaufen können).

18C₄

Der Infinitiv kann durch Anhängung von -en an den Stamm substantiviert werden: en råben og snakken ein Rufen und Reden; der var en løben på gaden. — Am liebsten gebraucht man Ableitungen auf -ing, wenn solche vorhanden sind: rygning forbudt (oder: det er forbudt at ryge); roningen (das Rudern) gik stærkt (oder: det gik stærkt med at ro); 25 kr. for syningen (für das Nähen).

18C₅ Der Imperativ — imperativ

Der Imperativ = dem Stamm: råbe rufen, råb! rufe, ruft, rufen Sie!; se sehen, se! siehe, seht, sehen Sie! — Der Imperativ hat nur eine Form (im Deutschen drei).

Man kann das Pronomen hinzufügen, wenn man eine Erlaubnis, eine Beruhigung u. ä. ausdrücken will: gå! geh, geht, gehen Sie!, aber: gå du (I, De) kun! geh (geht, gehen Sie) nur!; vær rolig! sei (seid, seien Sie) ruhig!, aber: vær du (I, De) blot rolig! sei (seid, seien Sie) bloß ruhig!

Der Imperativ wird oft umschrieben: 1. durch Präsens: du (I, De) tier stille! = ti stille! schweige, schweigt, schweigen Sie!; 2. durch kunne: kan du (I, De) tie stille!; 3. durch skal oder have at: du (I, De) skal tie stille!; du har at tie stille!; 4. durch höfliche Wendungen: vil du (I, De) være så venlig at tie stille!; du (I, De) vil nok tie stille!; du (I, De) må endelig (unbedingt) tie stille!

Bei verneintem Imperativ zieht man ebenfalls eine Umschreibung vor (oft mit: lad være at [la wä'rᵉ]) + Inf.: rejs ikke! = lad være at rejse (Umgangssprache: og rejse)! laß (laßt, lassen Sie) es sein, wegzufahren; höflicher: du (I, De) skal (od. må od. skulde) ikke rejse!

Die Aufforderung in der 1. Person Plur., z. B. „gehen wir!" wird folgendermaßen ausgedrückt: lad os gå! oder: skal vi gå?

18C₆ Das Partizip des Präsens — præsens participium

wird durch Hinzufügung von -ende (-ᵉnᵉ) an den Stamm gebildet: elsk/e, elsk/ende; bo, bo/ende; glem/me, glem/mende (Verdoppelung, s. Vorbem. S. XIV).

Es wird als Adjektiv und Adverb gebraucht und bleibt unverändert im Neutrum und im Plural: jeg elsker legende (spielende) børn; vi traf dem syngende af fuld hals; jeg var vidende (wußte) derom; han var levende (am Leben) endnu. Im Genitiv wird -s hinzugefügt, wenn es substantivisch gebraucht wird: de rejsendes bagage (Gepäck).

In Verbindung mit dem Verb komme wird im Deutschen die Part.-Präs.-Form verwendet, nur nicht bei Bewegungsverben, wo die Part.-Perf.-Form gebraucht wird; auf dänisch wird immer die Part.-Präs.-Form gesetzt: han kom syngende (singend) ud af badeværelset; vi kommer kørende (gefahren).

Bei gewissen Verben: bleiben, haben (finden, treffen) wird im Deutschen der Präs. Inf. verwendet, während man im Dänischen das Part. Präs. gebraucht: jeg blev stående (blieb stehen) på torvet; han havde fotografierne liggende i sin skuffe (Schublade); vi traf dem sovende (schlafen[d]).

Das Partizip des Perfekts — **18 C**₇
perfektum participium

Wenn die Partizipien auf -et als Adjektive verwendet werden, wird das t vor dem e zu d geändert (4 C₅): et malet vindue (Fenster), det malede vindue.

Das Verbum få „bekommen" kann in Verbindung mit dem Part. Perf. als Hilfsverbum gebraucht werden (s. auch 15 C₃); diese Konstruktionen sind im Dänischen recht häufig: vi fik gravet haven færdig es ist uns (endlich) gelungen, den Garten fertigzugraben; jeg får brevet skrevet inden i aften! ich werde den Brief schon vor dem Abend geschrieben haben!; naboen har fået villaen godt solgt; du får aldrig noget bestilt! du kommst nie dazu, etwas zu tun!; få nu cigaren tændt! stecke nun endlich deine Zigarre an!; det er svært at få lært dansk!

19. Stunde
På flyvepladsen **19 A**₁

Fritz sagde i går formiddags: „Skal vi ikke gå ud på flyvepladsen i eftermiddag?" Birte svarede, at hun var lidt træt, og at hun overhovedet ikke gad tage derud. „Det var kedeligt, for jeg vilde så forfærdelig gerne se jeres lufthavn. Nu har jeg set så mange museer." „Ja, hvis du gerne vil, må du tage Gunner med dig." Fritz råbte til Gunner, der lå på sofaen lige så lang han var og læste en indianerroman: „Går du med på flyvepladsen?" „Ja, det vil jeg gerne. Det ser ud, som om det vilde blive fint vejr i dag; det vilde være rart, hvis solen skinnede."

Fritz og Gunner tog med trolleyvognen ind til Nørreport og gik derfra gennem Gothersgade forbi Rosenborg slot ned til Kongens nytorv. Her sejlede de med en lille motorfærge gennem Nyhavn, hvor der på begge sider af kanalen ligger gamle maleriske huse, og tværs over havnen med udsigt til Knippelsbro til den ene side og Langelinie til den anden. Bydelen Kristianshavn gennemskæres af hyggelige kanaler, som færgen sejlede igennem. Ved Torvegade stod de af og gik op forbi Frelsers kirke. Den har et morsomt snoet spir, som man kan bestige; man går rundt ad udvendige trapper helt op til toppen. Heroppefra ser man langt ud over Københavns røde tage og mange spir og tårne, og over den lille flade ø Amager. Man kan se langt ud over Øresund, ja helt over til Sverige, når vejret er klart.

På Amager ligger Kastrup lufthavn. Her er der liv og røre hele dagen igennem. Den ene flyvemaskine efter den anden kommer og går. Nu er ruteflyveren fra Berlin lige kommet, og flyveren fra London over Amsterdam kommer snart. Hele tiden er der en brummen over øen. Der går også flyveruter til forskellige egne i Danmark, til Bornholm, til Ålborg, Esbjerg osv. „Skal vi ikke tage en tur til Malmø?" spørger Gunner, „det er billigt, og vi kan tage hjem med damperen eller færgen i aften." „Jamen har du pas?" indvender Fritz. „Nej, men det behøves heller ikke i Sverige, når jeg er dansker. Men du må vise dit frem; har du det på dig?" „Ja, jeg har det her i lommen." Så købte de billetter og fløj til Malmø. Under dem lå Sjælland, Sundet og Skåne udbredt som på et landkort. „Jeg vilde ønske, at Birte havde været med", sagde Fritz, da de om aftenen sejlede hjem med damperen, mens solen gik ned over havet.

Generalens middag 19 A₁

Generalen går uventet gennem køkkenet: Nå, hvad skal vi have til middag i dag, Ane?

Ane (forfjamsket): Fyldt general, hr. hvidkålshoved!

flyveplads (flü'wᵉ...)	Flugplatz	klar (klā|ʳ)	klar
overhovedet (oᵘ⁻ᵉʳ-hō'dᵉd)	überhaupt	røre (rö'rᵉ) n	Bewegung; liv og r. Hochbetrieb
lufthavn (lo'fd-ḫaᵘ|n), -e	Lufthafen	ruteflyver (ru'dᵉ-flūwᵉʳ), -e	Verkehrsflugzeug
sofa (ḫō'fa), -er	Sofa		
lige så lang han var	in voller Länge	brumme (bro'mᵉ), -ede	brummen
indianer (endi-ā'|nᵉʳ), -e	Indianer	rute (ru'dᵉ), -r	Route
rar (rā|ʳ)	schön	egn (aⁱ|n), -e	Gegend
trolleyvogn(tro'li...)	O-Bus, Busm.elektr. Stromabnehmer	Ålborg (o'lbō|ʳ)	Stadt
		jamen (ja'mᵉn)	ja, aber
		pas (paß) n, —	Paß
Gothersgade(go'dᵉʳß...)	Straße	indvende (e'nwän|ᵉ), -te	einwenden, entgegnen
motor (mō'toʳ), -er	Motor	behøves (behȫ'|wᵉß), -edes	notwendig fn
kanal (kanā'|l), -er	Kanal		
malerisk (mā'|lᵉrißg)	malerisch	have på sig	bei sich haben
tværs (twärß)	quer	Sundet (ßo'n|ᵉd) =	Øresund
udsigt (u'dßegd)	Aussicht	Skåne (ßgō'nᵉ) n	Schonen
bydel (bü'dē|l), -e	Stadtteil	udbrede (u'dbrē|dᵉ), -te	ausbreiten
Kristianshavn (kreßdjanßḫaᵘ'|n)	Stadtteil	landkort (la'nkord) n, —	Landkarte
gennemskære (...ßgä'|rᵉ)	durchschneiden	general (genᵉrā'|l), -er	General
		uventet (u'wän|dᵉd)	unerwartet
sno (ßnō|), -ede	winden	forfjamsket (foʳ-fjam|ßgᵉd)	verwirrt
udvendig(u'dwän|di)	äußer, Außen...	fyldt hvidkålshoved (fü'l|d wi'dtō|lßhōd)	gefüllter Weißkohlkopf
top (tob), -pe	Gipfel, Spitze		
flad (flā|d)	flach		

Øvelse 19 B₁

Omskriv (umschreibe) den direkte tale i læsestykket til indirekte tale.

19. Stunde — Übung

Genfortæl stykket og skriv det ned efter hukommelsen (Gedächtnis).

Oversæt til dansk: Es lebe das Vaterland! — Man wende sich an den Bürgermeister! — Er fragte, ob wir die Ausstellung gesehen hätten, und wir antworteten, daß wir sie morgen besuchen würden. — Hätte ich das nur gewußt, dann wäre ich mitgekommen. — Mein Vater wäre beinahe auf dem Eis gefallen. — Wir hätten das Gemälde kaufen sollen. — Der Blitzzug fährt in einer halben Stunde ab. — Der Lärm hat endlich aufgehört. — Er wohnt seit einer Woche hier. — Sie wird uns (til os) bestimmt schreiben. — Ich werde dir schon Geld geben.

Vaterland	fædreland *n*
sich wenden an	henvende sig til
Bürgermeister	borgmester, -stre
Ausstellung	udstilling, -er
beinahe	næsten
Lärm	støj (ḫdoi|)

19 B₂ — Oplysning

Kan jeg få oplyst, hvornår den sidste sporvogn går? (od. vil [vilde] De være så god at sige mig, [hvor]når ...).

Henvend Dem til (od. spørg) en politibetjent!

Det ved jeg ikke (nøjagtigt).

Der er ikke langt til Flakhaven herfra, kun fem minutter(s gang). — De skal gå ad første gade til højre og derpå lige ud. — De kan tage med omnibilen eller sporvognen derhen.

oplysning (o′b-lü|ßnen⁹), -er	Auskunft	Flakhaven	(flag′hǎwen) Name (Marktplatz in Odense)
oplyse (o′blü|ße), -te	erläutern; få oplyst Auskunft erhalten	omnibil (o′mnibl|l), -er	Autobus

Grammatik

19 C₁ — Das Präsens — præsens

endet auf -er (oder -r bei den Verben mit betontem Schlußvokal): grib/er, stam/mer, få/r.

Die Verwendung des Präsens ist wie im Deutschen. Häufiger steht das Präsens statt des Futurums (besonders in Verbindung mit einer Zeitbestimmung): jeg skriver snart; han rejser i morgen; far vender hjem en af de nærmeste dage; vi køber bogen, når vi kommer til byen.

Das Imperfekt — imperfektum 19 C₂

Über die Endungen der „schwachen" Verben s. 3C₂ u. 4C₉. Die Imperfektform der „starken" Verben ist einsilbig (s. Liste 15C₈ bis 17C₁).

Im Dänischen wird das Imperfekt oft verwendet, wo man auf deutsch das Perfekt vorzieht, besonders bei Zeitbestimmungen der Vergangenheit: jeg **traf** ham ikke hjemme i går, så **gik** jeg ind til naboen, og han **sagde**, at han **kom** senere ich habe ihn gestern nicht zu Hause angetroffen usw.; så du filmen i lørdags? hast du Sonnabend den Film gesehen?

Man merke die Verwendung des Imperfekts in Ausrufen wie: det var nu kedeligt, at han døde es ist aber traurig, daß ...; det var da besynderligt! das ist aber komisch!; det var godt, (at) du kom!; det var en glimrende vittighed! ist das ein glänzender Witz; det smagte storartet! es schmeckt vorzüglich!

Das Perfekt und Plusquamperfekt — 19 C₃
perfektum og plusquamperfektum

werden wie im Deutschen mit den Präsens- und Imperfekts-formen der Hilfsverben have oder være + das Part. Perf. ge-bildet: jeg havde glemt, at jeg har hørt det; han er kommet til byen; vi var begyndt at læse.

være „sein" wird meistens bei (intransitiven) Bewegungs-verben und bei Verben, die den Übergang von einem Zustand in einen anderen bezeichnen, gebraucht: jeg var cyklet bort; han er allerede kommet. — Bei einigen Verben können sowohl have als være gebraucht werden; bei være denkt man dann mehr an den Zustand, bei have an die (abgeschlossene) Handlung (meistens ist eine nähere Bestimmung angeknüpft): jeg **var** gået, aber: jeg **havde** gået på gaden i to timer; han **var** kørt, aber: han **havde** kørt bil i tretten år.

Bei einigen Verben werden im Dänischen und im Deutschen verschiedene Hilfsverben gebraucht: han har (ist) været her; forestillingen er (od. har) begyndt (hat angefangen); regnen er (od. har) hørt op (hat aufgehört); vi havde mødt ham (waren ihm begegnet); lynet er slået ned (hat eingeschlagen); hunden havde (war) fulgt mig længe.

Wenn ein langdauernder Zustand in der Gegenwart noch fortdauert, steht im Deutschen das Präsens, im Dänischen das Perfekt (oft durch nu „jetzt" deutlich gemacht): jeg har (nu) været her 14 dage ich bin seit 14 Tagen hier; de har kun været gift i 3 år sie sind erst 3 Jahre verheiratet.

19 C₄   Das Futur — futurum

existiert im Dänischen nicht als grammatische Form; statt dessen wird es durch das Präsens ausgedrückt (19 C₁) oder durch Umschreibung mit den Hilfsverben vil oder skal + der Präs. Inf. des Verbs (21 C₅).

Die ursprüngliche Bedeutung von vil ist „will" (freiwilliger Wille), die von skal ist „soll, muß" (Zwang, Befehl): vil du ikke gå? du **skal** gå!

ville hat aber auch rein futurische Bedeutung (= werden): vi vil tit tænke med længsel (Sehnsucht) på jer; jeg ved bestemt, at de vil besøge os til sommer.

skulle (besonders in Verbindung mit Adverbien wie z. B. nok schon, ofte, sikkert, snart bald, straks sofort, tit oft) kann auch ein Versprechen oder einen freiwilligen Willen ausdrücken: jeg skal (werde) snart besøge ham; du skal (wirst) få bogen i morgen. Ebenfalls eine beruhigende, überzeugende Versicherung: jeg skal (werde) snart få fat i den bog, du tabte!, han skal nok sende dig pakken! — Auch auffordernd: skal vi gå? wollen wir gehen!

Bei einem Negativwort gebraucht man in diesen Fällen statt skal entweder Präsens oder vil: jeg besøger ham ikke foreløbig, oder: jeg vil ikke besøge ham foreløbig; han sender dig aldrig den bog, oder: han vil aldrig sende dig den bog.

19 C₅   Das Futurum exactum

wird ebenfalls durch die Hilfsverben vil oder skal + den Infinitiv des Perfekts des Verbs gebildet; die Form wird selten verwendet: til jul vil jeg sandsynligvis have læst romanen

Der Konditionalis 19 C₆

Die Konditionalformen werden durch vilde oder skulde + der Infinitiv des Präsens (Konditional I) oder der Infinitiv des Perfekts des Verbs (Konditional II) gebildet. Die Formen kommen meistens in hypothetischen Sätzen und in höflichen Fragesätzen vor (über das Verhältnis zwischen ville und skulde s. 19 C₄): jeg vilde sige det, hvis jeg vidste det ich würde es sagen, wenn ich es wüßte; jeg vilde have sagt det, hvis jeg havde vidst det ich hätte es gesagt, wenn ich es gewußt hätte; vilde (würden) De sige mig, hvor den nærmeste telefonboks er?; du skulde gå i teatret og se det nye stykke; det skulde han aldrig have gjort das hätte er nie tun sollen.

Der Konjunktiv — Konjunktiv 19 C₇

hat die Infinitivform und kommt nur in der 3. Person Präsens vor. Er wird nur in wenigen festen Redewendungen gebraucht: gamle Danmark leve!; lad os råbe et leve kongen!; velbekomme!; Gud velsigne (segnen) ham!; ske din vilje!; alle skifte! alles umsteigen!; man henvende (oft: henvender) sig (wende sich) på rådhuset; dermed være (sei) nu ikke sagt (oft: skal nu ikke være sagt); Gud give, at ... gebe Gott, daß ... In Flüchen ist der Konjunktiv noch produktiv: Pokker tage (tā) ham! hol ihn der Teufel; Vorherre bevare os (od. bevare's).

Der deutsche Konjunktiv wird auf dänisch durch Indikativ wiedergegeben:

1. **Indirekte Rede**, mit Übereinstimmung in Zeit, wenn etwas Gleichzeitiges berichtet wird: han siger, at han **er** (sei) træt; han sagde, at han **var** (sei) træt; de spørger, om vi **har** set filmen; de spurgte, om vi **havde** set filmen; han sagde at han **havde** været (gewesen sei) træt.

2. **Wunschsätze**, oft mit bare, blot oder gid, „wenn nur, wenn bloß" eingeleitet: gid jeg **havde** mange penge!, gid det **må** gavne! möge es zum Nutzen sein; bare (od. blot) vi **kunde** komme herfra!; jeg vilde ønske, at det **var** godt vejr!; hvem der **var** i Paris! wäre ich nur in Paris.

3. **Hypothetische Sätze**: havde jeg dog blot adlydt ham!; **havde** han bare (od. hvis han bare havde) tænkt over det, **vilde** han være rejst; det **vilde** være fint, hvis du **kunde** tage ferie nu.

4. **Andere Fälle**: hvem det end **er** wer es auch sei; min bror **var** nær (wäre beinahe) druknet; det ser ud, som om det **vil** (od. **vilde**) regne; jeg tvivler på, at han **er** den rigtige mand; du

burde (müßteſt) gå; jeg skulde (möchte) tro, at ...; han indså, at han ikke kunde sige nej; vi var bange for, at vi skulde komme for sent.

Bei den modalen Hilfsverben (21 C₅) ſteht im Däniſchen Imperfekt + Perfekt Infinitiv, wo im Deutſchen Plusquamperfekt Konjunktiv + Präſens Infinitiv ſteht: det burde (od. skulde) du have gjort das hätteſt du tun ſollen; han kunde have meddelt mig, at ... er hätte mir mitteilen können, daß ...

19 C₈   Fragen und Bitten
(Vgl. 25 B₂)

jeg vil (höflicher: vilde) gerne bede om en tændstik ich möchte ...; måtte jeg (od. jeg måtte vel ikke) bede Dem om en tjeneste? dürfte ich ...

vil (höflicher: vilde) De sige mig, hvor man kan få en avis? würden Sie mir ſagen ...; vilde De være så god (od. venlig) at ringe mig op (ſehr höfliche Frage); De vilde vel ikke være så venlig at bestille en bil til mig? (noch höflicher); jeg vilde være Dem meget taknemmelig, hvis De vilde skaffe mig en billet til det Kgl. teater i aften.

---

20. Stunde

20 A₁   Aftenunderholdning

Birte og Fritz enedes om, at de om aftenen vilde gå i det Kongelige teater. „Hvilket stykke bliver spillet i aften?" sagde Fritz. „Det ses bedst i avisen, i annoncerne. Lad os nu se: der går Holbergs ‚Jeppe på Bjerget'. Synes du, at vi skal se den?" „Ih ja, lad os det. Jeg har altid længtes efter at se en af Holbergs komedier på scenen." „Godt, så ringer vi efter to billetter. Skal vi tage 1. etage eller parket?" „Det er lige meget. Du kan tro, jeg glæder mig mægtigt til i aften. Jeg er ikke bange for at jeg kommer til at kede mig." Det lykkedes Birte at få to gode pladser i parterret.

10 minutter i 8 stod de to foran indgangen; teatret åbnes altid noget før forestillingens begyndelse. „Program

behøves vist ikke", sagde Birte, "du kender jo stykket."
"Ja, men jeg vil godt have et for at se skuespillernes navne." Et program blev købt, og de fulgtes ad ind til garderoben. De skiftedes til at se i programmet, før tæppet gik op. Der spilledes først en ouverture, og stykket begyndte.

Efter skuespillet, der blev spillet fortrinligt, blev der givet en ballet. Den københavnske ballet er meget berømt, vidste Fritz. Han klappede ivrigt, da tæppet faldt. "Hvor skal vi gå hen bagefter?" spurgte Fritz. "Ja, vi vil vel ikke gå på restaurant", svarede Birte, "for vi skulde mødes med de andre i Tivoli. Far og mor og Gunner har været i biografen for at se en morsom dansk film; de vilde træffe os kl. 11 i glassalen." I Tivoli færdes der mange mennesker om aftenen; der råbes og synges, der spilles og sværmes. Det larmer og det støjer. Tivoli er Danmarks populæreste forlystelsespark, men med et præg af gammel kultur; det er over 100 år siden haven blev anlagt. Her spiller fremragende orkestre, her opføres førsteklasses artistnumre, her spilles balletter og pantomimer med Pjerrot og Harlekin. "Har I moret jer godt i teatret?" spurgte fru Larsen, da de sad og nød et par stykker smørrebrød og et glas øl. "Ja, det var virkelig interessant og meget godt spillet. Holberg hører nu engang hjemme i København, her er traditionerne fra hans tid endnu bevarede."

Musikken spillede, der dansedes og snakkedes. Kl. 12 marcherede Tivoligarden op, lutter små drenge i garderuniformer, med kanoner og orkester. Tivolis store aftener afsluttes altid med fyrværkeri, mens rådhusklokkerne slår midnatstimen.

Kunst

20 A₂

Hansen: Hvad er De? — Povlsen: Kunstner! — Hansen: Hvad laver De da? — Povlsen: Paraplyer. — Hansen:

Jamen, det er da ikke kunst. — Povlsen: Så prøv at lave en!!

underholdning (o'nᵉʳhol|nenᵍ), -er	Unterhaltung	mødes (mö'dᵉß), -tes	sich treffen
enes (ē'nᵉß), -edes	sich einigen	Tivoli (ti'woli)	Name
annonce (ano'nᵍßᵉ), -r	Anzeige	sal (ßā|l), -e	Saal
bjerg (bjäʳ|g) n, -e	Berg („Jeppe vom Berge")	færdes (fä'rdᵉß), -edes	verkehren
synes (ßū'nᵉß), -tes	finden	larme (la'rmᵉ), -ede	lärmen
længes (lä'nᵍ-ᵉß), -tes	sich sehnen	støje (ßdoiʳ-ᵉ), -ede	lärmen
scene (ßē'nᵉ), -r	Bühne	populær (populā'|ʳ)	volkstümlich
etage (etā'ßjᵉ), -r	Rang	forlystelse (foʳ- lö'ʳßdᵉlßᵉ), -r	Vergnügung
parket (parkä'd) n	Parkett	park (pa'rg), -er	Park
lige meget	gleichgültig, egal	præg (prä|g) n	Gepräge
lykkes (lö'gᵉß), -edes	gelingen	anlægge (a'nlägᵉ)	anlegen
parterre (partä'rᵉ) n	Parterre	førsteklasses (foʳrßdᵉ- klaßᵉß)	erstklassig
indgang (e'nganᵍ|), -e	Eingang	artist (arti'ßd), -er	Artist
program (progra'm|), n, -mer	Programm	pantomime (panto- miʳ'mᵉ), -r	Pantomime
godt	hier: schon, gern	Pjerrot (pjä'rod), Harlekin (ha'r|ᵉkin)	Komödien- figuren
navn (naᵘ|n) n, -e	Name	tradition (tradißjö'|n), -er	Tradition
følges ad	zusammengehen	danse (da'nßᵉ), -ede	tanzen
garderobe (gardᵉrö'bᵉ),-r	Garderobe	garde (ga'rdᵉ), -r	Garde
skiftes til at se	abwechselnd sehen	lutter (lu'dᵉʳ)	lauter
ouverture (uwᵉʳtū'rᵉ), -r	Ouvertüre	garder, -e	Gardist
begynde (begö'n|ᵉ), -te	anfangen	afslutte (aᵘ'ßludᵉ), -ede	abschließen
fortrinlig (foʳtri'|nli)	vorzüglich	fyrværkeri (für- wärgᵉrī'|) n, -er	Feuerwerk
ballet (balä'd), -ter	Ballett	midnat (mi'dnad)	Mitternacht
klappe (kla'bᵉ), -ede	klatschen	paraply (paraplū'|), -er	Regenschirm
restaurant (reßdora'nᵍ), -er	Restauration	prøve (prö'wᵉ), -ede	probieren, versuchen

20B₁   Øvelse

Find i læsestykket alle verber i passiv, samt alle refleksive og deponente verber.

Omdan følgende aktive sætninger til passive: Jeg spiser min morgenmad og drikker min kaffe kl. 8. — Johs. (= Johannes) V. Jensen har skrevet „Bræen" (Gletscher). — Sangerinden sang en munter vise (Lied). — Gartneren åbner parken hver morgen.— Min far ejer maleriet her.

Luk (schließe) bogen og skriv stykket ned efter hukommelsen!

Grammatik — 125 — **20. Stunde**

Oversæt til dansk: In Dänemark wird viel Kaffee getrunken. — Das elektrische Licht wurde ausgedreht. — Das Kleid wurde von der Näherin genäht. — Die Kinder wetteiferten auf dem Sportplatz. — Leider gelang es mir nicht, mich mit ihm zu einigen. — Ich habe Sehnsucht nach der Nordsee. — Er verliebte sich in sie. — Wir ruhten uns im Walde aus, nachher beeilten wir uns, nach Hause zu kommen. — Was fehlt Ihnen, Herr Jensen? Mir scheint, daß Sie krank sind. — Mich friert.

Licht	lys *n*	Sehnsucht haben	længes
ausdrehen	slukke	Nordsee	Vesterhav *n*
Sehnsucht	længsel, -sler	verlieben	forelske

Ønsker 20B₂

Til lykke! Hjertelig til lykke med fødselsdagen! Må jeg ønske Dem til lykke i anledning af jubilæet! — Svar: Mange tak!, tak skal De have!

Godt nytår! Glædelig jul, påske, pinse! — Svar: Tak i lige måde!, tak selv!

Alt godt! — Held og lykke!, lykke til!, gid du må få held med dig!

Hav det godt!, lev vel!

til lykke (lö'gᵉ)!	gratuliere!	nytår (nü'dō|ʳ) *n*	Neujahr
hjertelig (jä'rdᵉli)	herzlich	glædelig (glä'dᵉli)	fröhlich
fødselsdag (fö'ᵇℓ̣ṣdä|), -e	Geburtstag	påske (på̄'ᵇgᵉ)	Ostern
må (mō|)	darf	pinse (pe'nᵇᵉ)	Pfingsten
i anledning af	anläßlich	held og lykke (hä'l| o lö'gᵉ)	viel Glück
jubilæum (jubilä'om) *n*, -læer	Jubiläum		

Grammatik

Das Hilfsverbum blive „werden" 20C₁

Infinitiv: at blive (blī'[w]ᵉ); Imperativ (= Stamm): bliv! (blī'|[w]); Präsens: bliver (blī|ʳ); Imperfekt: blev (blē|[w]); Perfekt: er blevet (blē'[w]ᵉd); Futurum: vil (od. skal) blive.

20C₂   Das Passivum — Passiv

wird bei den dänischen Verben durch -s (ein altes sik sich) oder durch Umschreibung mit dem Hilfsverbum blive + Part. Perf. gebildet. Perf. und Plusqu. kommen in der s=Form nicht vor.

Erste regelmäßige („schwache") Konjugation (3 C₂):

	Aktiv	Passiv: s=Form	Umschreibung
Inf.	at elsk/e	at elsk/es	at blive elsket
Präs.	elsk/er	elsk/es	bliver elsket
Imp.	elsk/ede	elsk/edes	blev elsket
Perf.	har elsket	—	er blevet elsket
Plusqu.	havde elsket	—	var blevet elsket
Fut.	vil (skal) elske	vil (skal) elskes	vil (skal) blive elsket

Verben auf betonten Vokal: at sy/s od. blive syet; Präs. sy/s od. bliver syet; Imp. sy/edes od. blev syet; Fut. vil (skal) sy/s.

Zweite regelmäßige („schwache") Konjugation (4 C₉):

	Aktiv	Passiv: s=Form	Umschreibung
Inf.	at hør/e	at hør/es	at blive hørt
Präs.	hør/er	hør/es	bliver hørt
Imp.	hør/te	hørt/es	blev hørt
Perf.	har hørt	—	er blevet hørt
Plusqu.	havde hørt	—	var blevet hørt
Fut.	vil (skal) høre	vil (skal) høres	vil (skal) blive hørt

Gewöhnlich bezeichnet die s=Form einen dauernden, nicht abgeschlossenen Zustand oder eine oft wiederholte Handlung, die umschriebene Form dagegen das einmalige, die einzelne, abgeschlossene Handlung. Diese Regel wird jedoch oft gebrochen. Beispiele: rejer (Krabben) spises gerne på mad, aber: rejerne bliver spist nu; frakken trænger til at renses (gereinigt werden), frakken blev renset i foråret; brevene underskrives af chefen kl. 16; brevet til hr. Hansen blev underskrevet i morges.

Unregelmäßige s=Formen haben gøres (Präs. Aktiv gør) und haves (Präs. Aktiv har): der siges og gøres så meget; bogen haves ikke for tiden (ist nicht vorrätig).

Einige Verben können nur die s=Form haben: behøve brauchen (det behøves ikke es ist nicht notwendig); eje besitzen (huset ejes af et selskab); få bekommen (det fås på apoteket); finde (bogen findes ikke mere); have (det haves på lager); mene (der menes, at ... man meint, daß ...); miste verlieren (alt mistedes); skylde schulden (det skyldes hans dygtighed es ist seiner Tüchtigkeit zu verdanken); trænge bedürfen (der trænges til mere fasthed).

Deponentien — deponente verber 20 C₃

Die Deponentien haben die passive s=Form, sind in der Bedeutung aber aktiv. Einige können auch in aktiver Form auftreten, z. B. slås sich schlagen, kämpfen (jeg slår schlage); mødes sich begegnen (jeg møder).

Einige der wichtigsten Deponentien: behøves nötig sein (behøvedes; Perf. har været nødvendig); dages tagen (dagedes; Perf. er blevet dag); enes sich einigen (enedes; har enedes); forfærdes entsetzt werden (forfærdedes; Perf. er blevet forfærdede); forliges sich einigen (forligedes; Perf har kunnet forliges); færdes verkehren (færdedes, har færdedes); følges sich folgen (fulgtes; har fulgtes); kappes wetteifern (kappedes; har kappedes); lykkes gelingen (lykkedes, har lykkedes), auch mislykkes mißlingen; længes sich sehnen (længtes, har længtes); mindes sich erinnern (mindedes, har mindedes ob. mødes sich begegnen (mødtes, har mødtes ob. truffet hinanden); nøjes sich begnügen (nøjedes; har nøjedes); omgås verkehren mit (omgikkes, har omgåedes ob. kommet sammen med); ses sich sehen (sås, har set hinanden); skiftes abwechseln (skiftedes, har skiftedes); skændes sich zanken (skændtes, har skændtes); slås (bloß) sich schlagen (sloges, Perf. har været oppe at slås); synes finden, meinen (synes o'm gefallen, mögen) (syntes, har syntes); undres sich wundern (undredes, har undredes).

Die reziproken Deponentien können durch die Aktivform + hinanden ersetzt werden: ses = se hinanden, kysses = kysse hinanden.

20 C₄ Reflexive Verben — refleksive verber

Die reflexiven Verben verhalten sich wie die deutschen (s. 8 C₁):
at more sig; jeg morer mig, du morer dig, De morer Dem,
han, hun morer sig, vi morer os, I morer jer, de morer sig.

Echte reflexive Verben, die nur in dieser Form vorkommen,
sind z. B.: begive sig, betakke sig, bilde sig noget i'nd, egne sig,
forelske sig, indfinde sig, snige sig sich schleichen; sømme sig
sich gehören, vægre sig sich weigern.

Unechte reflexive Verben treten nur bisweilen als Reflexive
auf, z. B.: barbere sig, fjerne sig sich entfernen, forhøre sig sich
verhören, glæde sig sich freuen, huske sig o'm sich besinnen,
hvile sig sich ausruhen, kede sig sich langweilen, komme sig
sich erholen; nærme sig sich nähern, opføre sig sich betragen,
skabe sig sich gebärden, skynde sig sich beeilen, sætte sig, trække
sig tilba'ge, trænge sig fre'm, vaske sig, ærgre sig.

Bei mehreren der unechten reflexiven Verben kann selv
„selbst" hinzugefügt werden: han elskede kun sig selv; døren
lukker sig selv.

Zweifelsfälle kommen in der Anrede in 3. Person vor (9 B₂):
har Professoren moret sig (oft: Dem) i går?

20 C₅ Unpersönliche Verben — upersonlige verber

haben das Subjekt det „es": det regner, det sner, det lyner blitzt,
det dages tagt, det behøves ikke ist nicht notwendig. Außerdem
in unpersönlichen Sätzen (9 C₃₋₄): der lugter af gas; her trækker
es zieht hier; det haster es eilt; det banker es klopft; det sker,
at ...

Viele unpersönliche Konstruktionen sind im Deutschen noch
erhalten, im Dänischen aber persönlich geworden, z. B.: jeg aner
mir ahnt; jeg angrer (od. fortryder) es reut mich, ich bereue;
jeg var bange mir war bange; hvad fejler du? was fehlt dir?;
jeg fryser mich friert; jeg gruer mir graut; jeg mangler alt mir
fehlt alles; jeg synes mir scheint; ich finde, ich meine; jeg væmmes
mich ekelt.

21. Stunde

På biltur i Nordsjælland 21 A₁

"I morgen er det søndag. Skal vi tage en biltur?" "Ja, det kunde være meget interessant for Fritz. Lad os tage op i Nordsjælland; han bør se slottene og lære landskabet at kende. Men vi kan ikke få plads i bilen allesammen", siger Birte, "Åge og Gunner må blive hjemme!" "Åh, må jeg ikke nok komme med?" beder Gunner, "jeg vil så gerne vise Fritz Hornbæk, hvor vi badede sidste år." "Jo", siger far, "du må nok komme med, hvis du vil love os, at du ingen gale streger gør." "Ja far, jeg skal gøre mit bedste og opføre mig pænt, — hvis jeg kan."

Hr. Larsen starter bilen. Kort efter kører de op ad Strandvejen til Helsingør; det kaldes den danske riviera, med udsigt over vandet næsten hele vejen. Ved Klampenborg gør de et lille ophold og spadserer en tur op til den store Dyrehave. Omkring det lille jagtslot Eremitagen går der hundreder af hjorte og rådyr og græsser. "Tør du gå hen til dyrene, Fritz?" spørger Gunner. "Ja, selvfølgelig tør jeg det, for de er vel tamme?"

Ved middagstid er de ved Kronborg slot; det ligger på et næs ved Øresund, tæt ved den lille, historiske by Helsingør. Solen skinner på dets grå mure og grønne tage; smukke tårne knejser derover. "Det er et fornemt slot. Her er skuepladsen for Shakespeares Hamlet, og hver sommer spiller udenlandske selskaber Hamlet i slotsgården. I kasematterne under volden sidder gamle Holger danske, en sagnhelt, hvis skæg er vokset fast i bordet, han sidder ved dernede. Når Danmark engang kommer i yderste fare, vil han rejse sig og hjælpe landet."

De biler nu videre langs kysten, forbi det ene hyggelige badested efter det andet. Bølgerne skyller langsomt op mod de hvide klitter. I det fjerne ses Kullen ovre i Skåne. Ved Hornbæk drejer de til venstre og kommer ned til Esrom sø, en af Nordsjællands mange søer. Fredensborg slotspark går lige ned til vandet; på den anden side ser man Danmarks største skov, Gribskov.

Ved Hillerød ligger Frederiksborg slot; det er omgivet af vand og ser meget idyllisk og pompøst ud. Det er bygget i hollandsk renæssancestil ligesom børsen og Rosenborg i København. Man har indrettet det til et righoldigt nationalhistorisk museum, som er meget seværdigt. Hr. Larsen løser billetter, og de går gennem alle salene og beundrer de mange pragtfulde malerier, møbler, figurer og værelser. Især kirken er overdådigt udsmykket.

Bagefter sidder de på hotellet i Hillerød og drikker kaffe, mens de samtaler om dagens begivenheder. Fru Larsen og Birte synes bedst om Frederiksborg, mens Fritz og hr. Larsen sværmer for Kronborg. Gunner er ligeglad.

21A₂   Italiensrejse

Grosserer Hansen, der har mange penge, men kun lidt dannelse, har været i Italien og fortæller derom: ...og så tog vi også ud for at se det efter sigende meget berømte Pompeji.

Vennen: Det må have været pragtfuldt!

Hansen: Hvad, pragtfuldt? Det hele så mildest talt noget ramponeret ud!!

Nordsjælland (no'r- Nordseeland
  ḫjälan|) n
landskab (la'nḇgā|b) Landschaft
  n, -er
bade (bā'dᵉ), -ede baden
streger (ḇdraⁱ'-ᵉʳ) Streiche
starte (ḇda'rdᵉ), -ede starten, anlassen
Strandvej (ḇdra'nwaⁱ|) Strandweg

Helsingør (ḫälḇenᵍö̃'|ʳ) Stadt
kalde (ta'lᵉ), -te nennen
riviera (riwi-ē'ra) Riviera
dyrehave (dū'rᵉ- Tiergarten
  ḫāwᵉ)
Eremitagen (eremitā'ḇjᵉⁿ)
hjort (jord), -e Hirsch
rådyr (ro'dū|ʳ) n, — Reh
græsse (grä'ḇᵉ), -ede grasen

tam (tam|)	zahm	omgive (o'mgī|)	umgeben
næs (näß) *n*, —	Landspitze	pompøs (pompö'|ß)	pompös
tæt (täd)	dicht	indrette (e'nräd*e*),	einrichten
mur (mū|ʳ), -e	Mauer	-ede	
knejse (k̄na*i'*ß*e*), -ede	emporragen	righoldig (ri'ghol|di)	reichhaltig
fornem (fo*ʳ*nä'm|)	vornehm	løse (lö'ß*e*), -te	lösen
kasemat (k̄aß*e*ma'd),	Kasematte	overdådig (o*u*-*eʳ*-	prunkvoll
-ter		dō'|di)	
sagnhelt (ß̄a'gn-	Sagenheld	udsmykke (u'd-	ausschmücken
häi|d), -e		ß̄mög*e*), -ede	
skæg (ß̄gä|g) *n*, —	Bart	hotel (hotä'l|) *n*, -ler	Hotel
vokse fa'st (wo'gß̄*e*),-ede	festwachsen	samtale (ß̄a'mtä|l*e*),	sich unter-
yderst (ü'|d*eʳ*ß̄d)	äußerst	-ede	halten
fare (fā'r*e*), -r	Gefahr	begivenhed (be-	Begebenheit
rejse sig	aufstehen, sich erheben	gī'|w*e*nh̄ē|d), -er	
bile (bī'l*e*), -ede	Auto fahren	jeg er ligeglad (lī'-*e*-	es ist mir gleich
badested (bā'd*e*-	Badeort	glad)	
ß̄däd) *n*, -er		dannelse (da'nelß̄*e*)	Bildung
skylle (ß̄gö'l*e*), -ede	spülen	efter sigende (ß̄ī'-	angeblich
klit (k̄lid), -ter	Düne	g*e*n*e*)	
Kullen (k̄u'l|*e*n)	Vorgebirge	mildest talt	gelinde gesagt
Fredensborg (frē'|d*e*nß̄bō|ʳ)		ramponere (ram-	beschädigen
Frederiksborg (fr̄äd*e*regß̄bo'r|)		ponē'|r*e*), -ede	

Øvelse 21B₁

Find de modale hjælpeverber i stykket!

Sammenlign i følgende sætninger de sammensatte verber: Peter skar grenen af. — Jeg afskar ham vejen. — Vi vendte om, da vi var kommet til skoven. — Negeren blev omvendt af missionæren. — Kontoristen fører den fremmede op til chefen. — Hvem har opført dette hus?

sammenligne	vergleichen	neger (nē'g*eʳ*), -g(e)re	Neger
(ß̄a'm*e*nlī\[g]|n*e*), -ede		omvende (o'mwä|n*e*), -te	bekehren
sammensætte(...ß̄äd*e*)	zusammen- setzen	missionær(mißjonä'|ʳ),-er	Missionar
		kontorist (k̄onto-	Büroangestell-
gren (grē|n), -e	Ast	ri'ß̄d), -er	ter

Oversæt til dansk: Darf ich hereinkommen? — Nein, du kannst draußen bleiben. — Warum wollte der Professor gehen? — Er wagte es nicht, länger hier zu bleiben, da er einen Vortrag (foredrag *n*) besuchen mußte. — „Ich müßte eigentlich gehen," sagte er, „aber ich habe keine Lust!" — Soll er telegraphieren, wenn er reisen kann? — Ich werde dir Bescheid (besked) geben. — Fritz hätte leicht drei Tassen Tee trinken können. — Das hätte er wirklich tun sollen!

21B₂ Undskyldning

Undskyld! Tilgiv mig min uforsigtighed! Om forladelse! Jeg beder Dem undskylde mig! — Svar: (Åh jeg) be'r! Det gør ikke noget! Det har ikke noget at sige! — De må ikke være vred, fordi jeg kom til at slå koppen i stykker! — Nej, det gjorde ingenting!

Jeg er ked af (det gør mig ondt, jeg beklager meget), at jeg må forstyrre Dem. Undskyld ulejligheden. — Det var kedeligt (beklageligt, ærgerligt), at Deres bil gik i stykker!
Med forlov!

undskyldning (o'n-ßgül[nen9), -er	Entschuldigung	beklage (beklā'ǀgᵉ), -ede	bedauern
tilgive (te'lgi])	vergeben	forstyrre(fo̱rßdö'r|ᵉ),-ede stören	
uforsigtighed (ufɔr-ße'gdihē|d)	Unvorsichtigkeit	ulejlighed (ulaⁱʳǀlihē|d)	Bemühung
forladelse (fɔr-lā'ǀdelßᵉ)	Verzeihung	gå i stykker	kaputtgehen
		forlov (fɔrlouʳ)	Erlaubnis

Grammatik

21C₁ Zusammengesetzte Verben — sammensatte verber

Die Verben mit den Vorsilben be-, er-, for-, fore-, fuld-, ge-, mis-, sam-, und-, van- können nicht getrennt werden; ferner diejenigen Verben, deren Simplex nicht allein vorkommt: afskedige, overnatte (es gibt keine Verben „skedige", „natte")

21C₂

Eigentliche zusammengesetzte Verben entstehen durch die Zusammensetzung des einfachen Verbs mit:

1. einem Substantiv: z. B. deltage teilnehmen (del); grundlægge gründen (grund); halshugge köpfen (hals); rådspørge um Rat fragen (råd); diese können bisweilen getrennt werden: tage del i noget, lægge grunden til ngt., spørge om råd.

2. einem Adjektiv: z. B. fastgøre befestigen; frigive freilassen; jævnføre vergleichen; lamslå lähmen; renskrive ins reine schreiben; smågræde

leise weinen; ødelægge zerstören; disse können getrennt werden, wenn das Adjektiv als Prädikat zu einem Objekt steht, z. B. gøre ngt. fast, give én fri.

3. einem anderen Verb: skylregne in Strömen gießen (skylle + regne); tudbrøle brüllen (tude + brøle); diese können nicht getrennt werden.

4. einem Zahlwort: tredele in drei Teile teilen; können nicht getrennt werden.

5. einer Präpositionsverbindung: z. B. irettesætte zurechtweisen; tilkendegive zu erkennen geben; vedligeholde er-, unterhalten; diese können getrennt werden: sætte i rette, give til kende, holde ved lige.

6. einer Präposition: z. B. fratage abnehmen; gennemgå durchmachen; påføre verursachen; tilsende zusenden.

7. einem Adverbium (ob. einer als Adverb gebrauchten Präposition): z. B. afgå; nedtage; medbringe; sammenligne vergleichen; udgive herausgeben.

21 C₃

Die meisten von den zu der 6. und 7. Gruppe gehörenden Verben können getrennt werden. Als Hauptregel gilt, daß die Verben die getrennte Form haben, wenn sie im eigentlichen, konkreten Sinne gebraucht werden, und die ungetrennte Form, wenn sie bildlich, übertragen verwendet werden. In der Umgangssprache ist die getrennte Form gegen diese Regel jedoch oft die häufigste. Beispiele:

getrennt, konkret	ungetrennt, bildlich
han træder ind i stuen	han indtræder i foreningen
vi gik (i)gennem gaderne	vi gennemgik et dansk-kursus
jeg kommer ud ad døren	avisen udkommer i København
han tog sin hat på	han påtog sig arbejdet
bilen fulgte efter optoget	Hansen efterfulgte Petersen som direktør
han satte over grøften (Graben)	han oversatte bogen

Die mit gennem-, mellem-, mod- zusammengesetzten Verben haben in der getrennten Form oft die längere Form mit i-: gå igennem byen, springe imellem, svømme imod strømmen.

Die Zusammensetzungen mit dem Adverb for „vor" haben fore- (fō'rᵉ-): forebygge vorbeugen; foregå vor sich gehen; foreslå vorschlagen; foretage unternehmen; foretrække vorziehen.

21C₄

Anders als im Deutschen bleibt ein getrenntes Verb auch im Infinitiv und Perfekt getrennt:

getrennt ungetrennt
Inf. at give penge ud   at udgive en bog
Perf. han har givet penge ud   han har udgivet en bog

21C₅   Die modalen Hilfsverben — de modale hjælpeverber

werden wie im Deutschen mit einem Infinitiv ohne at verbunden: jeg vil gerne sove nu; han kan svømme; vi turde (vagten) ikke gå derhen; De skal komme, såsnart De kan.

Die Präsensform ist einsilbig (wie die Imperfektsformen der „starken" Derben); Imperativ, Partizip Präsens, Futur, Konditional und Passiv kommen nicht vor; nur kunne hat eine Futur- und Konditionalisform: han vil kunne gøre det, såsnart han får penge; jeg troede, jeg vilde kunne komme i rette tid.

Verzeichnis

burde (bo'rd^e) müssen, sollen (innere Verpflichtung, vgl. englisch ought); bør (bör) — burde — har burdet.
    Jeg burde gå (müßte eigentlich gehen), men jeg gider ikke; du bør se „Aladdin" du mußt unbedingt „A." sehen.

kunne (ku'n^e) können; kan (kan|) — kunde (ku'n^e) — har kunnet.
    Jeg kunde ikke se ham; vi har ikke kunnet betale regningen; jeg kan ikke gøre for det ich kann nicht dafür; det kan (nok) være mag sein; De kan gå!; kan du nu gøre det! tue es!; kunde De hjælpe mig lidt? würden Sie mir ein bißchen helfen?; kunde I have lyst til at gå med? würdet ihr ...

måtte (mo'd^e) dürfen (vgl. engl. may); betont auch = müssen, mögen; må (mō|) — måtte — har måttet (dagegen: formå vermögen — formåede — formået).
    Må (darf) jeg få et stykke kage?; han har ikke måttet gå (gehen dürfen) i biografen; nu må' du gå! (mit Betonung: mußt); han må vel (wird wohl) være syg; jeg ønsker, at det må (möge) gå jer godt; måtte (möchte) han komme rask tilbage!; meistens Umschreibung mit gid, blot, bare wenn ... nur: gid han må komme rask tilbage!

skulle (sgu'l^e) sollen, müssen (Pflicht, Zwang); auch = werden (Versprechen, Drohung, s. 19C₄); skal (sgal) — skulde (sgu'l^e) — har skullet (sgu'l^{e}d).

Nu skal De gå!; skal jeg lave kaffe?; du skulde lære dine lektier bedre; skal (wollen) vi gå?; jeg skal (werde) nok sende dig et brev!

turde (to'rd^e) wagen, dürfen; tør (tör) — turde (to'r[d]^e) — har turdet (to'r[d]^{e}d).

Tør du springe over grøften?; han turde ikke sige sin mening; tør (darf) jeg spørge ...; om det passer, tør (kann) jeg ikke sige.

ville (wi'l^e) wollen (f. 19 C$_4$); vil (wel) — vilde (wi'l^e) — har villet (~d).

Jeg vil have mine penge!; han vilde med; jeg vilde ønske (möchte), at jeg var hjemme.

Verschiedene Schreibweise, aber dieselbe Aussprache haben: kunne, skulle, ville (Infinitiv): kunde, skulde, vilde (Imperf.). Es ist neuerdings erlaubt, im Imperf. kunne, skulle, ville zu schreiben.

21 C$_6$

Statt der Part.-Perf.-Form wird im Deutschen die Infinitivform der modalen Hilfsverben in Verbindung mit einem Infinitiv in den zusammengesetzten Zeiten gebraucht: jeg har ikke **villet købe** bogen (kaufen wollen); du havde nemt **kunnet nå** det du hættest es leicht schaffen können; jeg burde **være gået** ich hätte gehen müssen (vgl. 19 C$_7$).

22. Stunde

Sommerrejsen planlægges **22 A$_1$**

Tiden går hurtigt for de fleste mennesker. Vinteren over glæder man sig til foråret, og når så solen begynder at skinne, tænker man på at komme ud fra byen i naturen. Bedstefar og bedstemor holder af at sætte sig i haven på en bænk, som solen rigtig kan skinne på, og er glade over at de kan sidde og slikke solskin i ro. Såsnart påsken og pinsen er overstået, begynder man at spekulere på, hvor man skal rejse hen i sommerferien. „Et sådant vejr er det synd at blive hjemme i", mener Birte; „jeg for mit vedkommende vil ud at rejse, langt bort."

Hun cyklede hver dag rundt til de forskellige rejsebureauer og bad om broehurer, som hun kunde orientere sig efter. Hun slæbte tyske, norske, svenske, engelske, franske og italienske hæfter og foldere med hjem og sad om aftenen, beskæftiget med at planlægge en rigtig god sommerrejse, som hun kunde få fornøjelse af. Til sin mor sagde hun: „Jeg kunde faktisk godt tænke mig at besøge Norge. Det er et land, som jeg altid har sværmet for, og som jeg aldrig har været i. Men der skal også være smart ved Rivieraen. Jeg fik i dag øje på en flot plakat fra Rapallo. Så kunde jeg gøre ophold i Svejts på rejsen derned." Hr. Larsen sad og læste avis og hørte ubemærket efter. „Hør nu, lille Birte, du lader som om du havde en bankbog med mange penge i til din rådighed. Men hvor skal pengene til dine lange rejser komme fra?" „Tja, dem havde jeg tænkt at bede dig om", sagde Birte nedslået. „Nå, men det har vi for det første ikke råd til i år, da forretningen ikke har gået så godt. Og for det andet er Fritz vores gæst og ham bør du vise dit fædreland. Jeg foreslår derfor, at I bliver her i landet og foretager en rundrejse i Danmark. Her er seværdige og smukke steder nok i landet." „Ja!" råbte Birte begejstret, „det har du ret i, far! Jeg vil straks gå op til Fritz — han sidder oppe på sit værelse og læser — og aftale det hele med ham. Må vi låne dit landkort og din rejsefører over Danmark, så skal vi planlægge den bedste Danmarksrejse, der nogen sinde har været gjort." Med lange skridt fo'r hun op ad trappen og indviede Fritz i rejseplanerne. Fritz lagde sin pibe fra sig og udbrød: „Storartet idé! Hvornår rejser vi?"

22 A₂ Regnekunst

Lille Peter: Mor, kan du regne?

Mor: Om jeg kan regne? Ja, det kan jeg da.

Peter: Kan du måske også sne?

planlægge (plä′nläge)	planen	smart (ßmä|ʳd)	schick
hurtig (ho′rdi)	schnell	ubemærket (u′be- märgᵉd)	unbemerkt
natur (natū′|ʳ)	Natur		
bedstefår (bä′ßdᵉ...)	Großvater	lade som om	tun als ob
slikke (ßle′gᵉ), -ede	lecken; s. sol- skin sich son- nen	bankbog (ba′nᵃgbō̆|g)	Bankbuch
		rådighed (rō̆′dihē|d)	Verfügung
		nedslået (ne′dßlō̆|ᵉd)	niedergeschla- gen
såsnart (boßnā′|ʳd)	sobald		
overstå (...ßdō̆|)	überstehen	have råd (rō̆|d) til	sich leisten können
spekulere på (ßbe- tulē′|rᵉ), -ede	sich überlegen		
synd (ßön|), -er	Sünde; „schade"	foretage (fo′rᵉtā|)	unternehmen
for mit vedkom- mende (we′dʲom|- enᵉ) n	was mich be- trifft	aftale (aᵘ′tā|lᵉ), -te	verabreden
		fører (fö′rᵉʳ), -e	Führer
		skridt (ßgrid) n, —	Schritt
bureau (büro′) n, -er	Büro	fo'r von fare	eilen, springen
brochure (broßjū̆′rᵉ), -r	Prospekt	indvie (e′nwī|[ᵉ]), -ede	einweihen
orientere (ori-äntē′|rᵉ), -ede	orientieren		
		plan (plā|n), -er	Plan
slæbe (ßlä′bᵉ), -te	schleppen	pibe (pī′bᵉ), -r	Pfeife
hæfte (hä′fdᵉ) n, -r	Heft	udbryde (u′dbrū̆|dᵉ)	ausrufen
folder (fo′[ᵉʳ), -e	Faltheft	idé (idē′|), -er	Idee
beskæftige (beßgä′f- digᵉ), -ede	beschäftigen	regne (raⁱ′nᵉ), -ede	1. rechnen; 2. regnen
faktisk (fa′gtißg)	tatsächlich	sne, -ede	schneien

Øvelse 22B₁

Dan sætninger til de i grammatikken nævnte præ-positioner.

Dan sætninger, hvor: af, bag, efter, for, foran, fra, forekommer som adverbier.

Oversæt: Er dachte daran, nach Sünen zu fahren, aber er konnte erst nach dem 15. Oktober reisen. — Von wem ist dieser Brief? — Das Hotel, in dem ich ein Zimmer habe, ist vielleicht das größte in der Stadt. — Er radelte langsam den Berg hinauf. — Hinter ihm fuhr ein Auto, vor ihm lag das Meer. — Außer ihnen waren drei Gäste erschienen, mit denen ich mich gut unterhielt. — Das Gedicht, aus dem ich mehrere Verse vorlas, ist von Povl Møller und heißt „Freude über Dänemark"; als er es schrieb, fuhr er von Kopenhagen nach China — vor beinahe 150 Jahren.

vielleicht	måske	Vers	vers *n*, —
Berg	bakke, -r	China	Kina *n*
Gedicht	digt *n*, -e	beinahe	næsten

22B₂ Nogle vigtige synonyme ord

Hun er køn (schön), nydelig (niedlich), pæn (reserviert: ganz nett; a. lobend: sehr nett); smuk (hübsch), skøn (nur poet.), yndig (reizend, poetisches Wort), sød (nett, anmutig), vidunderlig (wunderbar), fortryllende (reizend, bezaubernd), henrivende (entzückend).

Dette landskab er herligt, kønt, smukt, skønt, vidunderligt, betagende (ergreifend).

Vejret er dejligt, herligt, storartet, fortrinligt (vorzüglich), pragtfuldt.

Han er god, venlig (freundlich), rar (nett), flink (nett), hyggelig (gemütlich), prægtig, pragtfuld, enestående (einzigartig).

Han er ond (boshaft, böse), slem, slet (schlecht), utiltalende (unsympathisch), gal (verrückt), forrykt, tosset (toll).

Drengen er flink (fleißig, tüchtig), dygtig, flittig, opvakt (aufgeweckt), doven (faul), ugidelig (träge, schlapp).

Din hat er vældig flot (schneidig), fiks (fesch), smart (schick), chik, elegant.

Grammatik
22C₁ Die Präpositionen — Præpositionerne

Ein Substantiv, von einer Präposition regiert, hat immer die Nominativform: efter maden, på et skib, i husene. Die persönlichen Pronomen haben die Akkusativ-Dativ-Form: fra mig til dig, af ham og hende, bag jer, hos dem (od. Dem). Eine Ausnahme bilden folgende zusammengesetzte Präpositionen, die die Genitivform des Substantivs od. das poss. Pron. haben: for ... skyld um ... willen, for ... vedkommende *n* was ... betrifft, på ... vegne *pl.* im Namen: for landets skyld, for mit (hans, Deres) vedkommende, på dine (byrådets, ministeriets) vegne.

22 C

Im Gegensatz zum deutschen Sprachgebrauch können die Präpositionen einen Infinitiv oder einen von **at** eingeleiteten Satz regieren (die Übersetzung wird umschrieben): danskerne holder meget af at cykle (lieben das Radfahren sehr); han tænkte på (daran) at tage studentereksamen; vi var glade over (darüber) at besøge jer; jeg sætter pris på, at du hjælper mig; han vidste ikke af, at du vilde tage væk. — Die Präpositionen können außerdem eine substantivisch gebrauchte Präpositionsverbindung regieren: han kunde ikke rejse før efter den 20.; jeg går med dig i stedet for med ham; vi snakkede med over en snes tilhørere.

22 C₃

Die Präpositionen (mit Ausnahme von den zusammengesetzten: ad ... til, for ... siden, for ... skyld [od. vedkommende], på ... nær, på ... vegne) stehen vor dem von ihnen regierten Substantiv oder Pronomen; in einigen festen Wendungen jedoch hinter: dagen igennem tagsüber; mand og mand imellem unter Männern; vinteren over den Winter über.

Die Präpositionen können am Satzende stehen:

1. nach einem Relativ- oder Interrogativpronomen (8C₇, 9C₁): den bog, (som) jeg læser **i**; hvem er den cigar **fra?**;
2. nach **hvor? „wo?"**, bisweilen auch nach der und her: hvor er han **fra?**; der (her) er han allerede rejst **fra**;
3. wenn das von der Präposition regierte Wort hervorgehoben werden soll: Petersen kan man ikke stole **på** (trauen); et sådant vejr vil jeg ikke cykle til kontoret **i**; dig er der ingen, der vil danse **med**;
4. verbunden mit einem Infinitiv: det er en sag at kæmpe **for**; hun er ikke værd at holde **af**.

22 C₄

Die Präpositionen können als Adverbien benutzt werden (10C₃): jeg tog hatten **af** og knappede frakken **op**; det gør hverken **fra** eller **til** das tut nichts zur Sache; skibet gik **under**.

22 C₅

Wenn den, det und dem (pers. Pron., 3. Person) von einer Präposition regiert werden, können sie, wenn es sich nicht um lebende Wesen handelt, durch Zusammensetzungen von der- (ob. her-) + die betreffende Präposition ersetzt werden: kagen er dejlig, tag et stykke af den (ob. deraf); de hoteller kender jeg godt, jeg har tit boet i dem (ob. deri, heri)

Alphabetisches Verzeichnis der Präpositionen
22C₆   A. Einfache Präpositionen

ad (*ad*) wird in der Umgangssprache (*a*) gesprochen und oft mit af verwechselt; 1. in der Richtung gegen etw.; 2. ent=
lang:

ind ad døren zur Tür hinein; ud ad vinduet zum Fenster hinaus; op (ned) ad bakke den Berg hinauf (hinab); ad Odense til auf O. zu; hen ad gaden die Straße entlang; hen ad aften gegen Abend; to ad gangen je zwei; zwei auf einmal. Bei Verben: le ad én jemanden aus= lachen; bære sig ad sich benehmen; spørg ham ad! frage ihn; se ad nachsehen; hvad går der ad dig? was fehlt dir?

af (*a*) vgl. fra:

von: kongen af Danmark; en bog af H. C. Andersen; aus: bordet er af egetræ; af stolthed (Stolz); an: lide af hovedpine (Kopf= schmerzen); have glæde (Freude) af ngt.; andere Übersetzungen: dø af sult vor Hunger sterben; stolt af (auf) sin familie; det lugter (smager) af (nach) øl; stor af (für) sin alder; bringe af dage (ums Leben); statt Genitiv: en ven af min fætter ein Freund meines Vetters (25 C₁).

angående (*a′ngō|ᵉnᵉ*) (Abk. ang.) betreffs, wegen:

jeg er ikke underrettet angående denne sag.

bag (*bā[|]g*) hinter:

bag byen lå der en skov.

blandt (*blan[|]d*) unter (vgl. mellem zwischen); auch iblandt:

to (i)blandt dem er meget intelligente; blandt andet (Abk. bl. a.) unter anderem.

efter (*ä′fdᵉr*) nach:

han rejste kort efter jul til Berlin; hvad søger du efter?; efter min mening; andere Übersetzungen: år efter (für) år; lukke døren efter (hinter) sig.

for (*for*):

für: jeg betaler for dig; dag for dag; for det første; vor: være bange for én; skamme sig for én; zu: for Pokker! zum Teufel!; for eksempel (Abk. f. eks.) zum Beispiel; for tiden; andere Über= setzungen: for (auf) to dage; helbrede for (von) ngt.; for (an) bordenden; for sjov aus Spaß; ikke for (um) nogen pris; for resten übrigens; for det meste meistens.

foran (*fo′ran[|]*) vor (örtlich; vgl. før):

foran mig lå hele dalen (Tal).

foruden (forū'd*e*n) außer:
foruden mig var der 3 gæster.

fra (frā|, fra) von, aus; vor allem örtlich („weg von") und zeitlich; nicht zu verwechseln mit af; 3. B. bogen er af Goethe (Goethe hat das Buch geschrieben), aber: bogen er fra Goethe (Goethe hat das Buch geschickt oder geschenkt):
von: et brev (en gave, en bog) fra mig til dig; fra Vejle til Århus; fra morgen til aften; fra tid til anden von Zeit zu Zeit; aus: han er fra Danmark og stammer fra en præstefamilie; andere Übersetzungen: seks fra ti zehn weniger sechs; tage ngt. fra én jemandem etwas wegnehmen.

23. Stunde

Sommer ved havet 23 A

Åge fik sommerferie 1. juni. Han har ret til 14 dages ferie hver sommer. Allerede længe før ferien havde han aftalt med en god ven, Palle Knudsen, der ejer en lystkutter og som også fik ferie på samme tid, at de vilde sejle en tur rundt om Sjælland. De skulde selv lave mad undervejs og sove i kahytten. Fru Larsen var noget urolig over planerne, men hr. Larsen sagde: „Lad ungdommen bare komme ud og få lidt frisk luft! Da vi var unge, kendte man desværre ikke den slags friluftsliv."

De sejlede en dejlig søndagmorgen i solskin og frisk blæst ud fra lystbådehavnen i Hellerup; de satte det hvide sejl og hejsede dannebrog, og snart var de forsvundet bag Amager. Deres rute var følgende: over Køge bugt til Stevns klint og derfra ned til Møns klint. De glædede sig over synet af de storslåede hvide kridtklinter med bøgeskove på toppen, akkurat som Fritz havde fortalt om klinterne på Rygen. De tog så vejen gennem Storstrømmen, under den 3—4 km lange Storstrømsbro, vistnok Europas længste bro, og ind i Smålandshavet, hvor den ene lille ø ligger ved siden af den anden. Videre gik turen gennem Langelandsbæltet, syd om Langeland til Ærø. Den hyggelige lille by Ærøskøbing har mange idylliske gader med velholdte bindingsværkshuse. Den beså de. „Sikken ro og fred her er!" sagde Palle. Syd for Fyn ligger der mange små grønne øer, hvor de ankrede op om aftenen og nød den lyse sommernat. Om sommeren bliver det aldrig helt mørkt om natten; man kan næsten læse uden lys. Der er en vidunderlig, drømmende stemning i en sådan lys og lun nat. Palle og Åge kunde næsten ikke sove. Gennem Storebælt kom de op forbi Røsnæs og Sjællands odde, og fjorten dage efter afrejsen sejlede de forbi Kronborg og hjem igen.

Hr. og fru Larsen lå på landet ved Jægerspris sidst i juni og først i juli. Gunner var med nogle skolekammerater på cykeltur i Sønderjylland. På Rømø opholdt de sig nogle dage. Hver morgen og aften gik de i vandet, ja ofte tiere, og hele dagen lå de, iført badedragt eller badebukser, og solede sig i klitterne. Gunner kan godt lide at svømme og pjaske i vandet. Efter opholdet ved stranden cyklede han og de andre deltagere i turen gennem marsken og over Åbenrå til Als. På Dybbøl beså de minderne fra slaget 1864. Undervejs overnattede de i vandrehjem og havde det forfærdeligt morsomt. Gunner var solbrændt og brun som en neger, da han kom hjem til Hellerup igen. Det havde været en storartet oplevelse.

23 A$_2$ Teori og praksis

— Udholdenhed bringer sejr!

— Undskyld, har De mon nogen sinde prøvet at gå med et par sko, der var for små?

ret (räd)	Recht, Anspruch	ungdom (o'n^gdom|)	Jugend
kahyt (tahü'd), -ter	Kajüte	friluftsliv (fri'lofdß-	Leben in freier
urolig (urō'|li)	unruhig	li|w) n	Luft

Lesestück	— 143 —	23. Stunde

blæst (blǣ̂sd)	Wind	odde (o'dᵉ), -r	Landspitze
lystbådehavn	Jachthafen	ligge på la'ndet	in der Som-
(lö'b̦dbōdᵉ...)			merfrische sein
hejse (haⁱ'b̦ᵉ), -ede	hissen	Sønderjylland	Nordschleswig
forsvinde (foᵣ-	verschwinden	(b̦ö'nᵉᵗjülan|) n	
b̦we'n|ᵉ)		Rømø (rö'mö|)	Insel Röm
bugt (bogd), -er	Bucht	gå i va'ndet	baden gehen
Køge (tö'gᵉ)	Eigenname	tiere (tī'-ᵉrᵉ)	häufiger
klint (tlen|d), -er	Steilufer	badedragt (bā'dᵉ-	Badeanzug
Møn (mö|n)	Eigename	dragd), -er	
syn (b̦ü|n) n	Anblick	sole (b̦ō'lᵉ), -ede	sonnen
storslået (b̦dō'r-	großartig	svømme (b̦wö'mᵉ),	schwimmen
b̦lō|ᵉd)		-ede	
kridt (trid) n	Kreide	pjaske (pja'b̦gᵉ), -ede	planschen
bøg (bö|g), -e	Buche	deltager (dē'ltā|gᵉᵗ),	Teilnehmer
Rygen (rū'|gᵉn)	Rügen	-e	
Storstrøm (b̦dō'r-	großer Strom	marsk (marb̦g), -er	Marsch
b̦dröm|)		Åbenrå (obᵉnrō'|);	verdeutscht:
vistnok (we'b̦dno'g)	wohl, wahr-	Als (al|b̦) n; Dyb-	Apenrade;
	scheinlich	bøl (dü'böl)	Alsen, Düppel
Europa (äᵘrō'pa) n	Europa	minde (me'nᵉ) n, -r	Erinnerung
Smålandshavet	Name	slag (b̦lā|g) n, —	Schlacht
(b̦mo'lan|b̦...)		undervejs (onᵉᵗ-	unterwegs
bælt (bäl|d) n, -er	Meeresstraße	waⁱ'|b̦)	
Ærø (ä'rö|) n	Insel	overnatte (...nadᵉ),	übernachten
velholdt (wä'lhol|d)	wohlerhalten	-ede	
bindingsværk	Fachwerk	vandrehjem (wa'n-	Jugendher-
(be'nenᵍb̦wärg) n		drᵉjäm|) n, —	berge
ro (rō|)	Ruhe	solbrændt (b̦ö'l-	sonnenge-
fred (fred)	Friede	brän|d)	bräunt
ankre o'p (a'nᵍgrᵉ),	ankern, vor	brun (brū|n)	braun
-ede	Anker gehen	teori (te-orī'|), -er;	Theorie,
lys (lü|b̦) n	Licht; hell	praksis (pra'gb̦ib̦)	Praxis
stemning (b̦dä'm-	Stimmung	udholdenhed (ud-	Ausdauer
nenᵍ), -er		ho'l|ᵉnhē|d	
lun (lü|n)	lau, warm	sejr (b̦aⁱ|ʳ), -e	Sieg

Øvelse 23B

Se på et Danmarkskort og find de omtalte stednavne! Planlæg en rundtur i Danmark! Fra Turistforeningen for Danmark eller fra rejsebureauerne kan De få brochurer tilsendt over de egne, der interesserer Dem. Gode vandrekort er udgivet af Geodætisk institut i København, især kan anbefales kortene i 1 : 100000 for vandrere og i 1 : 200000 for cyklister. En god rejsefører over landet er udgivet af Turistforeningen.

Dan sætninger med de præpositioner, der nævnes i grammatikken.

omtalt (o'mtā|ld)	erwähnt	geodætisk (ge-odä'|tißg)	geodätiſch
stednavn (ßdā'd- nau|n) n, -e	Ortsname	institut (enßditu'd) n, -ter	Inſtitut
turistforening (tu- ri'ßdfo°ē|nenᵍ), -er	Verkehrsverein	vandrer (wa'ndrᵉʳ), -e	Wanderer
tilsende (te'lßän|ᵉ), -te	zuſenden	cyklist (ßügli'ßd), -er	Radfahrer

Oversæt: Ich wohnte bei der Kirche, als ich bei meiner Tante (tante) in Odenſe war. — Der Student grüßte mich mit Freude, als er durch die Stadt ging. — Das Gemälde, das ich in meinen Ferien auf Fünen malte, hängt jetzt an der Wand über meinem Sofa. — In 14 Tagen werde ich 10 Kronen pro Tag verdienen (tjene). — Es iſt 12 Minuten nach 3. — Ich habe in der Schule einen Vortrag über Holberg gehalten.

Grammatik

23C Präpositionen (Fortſetzung)

fremfor (frä'm[\|]foʳ) vor:
fremfor alt vor allem.

før (fö[\|]ʳ) vor (zeitlich; vgl. foran):
3 dage før min fødselsdag; han kan ikke komme før kl. 8; ikke før senere erſt ſpäter.

gennem (gä'n[\|]ᵉm) (ältere Form: igennem) durch:
vi rejste gennem Jylland; jeg fik bogen gennem min boghandler.

henad (hä'n[\|]ad) gegen:
henad jul.

henimod (⸗imō[\|]d) gegen:
henimod påske.

henved (⸗wed) gegen, ungefähr:
der var henved en snes deltagere.

hinsides (hi'nßidᵉß) jenſeits (jetzt gebräuchlicher: på den anden side [af]):
hinsides havet, oder: på den anden side (af) havet.

hos (hoß) bei, an (nur bei lebenden Weſen gebraucht, ſonſt ved):
hun bor hos sin søster ved kirken.

i (i[|]), ſowohl örtlich als zeitlich:

in: jeg opholdt mig i Skive (i) to uger; vi bor i Nørregade (aber: på Kastanievej); han er født i Jylland (aber: på Fyn); tale i søvne; i vrede im Zorn; nu i år; zu: universitetet i Berlin; gå i kirke (skole, seng) zur Kirche (zur Schule, zu Bett) gehen; an: tage del i noget an etwas teilnehmen; være i live am Leben; skyldig i noget; i begyndelsen am Anfang; i spidsen an der Spitze; gå i land; i og for sig; andere Überſetzungen: 10 minutter i (vor) 3; slag i (auf) slag; jeg har boet her i (ſeit) 2 uger; gå i stå ſtehenbleiben.

ifølge (iſö'lgᵉ) infolge, laut, gemäß:

ifølge kongelig befaling.

inden (e'nᵉn) vor (zeitlich):

han gik inden en time.

indtil (e'n[|]tᵉl) bis:

sådan gik det indtil jul.

langs (langˢ[|]ß) entlang, längs:

langs de endeløse husrækker.

med (mäd) mit:

tage med toget; være tilfreds med noget; med forlov! mit Erlaubnis! erlauben Sie?; andere Überſetzungen: tage afsked med (von) én; fra og med 15. oktober vom 15. Oktober an; med eet auf einmal; med mere (m. m.) und desgleichen mehr; Umgangsſprache: væk med dig!; gå hjem med jer! geht nach Hauſe!

mellem (mäl[|]ᵉm) zwiſchen (auch imellem); vgl. blandt:

jeg sad mellem fru og frøken Larsen; mellem jul og nytår; mellem (unter) os sagt.

mod (mō[|]d) gegen, wider (auch imod):

mod aften; sejle mod vest; har han noget imod mig?; læne sig mod (an) døren.

om (om[|]):

um: gå om huset; spille om penge; bryde sig om noget ſich um etwas kümmern, ſich an etwas kehren; über: holde et foredrag om Nordsjælland; strides (ſich ſtreiten) om noget; an: tvivle om noget; et minde (Erinnerung) om sommeren; von: en historie om en konge; jeg har ingen anelse om det; hvad synes (denkſt) du om ham?; jeg drømte ikke om andet; nach: spørge én om noget; Zeitbeſtimmungen: om (in) 2 timer, om 14 dage; fem kroner om (pro) dagen; von einem regelmäßig wiederkehrenden Zeitraum (vgl. 11 C₂): om natten in der Nacht, nachts: om dagen am Tage; om sommeren im Sommer; om onsdagen am Mittwoch, mittwochs.

omkring (omkre'ngˢ[|]) um (... herum):

omkring byen ligger voldene (die Wälle); jeg gik omkring skoven; det koster omkring (etwa) 5 kroner.

23. Stunde

over (o^{u'}[|]^{er}) über:

mågen (die Möwe) fløj over havet; jeg blev der natten over; vi har været her over en uge; falde over bord; ærgre sig over noget; 5 minutter over (nach) 12.

på (pō|, po), hat nicht nur die Bedeutung (oben)drauf, sondern auch an der Seite befindlich:

auf: når han er på landet, sidder han på broen og ser på skibene, der sejler på havet; gå på jagt; svare på noget; vente på noget; på denne måde auf diese Weise; an: billedet hænger på væggen; banke (klopfen) på døren; på flere steder an mehreren Stellen; tro (tvivle, tænke) på én; huske på noget sich an etwas erinnern, an etwas denken; in: han sidder på sit kontor; gå på posthuset; have penge på lommen; andere Übersetzungen: på fredag nåchsten Freitag; være sikker på noget einer Sache gewiß sein; komme på cykel mit dem (od.: per) Rad kommen; på (um) denne tid; på (unter) denne betingelse; en pige på (von) 12 år.

Verschiedene Konstruktionen mit på: begynde på ngt. etwas anfangen; føle på ngt. etwas anfühlen; glo på én jemanden angloßen; hilse på én jemanden grüßen; kalde på én jemanden rufen; køre på fællesklasse dritte Klasse fahren; læse på sin lektie seine Schularbeiten machen; råbe på én jemanden rufen; ryge på en cigar eine Zigarre rauchen; ryste på hovedet den Kopf schütteln; smage på ngt. etwas kosten; spille (på) violin Geige spielen; stirre på én jemanden anstarren; stole på én jemandem trauen; støde på én jemanden zufällig treffen; — få fat på én jemandes habhaft werden; tage fat på ngt. etwas anfassen, mit etwas anfangen; døren står på klem die Tür ist angelehnt; være på færde los sein; være på tide an der Zeit sein; være vred på én jemandem böse sein.

siden (ßī'd^en) seit:

jeg har boet her siden maj ich wohne hier seit Mai.

til (te[l]); über Reste älterer Endungen s. 24C₃:

zu: jeg rejser til min far til pinse; han blev valgt til konge; til minde om krigen; nach: vi rejser til Randers; det ser ud til tordenvejr (Gewitter); auf: støtte sig til en stok; udsigt til havnen; det beløber sig til 2 kr.; jeg glæder mig til at se jer; an: henvend dig til ham eller skriv et brev til ham; hun lugtede (roch) til roserne; vænne sig (sich gewöhnen) til ngt.; in: ved min ankomst (Ankunft) til Berlin; oversætte fra dansk til tysk; andere Übersetzungen: her er en bog (et brev) til (für) Peter; det var pokkers til kulde her! das ist doch eine verfluchte Kälte hier!; give sig til at le zu lachen anfangen, auflachen

trods (troß) trotz:

trods sin sygdom (Krankheit) kom han.

uden (ū'd^en) ohne:

uden jakke og hat; uden tvivl; uden videre.

under (o'n[|]ᵉʳ):

unter: katten sidder under bordet; under åben (freiem) himmel; während: under krigen var han soldat; være under bygning im Bau sein.

undtagen (o'ntā|[g]ᵉn) ausgenommen, außer:

alle undtagen jeg (od. mig) var begejstrede.

ved (wed, we):

an: (nur von leblosen Dingen, vgl. hos): Hans står hos sin broder ved det gamle træ; Roskilde ligger ved fjorden; lærer ved realskolen; ved højlys (hellicht) dag; bei: slaget ved Dybbøl; ved dag; ved denne lejlighed (Gelegenheit); durch: det skete ved et ulykkestilfælde; ved hans hjælp; andere Bedeutungen: væmmes ved ngt. sich vor etwas ekeln; ved århundredskiftet um die Jahrhundertwende; han var god ved (zu, gegen) mig; ved lejlighed gelegentlich; det er der ikke noget ved das taugt nichts; være ved at gøre ngt. dabei sein, etwas zu tun; han var lige ved at drukne er wäre beinahe ertrunken.

24. Stunde

Rundtur i Danmark 24 A

Birte og Fritz købte hver et 14-dages kort til de Danske statsbaner; med det kan de køre overalt i landet, dog ikke på privatbanerne. En morgen tog de fra København. De sad i en fællesklassekupé ved siden af hinanden og kiggede ud på det sjællandske landskab. „Her er Sorø", forklarede Birte, „en romantisk digterby, der ligger så smukt ved sø og skov. Nu kommer Korsør snart, og så skal vi med færgen." Motorfærgerne over Storebælt er meget store, da de er beregnet til at overføre tre lyntog på een gang. De sejler i løbet af en times tid over til Nyborg. Undervejs bliver de mange måger, der følger skibet, fodrede af passagererne.

I Sydfyn ligger den ene smukke og berømte herregård ved siden af den anden. Birte tænkte først på at tage i rutebil derned for i hvert fald at se et par af dem, f.eks. Egeskov eller Rygård, men de opgav det, fordi tiden var

10*

så knap. De fik heller ikke tid til at opsøge vikingeskibet i Ladby. I Odense besøgte de H. C. Andersen-museerne, St. Knuds domkirke og „den fynske landsby", bestående af gamle fynske bondegårde, med vand- og vindmølle, kro, smedje osv. Så kørte de videre. Undervejs kom de over den bekendte store Lillebæltsbro, der forbinder Fyn med Jylland. Lillebælt er et smalt men smukt farvand.

Fra den gamle fæstning Fredericia, et af de største jernbaneknudepunkter i Danmark, kørte de nordpå. Den ene smalle, lange fjord efter den anden skærer sig ind i hele Jyllands østkyst. Nogle siger, at Flensborg fjord og Vejle fjord er de kønneste. Toget kørte netop langs med den sidste. Ved Skanderborg er landskabet igen anderledes, her er der sø ved sø. Århus, Jyllands hovedstad, er en moderne og stor by, beliggende ved bugten, omgivet af smukke, bakkede landskaber. Her ligger Danmarks andet universitet. De to venner var imponerede over dets moderne indretning og friske beliggenhed i en park på en bakke nord for byen. „Her må studenterne da have det rart!" sagde Fritz. „Ja, sikke dejlige kollegier, de bor i!" sagde Birte misundeligt. På grund af sommerferien var der for tiden ingen studenter.

Seværdig er i Århus også „Den gamle by". Det er et friluftsmuseum, hvor en række gamle købstadhuse fra hele landet er genopført i en lille by. Man kan gå rundt omkring i gaderne og drømme sig tilbage til stemningen i en lille købstad for 100 eller 200 år siden. I husene er der indrettet museer med gamle håndværkerværksteder; der er møller, bryggerier, skole, toldbod, butikker osv. Der mangler faktisk kun en kirke og et rådhus, så er byen fuldstændig. I stedet for at indrette et kedeligt museum har man her lavet et fornøjeligt og levende bybillede fra de svundne tider.

24. Stunde

Fra Århus tog de op til Viborg, Jyllands gamle midtpunkt gennem tusind år. Her ligger jordens største kirke af granitsten, den smukke og interessante domkirke med moderne kalkmalerier af kunstneren Skovgaard. Vest for byen ligger den store jyske hede, med kæmpegrave fra sten- og broncealderen, med store mørkegrønne granplantager og om efteråret med udstrakte lilla lyngstrækninger. Her er der meget ensomt, men også poetisk for den, som elsker heden. Store stykker af den er opdyrket i vore dage.

statsbane (ṣdā'|dṣbān^e), -r — Reichsbahn
fællesklasse (fä'l|^{e}ṣklaṣ^e) — „gemeinsame Klasse", 2. und 3. Klasse
kupé (tupē'|), -er — Abteil
Sorø (ṣō'rö|) — Städtchen
digter (de'gd^{er}), -e — Dichter
Korsør (korṣö'|^r) — Stadt
beregne (berai'|n^e), -ede — berechnen
løb (lȫ|b) n, — Lauf
en times tid — ungefähr eine Stunde
måge (mō'g^e), -r — Möwe
fodre (fo'dr^e), -ede — füttern
passager (paṣaṣiē'|^r), -er — Paṣṣagier, Reiſender
herregård (hä'r^{e}gō|^r), -e — Rittergut
rutebil (ru'd^{e}bī|l), -er — Überlandautobus
i hvert fald (fal|) — jedenfalls
Egeskov (ē'g^{e}ṣgo^u|) — Eigenname
Rygård (rügō'|^r) — Eigenname
opgive (o'bgī|) — aufgeben
opsøge (o'bṣö|g^e), -te — auffuchen
viking (wi'ṭen^g), -er — Wiking
Ladby (la'dbū|) — Dorf
St.(=Sankt) Knud (tnud|) — Heiliger
landsby (landṣbū|) — Dorf
fynsk (fü|nṣg) — fünisch
bondegård, -e — Bauernhof
mølle (mö'le), -r — Mühle
kro (trō|), -er — Krug
smedje (ṣmedje), -r — Schmiede
forbinde (fo^{r}be'n|^e) — verbinden
smal (ṣmal|) — schmal
farvand (fä'^{r}wan|) — Fahrwasser n, -e
fæstning (fä'ṣdnen^g), -er — Feſtung
Fredericia (fräd^{e}re'dṣja) — Stadt
knudepunkt (tnū'd^{e}pon^g|d) n, -er — Knotenpunkt
nordpå (nō'|^{r}pö|) — nordwärts
fjord (fjō|^r), -e — Förde
Vejle (wai'l^e) — Stadt
netop (nä'dob) — grade
sidst — hier: letztgenannt
beliggende (bele'g^{e}n^e) — gelegen
bakket (ba'g^{e}d) — hügelig
imponere (emponē'|r^e), -ede — imponieren
indretning (e'nrädnen^g), -er — Einrichtung
beliggenhed (bele'genhē|d), -er — Lage
kollegium (kolē'|gi-om) n, -gier — Studentenwohnheim
misundelig (miṣo'n|^{e}li) — neidiſch
for tiden — zur Zeit
frilufts... (fri'lofdṣ...) — Freilicht...

genopføre (gä'nob-fö|rᵉ), -te	wiederauf-führen	Skovgaard (ɧgoᵘ'gō|ʳ)	Eigenname
købstad (tö'bɧdad), -stæder	(Provinz-) stadt	jysk (jüɧg)	jütländiſch, jütiſch
håndværker (ho'nwärgᵉʳ), -e	Handwerker	hede (h̲ē'dᵉ), -r	Heide
værksted (wä'rgɧdåd) n, -er	Werkſtatt	kæmpegrav (tä'mbᵉ-grā|w), -e	Hünengrab, Dolme
bryggeri (brögᵉrī'|) n, -er	Brauerei	mørke... (mö'rgᵉ...)	dunkel...
toldbod (to'lbō|d), -er	Zollamt	gran (gran), -er	Tanne
mangle (ma'nᵍlᵉ), -ede	fehlen	plantage (plantā'ɧjᵉ), -r	Pflanzung
svunden (ɧwo'nᵉn)	vergangen	udstrakt (u'dɧdragd)	ausgedehnt
midtpunkt (me'dponᵍ|d) n, -er	Mittelpunkt	lilla (le'la)	lila
jord (jō|ʳ)	Erde	lyng (lönᵍ|)	Heidekraut
granit (grani'd)	Granit	strækning (ɧdrä'gnenᵍ), -er	Strecke
kalkmaleri (ta'lgmalᵉrī|) n, -er	Freskogemälde	ensom (ē'nɧom)	einſam
		poetisk (po-ē'|tiɧg)	
		opdyrke (o'bdürgᵉ), -ede	urbar machen

24B₁   Øvelse

Dan sætninger til de sammensatte præpositioner.

Følg Birtes og Fritz's rejse på kortet og fortæl, hvad De mere ved om Danmark.

Oversæt: Vor vielen Jahren wohnte der Schuldirektor (rektor) jenſeits des Fluſſes (flod; kleiner: å) — Neben mir ſaß eine alte Frau; im Vergleich mit ihr war ich groß. — Er hat es um meinetwillen getan. — Trotz des ſtrengen Winters trage ich, was mich betrifft, nie einen Hut. — Das Schiff iſt im Storebælt nördlich von Sprogø untergegangen. — Er fährt lieber zu Waſſer als zu Lande. — Wollen wir zu Tiſch gehen?

24B₂   Bevægelsesverber

at gå, spadsere, vandre, marchere, kravle (kriechen: på hænder og fødder), krybe (kriechen: på maven), klatre (klettern), stige op (ned), springe, hoppe, løbe, rende, fare af sted; at ride, at svømme.

at køre = auf Rädern fahren: køre i bil, med tog, på cykel. — at bile, at cykle.

at sejle = mit dem Schiff fahren: sejle i robåd, med færge, damper, luftskib.

at flyve = fliegen: flyve med flyvemaskine.

at gå, cykle, ride, bile en tur = spazierengehen usw.

at rejse, at tage til Berlin med toget; hvor tager De hen til sommer?

bevægelse (bewä'|gel§e), -r	Bewegung	fare af sted	davoneilen, =rasen
		robåd (rō'|...)	Ruderboot

Grammatik

B. Zusammengesetzte Präpositionen 24C₁

Viele Präpositionen können mit Ortsadverbien zusammengesetzt werden (10C₅), z. B.: pakken lå bag i vognen; jeg kom bag efter ham; bag ved (hinter) skoven lå et hus; gå hen ad (entlang) vejen; han står henne ved broen; vi gik langs med (längs) jernbanen; oven over skyerne; over for (gegenüber) rådhuset; det går ned ad bakke (bergab); uden for byen außerhalb der Stadt.

Wenn diese Präpositionen als Adverbien gebraucht werden, schreibt man sie in einem Wort: han står udenfor (draußen); vi gik ovenpå (nach oben); vejen gik opad (aufwärts) gennem skoven.

Andere zusammengesetzte Präpositionen:

for ... siden vor: for tre måneder siden kom jeg til byen;

næst efter nächst: næst efter H. C. Andersen synes jeg bedst om Steen Blicher (gefällt mir St. Bl. am besten);

nær ved nahe an: byen ligger nær ved skoven;

på nær oder **på ... nær** ausgenommen: jeg hader alle på nær dig oder: på dig nær;

rundt om um ... herum: voldgraven løber rundt om byen.

24C₂

Mit einem Substantiv zusammengesetzte Präpositionen sind z. B. folgende:

i anledning af anläßlich;

på grund af (Abk. p. gr. af) wegen: han kommer ikke på grund af sygdom;

af hensyn til mit Rücksicht auf: han røg ikke af hensyn til sin kone;

med hensyn til (Abk. m. h. til) was betrifft: Danmark er et lille land med hensyn til arealet;

ved hjælp af (Abk. v. hj. af) mit Hilfe von, mittels: det sidder fast ved hjælp af en skrue (Schraube);

i kraft af kraft: han er en stor forretningsmand i kraft af sin dygtighed;

i mangel af mangels: I må drikke te i mangel af bedre;

i sammenligning med (Abk. i smlg. m.) im Vergleich mit: disse cigarer er gode i sammenligning med dem, vi fik i går;

på den anden side (af) jenseits: byen ligger på den anden side (af) fjorden;

på denne side (af) diesseits: på denne side (af) grænsen;

ved siden af (Abk. v. s. af) neben: Als ligger ved siden af Sønderjylland;

for ... skyld um ... willen, wegen: du skal ikke blive for min skyld;

i stedet for (Abk. i st. f.) statt: jeg gik til mødet i stedet for min søster;

i tilfælde af im Falle: i tilfælde af krig rejser vi tilbage;

til trods for trotz: han er kommet herhen til trods for regn og mørke (Dunkelheit);

for ... vedkommende n was ... betrifft: jeg for mit vedkommende er tilfreds og glad;

på ... vegne pl. (Abk. p. ... v) im Namen, im Auftrage· må jeg takke Dem på min kones og egne vegne!; på ministeriets (byrådets, foreningens) vegne (Abk. p. m. v. p. b. v., p. f. v.) im Auftrag des Ministeriums, der Stadtverordnetenversammlung, des Vereins.

24 C₃   Reste alter Endungen

In nicht wenigen festen Präpositionsverbindungen sind Reste alter Endungen (-e, -s) erhalten; besonders häufig bei til.

Beispiele: ad åre übers Jahr; bringe af dage ums Leben bringen; af søvne aus dem Schlaf; fra borde von Bord; i drømme im Traum; i forgårs, i formiddags; have i hænde in Händen haben; i live am Leben; i lørdags; få i sinde auf den Gedanken kommen; i sovne im Schlaf; i tide beizeiten; **inden** døre zu Hause; **med** rette mit Recht; være **oven** senge aufsein; være på færde tätig sein; los sein; det er på tide es ist an der Zeit.

til (mit -e): dømme til døde zum Tode verurteilen; til fulde völlig; gøre sig til gode sich gütlich tun; have til gode zugute haben; gå til grunde zugrunde gehen; gå én til hånde jemandem zur Hand gehen; kalde til live zum Leben erwecken; til mode zumute; tale til rette zur Vernunft bringen; gå til spilde verlorengehen; komme til stede erscheinen; være til stede anwesend sein; komme til syne zum Vorschein kommen; tage til takke vorliebnehmen; skaffe til veje herbeischaffen; tage én til ægte sich mit jemandem verheiraten.

til (mit -s): gå til alters das Abendmahl nehmen; rask til bens gut zu Fuß; slå til blods blutig schlagen; gå til bords zu Tisch gehen; til bunds bis zum Grund; gå til bunds untergehen; til dels zum Teil, teilweise; til fods zu Fuß; til købs käuflich; til lands zu Lande; komme én til livs jemandem zu Leibe gehen; spørge til råds um Rat fragen; gå til sengs (od. i seng) zu Bett gehen; til søs zur See; til vands zu Wasser; gå til værks zu Werke gehen.

25. Stunde

På hotellet 25 A₁

Birte og Fritz fortsatte rejsen til Ålborg. Syd for Ålborg ligger Himmerland, som er meget bekendt i dansk historie og litteratur. „Himmerland er de gamle kimbrers land", fortalte Birte, „har du ikke lært om kimbrerne og teutonerne i skolen? Det var såmænd ikke andre end de gode jyder!" „Det er meget interessant, det har jeg skam ikke vidst." „Læs Johs. V. Jensens romaner!"

Ålborg er en livlig og højst moderne by, men har også mange gamle bygninger. Der var så varmt i gaderne, at det ikke var til at holde ud. „Der er over 25° varme, skal vi ikke skynde os til Skagen for at blive afsvalede lidt?

Vi kan bo der et par dages tid og bade og komme os lidt oven på varmen", foreslog Birte. De tog så ind på et hotel i Skagen. Fritz bestilte værelser: „Har De to enkeltværelser til i overmorgen?" „Ja, der er lige to fri." „Dem tager vi!" „Javel, vil De være så venlig at indskrive Dem!"

De vilde rigtig nyde disse dage; derfor måtte det gerne være lidt dyrere end de plejede at bo. Hver morgen mødtes de i restauranten. „Tjener, to kaffe med rundstykker!" Efter morgenmaden gik de ud til stranden og lagde sig i det herlige hvide sand, badede og hvilede sig. Det var så varmt, at de kunde blive næsten en halv time i vandet. De spadserede også ud til Grenen, Danmarks nordligste punkt, hvor Vesterhavet og Kattegat mødes. Her er der altid smukt. Overalt kun sand og vand og himmel. Om eftermiddagen drak de et eller andet køligt i en kafé. „Jeg bryder mig ikke om øl eller kaffe i den varme", sagde Fritz, „så lad os hellere bestille en appelsinvand eller en citronisvand." Om aftenen spiste de til middag på hotellet. Det var meget fornemt, gæsterne mødte festklædte og satte sig ved smukt dækkede borde. På spisesedlen stod mange fine retter opført. Først spiste de en suppe. Fritz vidste naturligvis ikke, hvad den bestod af, men Birte forklarede det for ham. Dernæst en kødret med grøntsager og til sidst is, frugt eller en anden dessert. Til maden drak de gammel fransk rødvin.

Fritz tog så en cigar og røg den til mokkaen og likøren bagefter. Birte nøjedes med en cigaret. I den lune aften gik hotelgæsterne og spadserede langs stranden. Månen spejlede sig i de blanke bølger. „Synes du om de lyse nætter, min ven?" „Ja, det gør jeg rigtignok! Jeg har aldrig troet, at havet var så skønt. Og jeg havde på fornemmelsen, at der måtte være forfærdelig trist så langt mod nord." „Sikke mærkelige forestillinger du må have haft om Danmark!" „Ja, det var nu kun min spøg."

Snuhed 25A₂

Lars fortæller: I går snød jeg rigtignok de Danske statsbaner! Jeg tog tur-returbillet til Hobro, men kørte hjem med rutebilen!!

fortsætte (fo'rdtz̧äd*e*)	fortsetzen
kimbrer (te'm|br*er*), -(e)	Zimber
teuton (tä*u*tō'|n), -er	Teutone
såmænd (tz̧omä'n|)	tatsächlich
jyde (jü'd*e*), -r	Jüte, Jütländer
skam (tz̧gam)	wahrhaftig
holde u'd	aushalten
afsvale (a*u*'tz̧wāl*e*), -ede	abtühlen
tage i'nd	einkehren
enkelt (ä'n*g*|geld)	einfach
indskrive(e'ntz̧gri|w*e*)	eintragen
tjener (tjä'n*er*), -e	Kellner; Herr Ober!
et eller andet	irgend etwas
is (ī|tz̧)	Eis
festklædt (fä'tz̧d-tlä|d)	im Gesellschaftsanzug
dække (dä'g*e*), -ede	decken
ret (räd), -ter	Gericht
suppe (tz̧o'b*e*), -r	Suppe
dessert (detz̧ä'|*r*[d]), -er	Nachspeise
vin (wī|n), -e	Wein
likør (litö'|*r*), -er	Litör
nøjes (no*i*'-*e*tz̧)	sich begnügen
måne (mō'n*e*), -r	Mond
blank (blan*g*|g)	blant
rigtignok (re'gdinog)	wahrhaftig
fornemmelse (fo*r*-nä'm|eltz̧*e*)	Empfindung; på f-n im Gefühl
trist (tritz̧d)	langweilig, traurig
mærkelig (mä'rg*e*li)	merkwürdig
spøg (tz̧bo*i*|)	Spaß
snuhed (tz̧nu'h̄ē|d)	Schlauheit

Øvelse 25B

Genfortæl stykket.

Beret (berichte) om en sommerdag, De har oplevet ved stranden.

Oversæt til dansk: Ich habe einen Teil des Briefes hier. — Mein Vater war vor vielen Jahren Professor der deutschen Sprache. — Bist du dessen sicher? — Ein Buch meiner Bibliothek ist verschwunden; ein Freund von mir hat sicher vergessen, es mir wiederzubringen. — In meiner Stube steht ein Tisch aus Eichenholz (egetræ *n*). — Wir haben eine kleine 3-Zimmerwohnung in einem dreistöckigen (treetagers) Haus. — Die Großmutter gab dem Enkelkind (barnebarn *n*) einen Zehnörekuchen. — Seid Ihr mir böse?

25 B₂

Spørgsmål

(Vgl. 19 C₈)

Vil (kan) De sige mig, hvor politistationen ligger? Vil De være så god (venlig) at sige mig, ...; De vil vel ikke sige mig, ...; vilde (kunde) De sige mig, ...; vilde (kunde) De være så venlig at sige mig, ...; vilde (kunde) De ikke være så venlig at sige mig, ...

Undskyld, hvor er den nærmeste postkasse? Måtte jeg få lov at spørge, hvor den nærmeste p. er!

De ønsker? was wünschen Sie? — Jeg vil(de) gerne have (bede om) ...; kan man få frimærker her?

Hvor går vejen til Korsør? Hvordan kommer jeg til Kongegade herfra?

Ved De, om ministeren tager imod i dag?

Skal vi gå i Tivoli i morgen aften?

Hvad betyder: Al indkørsel forbudt? Hvad hedder dette slot? Hvor er De fra?

politistation, -er	Polizeiamt	tage imod	empfangen
postkasse, -r	Briefkasten	indkørsel (e'nkö|r-ßˤl)	Einfahrt

Grammatik

25 C₁

Umschreibung der Kasus mit Präposition

(Ergänzung zu 1 C₅)

Der Genitiv wird oft durch eine Präpositionsverbindung ersetzt (besonders wenn kein direktes Besitzverhältnis ausgedrückt wird); die Präposition ist meistens af: et stykke **af** vejen ein Stück des Weges; erobringen **af** Magdeborg die Eroberung Magdeburgs; stå i spidsen **for** landet an der Spitze des Landes stehen; brevene **fra** min ven die Briefe meines Freundes; docent **i** dansk litteratur Dozent der dänischen Literatur; et tegn **på** svaghed ein Zeichen der Schwäche.

Präpositionsverbindungen entsprechen oft deutschen Genitivausdrücken, von Präpositionen, Adjektiven oder Verben regiert:

være sikker **på** noget einer Sache sicher sein; være **ved** godt mod guten Mutes sein; **på** stående fod stehenden Fußes; på den anden side **af** havet jenseits des Meeres; anklage **for** mord des Mordes anklagen; jeg er **af** den mening ich bin der Meinung.

25 C₂

Man merke die Übersetzung eines Genitivs, wenn das regierende Wort **unbestimmt** ist: et (ob. det ene) af vognens hjul ein Rad des Wagens; en af landets specialiteter **eine** Spezialität des Landes; en ven af min broder, ob. en af min broders venner **ein Freund meines Bruders**.

25 C₃

Umgekehrt muß eine dänische Genitivverbindung durch eine deutsche Präpositionsverbindung übersetzt werden, wenn der Genitiv adjektivisch steht, um **Maß, Umfang, Stoff, Zeitraum, Alter** usw. auszudrücken: to umalede fyrretræs stole (= stole af fyrretræ) zwei rohe Stühle aus Kiefernholz; en fem øres kage (= kage til fem øre) ein Kuchen zu fünf Öre; en syv punds dreng (= dreng på syv p) ein Junge von sieben Pfund; der er en halv mils vej til Ribe (= en vej på en halv mil) ein Weg von einer halben Meile; termometret viser to graders (2°) kulde; en 2½ værelsers lejlighed 2½-Zimmer-Wohnung; et fem etagers hus ein Haus von fünf Stockwerken; en halv times tid ungefähr eine halbe Stunde; et fjorten dages ophold i Jylland (= ophold på 14 dage).

Oft schreibt man diese Verbindungen in einem Wort: en fyrretræsstol, en femøreskage.

25 C₄

Der **Dativ** wird oft durch eine Präpositionsverbindung ausgedrückt und steht dann hinter dem Akkusativ: jeg giver en bog **til** manden (= jeg giver manden en bog); han åbnede døren **for** ham; være vred **på** én jemandem böse sein; det lykkedes (**for**) manden.

Einige Akkusativausdrücke werden auch durch Präpositionsverbindungen übersetzt: hilse **på** én jemanden grüßen; kalde **på** én jemanden rufen (vgl 23 C, på)

26. Stunde

26 A₁ På folkehøjskole

Fjordby folkehøjskole, 10. sept. 19..

Hr. stud. mag. Fritz Schmidt!

Som svar på Deres venlige forespørgsel af 6. ds. skal jeg herved meddele Dem, at De er hjertelig velkommen til at aflægge et 14 dages studiebesøg hos os for at sætte Dem ind i en typisk dansk folkehøjskoles daglige arbejde. — Turde jeg samtidig bede Dem holde et lille foredrag for eleverne, f. eks. om tyske problemer, da de sikkert vil være meget interesserede deri?

Venlig hilsen!
(sign.) H. Hansen,
højskoleforstander.

Fjordby folkehøjskole, 25. 9. 19..

Kære Birte,

tak fordi du gav mig den glimrende idé at besøge en dansk højskole. — Jeg har nok læst meget om Grundtvig, højskolens fader, men først her har jeg forstået, hvad hans ideer betyder og har betydet for det danske folk. Jeg har nu været her en uge allerede; tiden går så hastigt. Hver dag er fyldt med interessante og værdifulde oplevelser. Jeg er hurtig blevet gode venner med eleverne og lærerne. Jeg bor på værelse sammen med en bondesøn fra Skiveegnen. Forstander Hansen og hans rare kone tager sig meget af mig og indbyder mig næsten hver dag til at komme over i deres privatlejlighed, hvor vi drikker kaffe og spiser boller, mens forstanderen fortæller mig træk af højskolens historie. Jeg havde ikke vidst, at der var så mange forskellige højskoler i Danmark, men det synes endnu at være en livskraftig bevægelse.

Jeg deltager i hele undervisningen; lærerne forstår på storartet måde at gøre historie og litteratur levende for alle højskoleeleverne, der dog kun er ganske almindelige mennesker uden nogensomhelst særlig uddannelse. Der er en hel del andre fag, men disse er de bedste. Der drives også megen sport. Sangbogen bruges flittigt, der synges før hver time, ved bordet, om aftenen blandt kammeraterne. Jeg har for resten også holdt et par foredrag, som vist nok blev modtaget med glæde, og jeg har sunget tyske folkeviser for dem. De var helt vilde af begejstring og vilde lære dem allesammen.

I forgårs var vi en tur på Himmelbjerget; vi kørte i turistbiler til Ry og gik et langt stykke gennem skoven, langs søerne, indtil vi kunde klatre op på bjerget. Det er jo ikke noget stort bjerg, men det ligger meget smukt ved søen. For øvrigt var det en dejlig efterårsdag; lyngen stod endnu i blomst.

Om en uge skal jeg desværre rejse tilbage igen. Måske giver forstanderen mig lov til at blive et par uger endnu. Jeg har sagt til ham, at jeg tænker på engang at skrive en bog på tysk om Grundtvig og hans ideer. Vil du hjælpe mig med den?

Mange kærlige hilsner til dig og
hele familjen,
din Fritz.

På banegården 26 A₂

Få den lille landstation kommer en rejsende, der nu har ventet flere timer på toget, hen til stationsforstanderen og spørger: Undskyld, kan De sige mig, hvormeget toget er forsinket?

— Mener De toget fra i går eller fra i forgårs?

forespørgsel (fö´rᵉ-ßbör|ßᵉl), -sler	Nach=, Anfrage	bolle (bo´lᵉ), -r	„Heißwecken", Teebrötchen
ds. = dennes	d. M.	træk (träg) n, —	Zug
aflægge (aᵘ´lägᵉ)	abstatten	livskraftig (liᵘ´ßtraf-di)	lebenskräftig
sætte sig i´nd i noget	sich mit etwas vertraut machen	bevægelse (bewä´|gelßᵉ), -r	Bewegung
typisk (tü´pißg)	typisch	undervisning (o´nᵉrwi|ß ‚eng)	Unterricht
daglig (da´gli)	täglich		
samtidig (ßamti´|di)	gleichzeitig	almindelig (alme´n|-ᵉli)	allgemein, gewöhnlich
problem (problē´|m) n, -er	Problem	særlig (ßä´rli)	besonder
sikker (ße´geˡ)	sicher	uddannelse (u´d...)	Ausbildung
sign. = signeret (ßignē´|rᵉd)	gez.	sangbog(ßa´nᵊbö|g)	Liederbuch
		glæde (glä´dᵉ), -r	Freude
forstander (fo´r-ßdan|ᵉʳ), -e	Vorsteher	folkevise (fo´lge-wißᵉ), -r	Volkslied
Grundtvig (gro´ndwi)	Eigenname	vild (wil|)	wild
værdifuld (wärdi´ful|)	wertvoll	blomst (blom|ßd), -er	Blume, hier· Blüte
blive gode venner	gut Freund werden	lov (loᵘ)	Erlaubnis
tage sig a´f én	sich jemandes annehmen	kærlig (tä´rli)	liebevoll, freundlich

26 B₁   Øvelse

Skriv et brev til Den danske Turistforening og bed om tilsendelse af brochurer om København eller andre egne af Danmark, De interesserer Dem for. — Skriv et brev til en ven, hvori De fortæller om Deres daglige liv. Prøv at oversætte et af Deres privatbreve til dansk!

26 B₂   Brevskrivning

Adresser: Hr. Åge Larsen, Villa „Kongsøre", Lykkeallé 15, Hellerup. — Hr. grosserer Sønderby og frue, Nørregade 82³, Nykøbing S. — Hansen & Søns boghandel, Ågade, Vejle.

Overskrift: Kære Åge! Kære far! — Kære hr. grosserer (Sørensen)! Hr. grosserer Sørensen og frue! (Werter oder Sehr geehrter wird nicht gebraucht) Hr. boghandler Hansen! Hansen & Søns boghandel, Vejle.

Slutningen: Hils Deres hustru (din kone) og den øvrige familie! — Min kone beder hilse (sender de kærligste hilsner). — Modtag de bedste hilsner! — Med venlig (hjertelig) hilsen til jer alle! — Mange hilsner! — På gensyn! Hav det godt!

Din (Deres) (hengivne) Peter Sørensen. — Med højagtelse! — Ærbødigst, Deres ærbødige Ib Christensen.

P.u.v. = på udvalgets vegne im Namen (Auftrage) des Ausschusses, p.b.v. = på bestyrelsens vegne o.s.v.

tilsendelse (te'l-sän|elße⁰)	Zuschickung	gensyn (gä'nßū|n) n	Wiedersehen
overskrift (oᵘ'-ɛʀ-ßgresd), -er	Überschrift	hengiven (hä'n-gī|wᵉⁿ)	ergeben
slutning (ßlu'd-nenᵍ), -er	Schluß	højagtelse (hoi''ag-delße⁰)	Hochachtung
		ærbødig (ärbö̌'|di)	ehrerbietig

Grammatik

Die Wortstellung — ordstillingen 26C₁

ist im Dänischen ziemlich gebunden, da die Sprache arm an Formen ist.

A. Hauptsätze

Reihenfolge: Subjekt + Verb + Dativobjekt + Akkusativobjekt; z.B. han havde to gode bøger; den gamle lærer gav den lille dygtige dreng en god karakter; han sendte hende det (deutsch umgekehrt bei Pronomen: es ihr).

In den zusammengesetzten Zeiten steht das Hilfsverb unmittelbar vor dem Part. Perf. oder vor dem Infinitiv (im Deutschen steht in Hauptsätzen das Hauptverb am Ende des Satzes): han **havde haft** en stor bogsamling; ingeniøren **var gået** ned til havnen; du **kan stole** på (dich darauf verlassen), at han er vred; — nur ein Adverb oder eine adverbielle Verbindung kann zwischen Hilfsverb und Hauptverb kommen: Per **havde** længe **håbet** at få en kælke (Rodelschlitten); jeg **har** i går **været** i teatret; grossereren **var** for resten **gået**; du **skal** nok (schon) **få** en ny hat.

In Fragen wird auch das Subjekt zwischen Hilfs- und Hauptverb gestellt: **havde** direktøren **tænkt** på at rejse?; **skal** du **gå**?; **var** han mon alligevel **rejst** til Ribe?

26 C₂

Inversion (Nachstellung des Subjekts hinter das Verb) findet im Dänischen in denselben Fällen wie im Deutschen statt:
1. im Nachsatz: siden han ikke kommer, **må jeg** selv gøre arbejdet;
2. in Fragesätzen: hvorfor **kom hr. Dam** for sent til mødet?; hinter mon „ob ... wohl", sowie hinter einem Fragewort, das zum Subjekt gehört oder Subjekt ist, ist die Wortstellung jedoch normal: mon **han er død**?, **hvem kommer** så sent? **hvilket hus** tilhører dig?
3. wenn ein Adverb oder eine adverbielle Bestimmung an der Spitze des Satzes steht, oder wenn ein Teil des Satzes zuerst steht, um besonders hervorgehoben zu werden (mit Betonung): i går **skrev jeg** breve; efter krigen **boede jeg** på Fyn; der **går chefen**!; o's tænker **ingen** på; noget interessant **har jeg** ikke at skrive; den herre ved **jeg** ikke hvem er (f. 27C₂). Bei Verben mit Infinitiv: lyve **gør han** ikke (gøre ist hier Hilfsverb, vgl. 27C₃); synge **kan du** nok!;
4. in Anführungssätzen: „Det passer ikke!" **sagde han**.

26 C₃   B. Nebensätze

Dieselbe Wortstellung wie im Hauptsatz gilt auch für Nebensätze; im Deutschen wird hier das Verb ans Ende des Satzes gestellt: jeg vil gerne besøge dig, hvis du har tid i morgen; bageren spurgte, om rundstykkerne var færdige; den avis, der plejede at komme, er gået ind. — In den zusammengesetzten Zeiten steht das Hilfsverb auch unmittelbar vor dem Part. Perf. oder vor dem Infinitiv (im Deutschen steht das Hilfsverb am Ende des Satzes): skønt han **havde haft** en formue, var han nu fattig; damen troede, at hun **måtte købe** hvad hun vilde.

Die Inversion in Nebensätzen tritt besonders in Bedingungssätzen, die nicht durch eine Konjunktion eingeleitet werden, ein: **havde jeg** penge, købte jeg en bil.

Adverbien und adverbielle Ausdrücke und Negationen stehen in Nebensätzen meistens zwischen Subjekt und Verb (sowohl in den einfachen als in den zusammengesetzten Zeiten): jeg troede, at **du** allerede **var** rejst.

26 C₄

Stellung der Negation ikke „nicht". — Ikke steht in den nicht zusammengesetzten Zeiten hinter dem Verb: jeg går ikke derhen; han gav ikke sin far rigtig besked. — Wenn das Dativobjekt ein Pronomen ist, steht ikke jedoch nach demselben: jeg gav ham ikke besked en. — Sind sowohl das Dativ- als das Akkusativobjekt Pronomen, steht ikke hinter beiden: jeg gav ham den ikke.

Bei den zusammengesetzten Zeiten und bei den modalen Hilfsverben mit Infinitiv steht ikke zwischen Hilfs= und Hauptverb wie ein gewöhnliches Adverb: jeg har ikke set det; han kan ikke komme i dag; kan han ikke komme? (Inversion).

26C₅

Über den vorangestellten Genitiv s. 1 C₄.

Die Stellung des Adjektivs ist wie im Deutschen. Hinter for „zu" hvor „wie" und så „so" steht das Adjektiv jedoch vor dem unbestimmten Artikel: for svær en opgave; hvor tung en pakke?; så højt et hus. — Das Adjektiv hel „ganz" steht oft anders als im Deutschen: hele den lange sommer (od. den hele lange s.); hele min familie (od. min hele f.).

Über die Stellung der Präpositionen in Relativ= und Interrogativ= sätzen usw. s. 22C₃.

Bei den Konjunktionen både — og, enten — eller und hverken — eller (13C₁) kommt oft eine vom Deutschen abweichende Wortstellung vor: vi både lo og skreg; enten sover eller driver (faulenzt) han (od. enten han sover eller driver, od. han enten sover eller driver); de hverken vil eller tør rejse.

Adverbielle **Ortsbestimmungen** kommen, abweichend vom Deutscher, oft vor den Zeitbestimmungen: jeg rejser til Berlin i morgen (auch: jeg rejser i morgen til Berlin).

Mehrgliedrige längere Bestimmungen werden in der Umgangssprache immer, in der Schriftsprache meistens geteilt. Statt: en på den anden side Roskilde liggende landsby, das als sehr schwerfälliger Sprachaus= druck gilt, sagt man: en landsby, som ...; den i går afholdte auktion, besser: den auktion, som afholdtes ...; ähnlich in: vi ankom trætte til Viborg, aber bei längeren Bestimmungen: vi ankom til V., trætte og søvnige efter den lange rejse.

---

27. Stunde

En cykeltur på Bornholm 27A₁

En af Fritzes landsmænd, der også studerede dansk og havde opholdt sig nogen tid i landet, havde været på en cykeltur på den lille ø Bornholm sidst i juli og skrev et begejstret, ja næsten poetisk brev til ham derom:

Kære Fritz! Du kan tro, at Bornholm er en vidunderlig ø, jeg havde aldrig anet, at den var så interessant. Nu kender jeg ganske godt det meste af Danmark, men dog er Bornholm nok det allersmukkeste, jeg har oplevet. Her

har man hele den skandinaviske natur i en nøddeskal: det
blide danske landskab som på øerne, med frugtbare
marker og store bøgeskove, men også det fattige, stor-
ladne som i Jylland, med hede, mose, ja endda høje klitter
ved Dueodde. Og oven i købet får man her en forsmag på
det øvrige norden: her er klipper og kløfter, forrevne
kyster og skær som i Sverige og Norge. Øen virker som
en miniatureudgave af alle Skandinaviens landskaber.

Hovedstaden hedder Rønne, den har kun lidt over
11.000 indbyggere, men hver familje har sit eget hus, så
byen virker langt større. Herfra kommer man pr. cykel i
løbet af knap en time ind til øens centrum og højeste punkt
Rytterknægten (162 m højt) i den store skov Almindingen.
Næsten overalt ses havet, eller man mærker havluften.
Det er for resten, synes jeg, så karakteristisk for de danske
øer, at man ikke kan gå mange mil, før man ser havet. —
Bornholm har mange minder fra fortiden. Man møder
overalt runesten og mange steder bautasten (uden
indskrift på); de er rejst i vikingetiden og er af en særlig
stemning. Mest interessant tror jeg nok de berømte fire
rundkirker er; jeg var inde i Østerlars kirke ved Gudhjem.
Kirken ligner et stort rundt tårn; forneden er selve
kirkerummet, båret af en pille i midten, ovenover er der
flere etager med plads til forråd og levnedsmidler, til sol-
dater, til kvinder og børn, der alle søgte ly her, når fjenden
kom. — Men også Hammershus ruiner er meget maleriske
og betagende; det har været en stor og stærk borg. Nu er
der kun de røde mure tilbage. Fra toppen af den granit-
knold, den ligger på, ser man over til Skåne. — Men man
må heller ikke glemme naturen, som jeg vilde ønske du
engang måtte få at se. Paradisbakkerne ved Neksø er
ganske vilde og ejendommelige, men mest gribende er
Randkleveskårene og Helligdomsklipperne. Her sejlede
vi forbi „ovnene", som havet har udhulet i klipperne.

27. Stunde

Læsestykke

Jeg kan på det allerbedste anbefale dig en tur til Bornholm, kære Fritz, hvis du får tid dertil. Pr. cykel kan man i løbet af 4—5 dage komme rundt overalt og opleve en hel masse.
Modtag mange venlige hilsner fra din ven

Hans.

På gaden — 27 A₂

— Hvorfor kigger du altid op til femte sal, når vi går her forbi?

— Jo, for der bor Hansen, og han siger altid: Kig op, når du går forbi!

landsmand (la'nß-man|) Landsmann
ane (ā'nᵉ), -ede ahnen
aller... (a'l|ᵉʳ...) aller...
skandinavisk (ßgandinā'|wißg) skandinavisch, nordisch
nøddeskal (nö'dᵉ-ßgal|), -ler Nußschale
blid (blid|) mild, sanft
frugtbar (fro'gdbā|ʳ) fruchtbar
mark (marg), -er Feld
fattig (fa'di) arm
storladen (ßdo'r-lā|dᵉn) großzügig
endda (enda') sogar
Dueodde (dū'-ᵉ-o'dᵉ) Eigenname
oven i købet (tő'|bᵉd) obendrein
forsmag (fo'rßmā|g) Vorgeschmack
norden (nō'|rᵉn) n Norden
klippe (tle'bᵉ), -r Felsen
kløft (tlöfd), -er Kluft
forreven (forē'|wᵉn) zerrissen
skær (ßgā|ʳ) n, — Schäre
virke (we'rgᵉ), -ede wirken
miniature (mini-atū'rᵉ) Miniatur
Skandinavien (ßgandinā'|wi-ᵉn) n
centrum (ßä'ntrom), n, -er Zentrum
Rytterknægt (rü'dᵉʳtnägd)) Eigen-
Almindingen (a'l-men|enᵍ-ᵉn)) namen

mærke (mä'rgᵉ), -ede spüren, merken
mil (mī|l), — Meile (7,5 km)
fortid (fo'rtī|d) Vorzeit, Vergangenheit
bautasten (baᵘ'ta..) Erinnerungsstein
indskrift (e'nßgrefd), Inschrift -er
rejse (raⁱ'ßᵉ), -te errichten
rund (ron|) rund
Gudhjem (gu'djäm|) Eigenname
ligne (lī'|g]nᵉ), -ede ähneln
pille (pe'|ᵉ), -r Pfeiler
forråd (fo'rō|d) n Vorrat
levnedsmiddel Lebensmittel (läᵘ'nᵉdßmid|ᵉl) n, -dler
fjende (fje'nᵉ), -r Feind
ruin (ru-ī'|n), -er Ruine
betage (betā'|gᵉ) ergreifen
borg (boʳ|g), -e Burg
knold (tnol|), -e Knollen, Hügel
ejendommelig (aⁱ-ᵉn-do'm|ᵉli) eigentümlich
skår (ßgō|ʳ) n, — „Scharte"
helligdom (ßä'li-dom|), -me Heiligtum
ovn (oᵘ|n), -e Ofen, Höhle
udhule (u'dhū|lᵉ), -ede aushöhlen
sal (ßā|l) Stockwerk
kig op! 1. besuche mich!; 2. guck nach oben!

27 B₁ Øvelse

Gennemgå en dansk tekst fra en roman eller en avis og find eksempler på anvendelsen af enhedstrykket.

Oversæt følgende sætningsknuder til godt tysk: Jeg har købt det maleri til dig, som du sagde at du troede du aldrig vilde blive ked af at se på. — Ham må du nu ikke tro, jeg bryder mig særlig meget om. — Digteren Holberg vidste eleven ikke hvem var. — Før om 14 dage mente han ikke, at han fik ferie.

Oversæt en let avisartikel til dansk, eventuelt ved hjælp af ordbog.

27 B₂ På besøg

Bor hr. professor Sørensen her? — Kunde jeg få lov til at tale med Professoren?

Hvilket navn må jeg melde (sige)? — Her er mit kort. — Professoren er desværre ikke hjemme i dag.

Tak fordi De vilde se os i aften! Vielen Dank für die Einladung für heute abend!

Må jeg forestille Dem for min kone. — Må jeg forestille: hr. direktør Holm — fru Bang. — Det glæder mig (od. det var morsomt) at gøre Deres bekendtskab!

Værs'go' at lægge tøjet! bitte, legen Sie ab!

Vær så venlig at tage plads! od. vil De ikke tage plads! Må jeg byde Dem en cigar? — Ryger De?

Hvem har jeg den ære (od. fornøjelse) at tale med? — Mit navn er Grøn.

Det er virkelig elskværdigt af Dem, frue! — Gør Dem ingen ulejlighed for min skyld, kære hr. Ringsted!

Jeg kommer desværre lidt sent, sporvognen var forsinket. Gør det noget? — Nej, slet ikke (gar nicht); vi er glade for at se Dem. Det var morsomt, at De kunde komme.

gennemgå (gä'nᵉm-gö|)	durcharbeiten	ordbog (o'rbö|g)	Wörterbuch
anvendelse (a'n-wän|eßᵉ), -r	Verwendung	forestille(fö'reβdel|ᵉ), -ede	vorstellen
artikel(arti'gᵉl),-kler	Artikel	ære (ä'rᵉ)	Ehre
		ulejlighed	Mühe

Grammatik

„Einheitsdruck" 27C₁

Der sogenannte „Einheitsdruck" (enhedstryk), „logische Betonung", spielt in der dänischen Sprache eine große Rolle. Er kommt dadurch zustande, daß der erste Teil von zwei druckstarken Gliedern die Betonung verliert, wodurch ein gemeinsamer, mehrgliedriger Ausdruck entsteht, zusammengehalten durch die Betonung des letzten Gliedes.

Beispiele: Ha'ns, Pe'ter, aber als zusammengesetzter Name: Hans Pe'ter; ko'ngens ha've der Garten des Königs, aber: Kongens ha've (Park in Kopenhagen); aus at li'gge und på la'ndet entsteht der Ausdruck: at ligge på la'ndet in der Sommerfrische sein; at gå' i by'en in der Stadt herumgehen, aber: at gå i by'en einkaufen, auch: bummeln gehen; damen gå'r ige'n die Dame geht wieder, aber: damen går ige'n die Dame spukt, geht um; har De pa's?; vi gik og rø'g (Zustand); han kom gå'ende (18C₆); tre fje'rdedel(e).

In den Wortlisten dieses Buches wird der Einheitsdruck durch Druckstrich angegeben: gå i sko'ven, stå o'p usw.

Verschlungene Sätze 27C₂

Ein sogenannter „Satzknoten" (sætningsknude) entsteht dadurch, daß ein untergeordnetes Satzglied in das übergeordnete hineingezogen wird; als Verb in dem übergeordneten Satz treten: finde, håbe, mene, sige, tro, vente, vide, ville, ønske u. ä. m. auf. Diese „verschlungenen" Sätze (sammenslyngede sætninger) können schlecht durch Kommata getrennt werden; bei der Übersetzung ins Deutsche müssen sie umschrieben werden.

Beispiele: min bror, som han sagde (at) du kendte, er her mein Bruder, von dem er sagte, daß du ihn kanntest, ist hier; jeg vil gerne spørge, hvad du mener den er værd ich möchte gern fragen, wieviel es deiner Meinung nach wert ist; den bog, som han har brugt så megen tid til at skrive, det er den, som jeg ønsker (at) du skal læse; der går for tiden en film, som jeg gerne vil vide om vi skal se; hvordan finder du cigaren smager?; hvad for en bog ved du ikke hvor er? (besser: hvad er det for en bog, som du ikke ved hvor er?); han fortalte mange vittigheder, som han selv var den der lo mest af. —

Auch bei Hervorheben eines Satzgliedes: det ved jeg ikke om han har sagt ob er das gesagt hat, weiß ich nicht; barberet sig tror jeg ikke han har til morgen.

27 C₃ Wiederholung des Verbs in Antwortsätzen

Eine Eigentümlichkeit in Frage und Antwort ist die häufige Wiederholung des Verbs in der Antwort (bei have, være, blive und den modalen Hilfsverben): har du tid? — ja jeg har (zu ergänzen: tid); var du i skoven i går? — nej jeg var ikke; vil du komme? — nej jeg vil ej!; kan du ikke tale dansk? — jo jeg kan. — Bei anderen Verben gebraucht man in der Antwort meistens gøre „tun"; vgl. englisch do: tror du virkelig, at det passer? — ja jeg tror (od. gør); læser du lektier? machst du deine Schularbeiten? — ja jeg gør; mon Lis spiller klaver? — nej hun gør ikke.

28. Stunde

28 A₁ Idræt

Åge, Gunner og Birte er alle meget begejstrede for sport; Åge holder især af gymnastik og idrætsøvelser, men ikke af boksning og brydning. Gunner er en dygtig fodboldspiller, men interesserer sig også for cykelløb. Birte elsker svømning — og dans! „Dans er da ikke nogen sport!" siger Gunner foragteligt. „Du skulde hellere ta' og spille badminton eller hockey!" „Ti stille, dreng! Jeg har da spillet tennis med Fritz hele sommeren." „Nåh ja..."

Sidste søndag så hele familjen Larsen, Fritz iberegnet, på sport. Birte, fru Larsen og Fritz gik til et svømmestævne i svømmehallen; der var nogle tyske svømmere på besøg. De danske svømmepiger — og der er mange! siger Birte — slog dem efter en spændende kamp. Derimod var tyskerne bedre til udspring fra vippen. — Gunner og hr. Larsen gik sammen til en fodboldlandskamp i Idrætsparken; et udvalgt hold fra Jylland kæmpede mod et københavnsk hold. Gunners yndling, Karl Kristian, var målmand, og han klarede sig som sædvanlig storartet. Da dommeren fløjtede af, var spillet uafgjort: 2—2. Gunner råbte: Hæp! hæp! og skreg med i talekoret: Hissa, hussa, hejsasa, — nu skal jyden ha' dada! og hr. Larsen var lige så ivrig, indtil han blandt tilskuerne opdagede sin konkurrent, grosserer Iversen, som misbilligende så på ham gennem brillerne. Så tav hr. Larsen stille og tyssede på Gunner.

Åge var tidlig på formiddagen gået hen på sportspladsen for at træffe nogle kammerater. I flere timer trænede de ivrigt, de løb 100 m-løb, de sprang længde- og højdespring, de kastede med spyd og diskos og blev rigtig trætte. Efter middagen, som han spiste med kæmpeappetit, afhentede Jytte ham. "Skal vi tage i skoven, min ven, eller skal vi gå hen i Kæmpehallen og se gymnastikopvisning?" spurgte Åge. "Jeg synes, at jeg trænger mægtig til frisk luft, for jeg har siddet på kontor hele ugen uden at se et grønt træ, — næsten!" "Godt, vi går så i skoven, mor! Vi drikker kaffe i et eller andet skovløberhus. Farvel." "Farvel og god fornøjelse."

Sport 28A₂

Direktør Jørgensen, iført sportshue, sidder og snitter med sin lommekniv i en tændstik.

Olsen: Hvad er det, du bestiller der, Jørgensen?

— Jo, lægen har sagt, jeg skulde drive sport og hugge brænde!

idræt (i'dräd)	Sport	dans (dan|ß)	Tanz
gymnastik (gümnaßde'g)	Turnen	foragtelig (for-a'gd⁽ˡⁱ⁾)	verächtlich
boksning (bo'gßneng)	Boxen	tage og spille (ta o ßbe'l⁽ᵉ⁾)	volkstümlich: spielen
brydning (brü'dneng)	Ringkampf		(17 C₁)
svømning (ßwö'mneng)	Schwimmen		

28. Stunde — Übung

tie (ti'ᵉ)	schweigen	tilskuer (te'lßgü|ᵉʳ), -e	Zuschauer
tennis (tä'niß)	Tennis	konkurrent (ton-	Konkurrent
iberegnet(i'beraⁱ|nᵉd)einschließlich		turä'n|d), -er	
stævne (ßdäᵘ'nᵉ) n, -r Treffen		misbillige (mi'ß-	mißbilligen
svømmehal	Schwimmbad	bil|igᵉ), -ede	
svømmer(ßwö'mᵉʳ), -e Schwimmer		tysse på (tü'ßᵉ), -ede beschwichtigen	
kamp (tam|b), -e	Kampf	træne (trä'nᵉ), -ede	trainieren
udspring (u'd-	Sprung	længde (lä'ngᵉ|dᵉ),-r	Länge;
ßbrengᵊ|) n, —		længdespring	Weitsprung
vippe (we'bᵉ), -r	Sprungbrett	(...ßbrengᵊ|) n, —	
landskamp (la'nß-	Länderkampf	højde (hoiᵢ'|dᵉ), -r	Höhe
tam|b)		kaste (ta'ßdᵉ), -ede	werfen
idrætspark	Stadion	spyd (ßbüd) n, —	Speer
udvalgt (u'dwal|d)	auserwählt	diskos (di'ßtoß), —	Diskus
hold (hol|) n, —	Mannschaft	kæmpe...(tä'mbᵉ...)	Riesen...
kæmpe (tä'mbᵉ),	kämpfen	opvisning (o'b-	Vorführung;
-ede		wi|ßnengᵊ), -er	„Schautur=
yndling (ö'nlengᵊ), -er Liebling			nen"
mål (mō|l) n, —	Tor	trænge til (trä'ngᵊ-ᵉ), -te bedürfen	
klare sig (klä'rᵉ), -ede sich stehen		skovløber (ßgou'lö|beʳ), Unter=	
dommer(do'mᵉʳ),-e Richter		-e	förster
fløjte af (floⁱ'dᵉ ä'|), abpfeifen		hue (hü'-ᵉ), -r	Mütze
-ede		snitte (ßni'dᵉ), -ede	schnitzen
spil (ßbel) n, —	Spiel	lommekniv (... kniᵘ|),Taschenmesser	
uafgjort(u'aᵘgjö|ʳd) unentschieden		-e	
2 — 2, lies: to to		tændstik(tä'nßdeg), Streichholz	
hæp (häb)	Tempo!	-ker	
talekor (tä'lᵉtō|ʳ) n, — Sprechchor		hugge (ho'gᵉ), -ede	hauen; hacken
dada (dada')	Prügel	brænde (brä'nᵉ) n	Brennholz
(Kinderspr.)			

28B₁ Øvelse

Find i avis- eller bogtekster eksempler på de i grammatikken omtalte tilfælde angående brugen af bestemt og ubestemt artikel.

Dan sætninger med de i 28 C₅ nævnte substantiver med forskellig betydning.

Læs sportssiden i en af de store aviser og genfortæl et par artikler deraf.

tilfælde (te'lfäl̄ᵉ) n, — (Zu)fall		betydning (betü'd-	Bedeutung
brug (brü|g)	Gebrauch	nengᵊ), -er	

28B₂ årstiderne

Foår n (poetisch: vår); sommer; efterår n (poet.: høst, eigl. = Ernte); vinter.

årets festdage

Nytår (nü'dō|ʳ) *n* Neujahr; nytårsaften Silvesterabend; nytårsaftensdag Silvester; nytårsdag Neujahrstag.

Helligtrekonger — fastelavn (faßdᵉlaᵘ|n) Fastnacht, Fasching. — Palmesøndag.

Påske (pŏ'ßgᵉ) Ostern; skærtorsdag (ßgäʳ...) Gründonnerstag; langfredag Karfreitag; påskelørdag; (første) påskedag (od. påskesøndag); anden påskedag (od. påskemandag). — Kristi himmelfartsdag.

Pinse (pe'nßᵉ) Pfingsten; (første) pinsedag (od. pinsesøndag); anden pinsedag (od. pinsemandag).

Jul (jū|l) Weihnachten; lillejuleaften (Vorabend des 24. Dez.); juleaften Heiligabend; juleaftensdag 24. Dez.; (første) juledag; anden juledag.

Andere Feiertage: store bededag Buß- und Bettag; St. (= Sankt) Hans Johannis; St. Hansaften Johannisabend; grundlovsdag Verfassungstag, 5. Juni; valdemarsdag (og genforeningsdag) „Flaggentag" (und Erinnerungstag für die Wiedervereinigung Nordschleswigs mit Dänemark) 15. Juni; kongens fødselsdag.

Grammatik

Der bestimmte Artikel 28C₁

(1 C₂) wird in vielen Fällen weggelassen; umgekehrt wie im Deutschen wird er in folgenden Fällen nicht gesetzt:

1. bei vielen Namen (von Personen mit vorhergehendem Adjektiv, von Straßen, bei Monatsnamen, öffentlichen Institutionen usw.): der ovre går gamle Hansen; store Klaus og lille Klaus; Store bælt; jeg boede i Nørregade; april måned varmild; vi kom i maj til Tyskland; Zoologisk museum lukker kl. 17; Århus universitet er moderne indrettet; Højesteret (Reichsgericht) afsagde Dommen;

2. bei vielen Ausdrücken, die eine Einteilung oder bestimmte Reihenfolge angeben, hauptsächlich bestehend aus einem Substantiv mit attributiver Ordnungszahl oder einem Superlativ, besonders nach einer Präposition: tredje bind af ordbogen er udkommet; studenten fik første karakter (Zensur,

Note); vi bor på anden sal (im zweiten Stock); nåede du sidste tog i aftes?; det er i højeste grad forkert; i bedste fald; med største fornøjelse; til næste år;
3. bei vielen adverbialen Ausdrücken, bestehend aus einer Präposition + Substantiv: denne bog er til brug ved undervisningen; være i tvivl om noget; i gennemsnit; vi går i sko'le; ebenfalls bei højre und venstre und bei Himmelsrichtungen: hjertet sidder i venstre side; huset lå på højre hånd (zur rechten Hand); vinden kommer fra vest;
4. bei einigen festen Ausdrücken, bestehend aus Verb + Substantiv (mit „Einheitsdruck", 27C$_1$): give nogen a'dgang jemandem den Zutritt gestatten; lette (lichten) a'nker; løse bille't; erklære kri'g; holde mu'nd; prøve sty'rke med én; skifte (wechseln) to'g; skifte tø'j; vise tæ'nder;
5. bei einigen lateinischen Fremdwörtern: der er sørget godt for publikum; rektor (der Direktor) er blevet syg; ordet bruges kun i singularis;
6. bei Familienausdrücken, wenn die nächsten Verwandten erwähnt werden: mor gik en tur; er far hjemme?; faster kommer i dag;
7. bei Krankheiten: han har feber, kopper (Pocken) usw.;
8. bei Sprachen: ordet findes også i sanskrit; tysk er sværere end engelsk;
9. in Genitivkonstruktionen (1C$_5$): bagerens kager.

28C$_2$

Der bestimmte Artikel steht immer bei al, begge, hel, selv (selve selveste): jeg har spist al maden; begge børnene er raske; hele landet ved det; selve kongen (od. kongen selv, Umgangsspr. selveste kongen) var til stede. — In einigen Verbindungen steht der bestimmte Artikel, wo er im Deutschen fehlt: trække veiret (Atem holen); klokken tre; jeg glæder mig af hjertet (von Herzen); julen nærmer (nähert) sig.

28C$_3$ Der unbestimmte Artikel

(1C$_2$) fehlt abweichend vom Deutschen in folgenden Fällen:
1. bei Wörtern, die Nationalität, Beruf oder Konfession bezeichnen: fru Jensen er digter; den fremmede var tysker;
2. in mehreren Redewendungen nach ikke: man kan ikke høre ørenlyd man kann kein Wort verstehen; der er ikke spor af penge i huset;

3. in vielen festen Ausdrücken mit „Einheitsdruck" (27 C$_1$): hun gav ham a'fslag (eine abschlägige Antwort); kører De bi'l?; send bu'd til lægen; vil du aflægge e'd på det?; han tog (machte) eksa'men i sommer; der er fo'rskel på os to; hun syr kjo'le; gør du na'r af mig?; har De pa's?; han ryger pi'be; jeg går ikke med sli'ps; vi fik ø'je på dem. — Würde man in diesen Fällen den unbestimmten Artikel setzen, würde man diesen als das Zahlwort auffassen, z. B. har De **een** bil (eller måske to)?

28 C$_4$

Die vom Verb gebildeten Substantive auf -en (z. B. løben Laufen, skrigen, syngen usw.) können zwar mit dem unbestimmten, aber nicht mit dem hinten angehängten bestimmten Artikel stehen. Bei Übersetzungen aus dem Deutschen müssen sie umschrieben werden, z. B. das Heulen auf der Treppe hörte auf: den megen hylen (od. denne hylen, al den hylen) på trappen holdt op.

Gleichlautende Substantive verschiedenen Geschlechts   28 C$_5$

Wie im Deutschen haben gleichlautende Substantive bisweilen verschiedene Bedeutungen, wenn sie verschiedenen Geschlechts sind, z. B.: en bid, -der Bissen — et bid, - Biß; en buk, -ke Bock — et buk, - Verbeugung, en frø, -er Frosch — et frø, - Samen; en greb, -e Mistgabel — et greb, - Griff; en lem, -me Lute — et lem, -mer Glied; en segl, -e Sichel — et segl, - Siegel; en skrift, -er (Hand=)Schrift — et skrift, -er Buch, Schrift; en søm. -me Naht — et søm, - Nagel; en æg, -ge (Messer=)Schneide — et æg, - Ei; en øre, - Münze — et øre, -r Ohr, usw.

Bei einigen Substantiven schwankt das Geschlecht (in den Wortlisten mit (n) gekennzeichnet), z. B.: alvor (n) Ernst; brug (n) Gebrauch; besonders bei Fremdwörtern: automobil (n), dagegen immer en bil; celluloid (n) Hartgummi, kaliber (n), katalog (n) usw.

Maßangaben   28 C$_6$

Bei Substantiven, die Gewicht, Maß, Anzahl, Wert angeben, steht im Dänischen gewöhnlich der Singular: 25 øre; 5 alen og 2 fod; der er 4 mil til Nyborg; 2,5 meter lang; en hær på 5000 mand.

Im Plural jedoch: 7 kroner; 3 snese æg; 6 tommer (Zoll); det fryser 12^0 (= grader).

Hinter Bruchzahlen steht der Sing.: 3$^1/_2$ krone, 1$^3/_4$ tomme.

29. Stunde

29A₁ Familiefest

Der var stor fest i familien: Åge og Jytte skulde giftes, og samtidig fyldte hr. Larsen 50 år. Allerede længe i forvejen var forberedelserne i fuld gang. Brylluppet skulde stå i Jyttes hjem, men fru Larsen hjalp gerne med til at gøre dagen så festlig som mulig. Karen blev sendt hen for at hjælpe Jyttes mor med at bage kager, lave salater, koge suppe og gøre kød i stand. En flink kogekone ordnede hele madlavningen. Alle slægtninge og en hel del venner var indbudt; der ventedes megen ungdom.

Om morgenen hejsede Gunner flaget til ære for far cg for de to unge. Naboerne hejsede også deres flag, så hele kvarteret efterhånden lignede en hel skov af flag. Der kom mange gratulanter og ønskede hr. Larsen til lykke. De fik hver et glas portvin og en småkage. I avisen stod der et stykke om begivenheden: „Kendt og dygtig forretningsmand bliver 50 år."

Om eftermiddagen stod brylluppet. Kirken var pænt pyntet; gæsterne mødte festklædte op: herrerne i kjole og hvidt, damerne i lange kjoler. Gunner havde for første gang sin smoking på. Han var den stolteste af dem allesammen. Pastor Mortensen, en ung og afholdt præst, forrettede vielsen. Den unge brud så smuk og lykkelig ud i sin hvide brudekjole; Åge kunde ikke blive træt af at se på hende. De sad foran alteret. „Det er et nydeligt par!" hviskede de ældre damer og tørrede en tåre af øjnene. Præsten prædikede kønt og højtideligt.

Bagefter fejredes dagen med en fin middag. Hr. Larsen holdt en lang og rørende tale for sin svigerdatter, så stegen blev kold. Onkel Peter, der absolut ikke kan tale, men som gerne vil, udbragte stammende og hakkende en skål for de unge, men kom til at vælte sit glas, så vinen flød ud over hele dugen, da han vilde sige skål! — En mægtig kransekage med sukkerfigurer i toppen stod midt på bordet. Der var digtet mange bryllupssange, både alvorlige og morsomme, og der kom en bunke breve og telegrammer, deriblandt et fra Fritz, som for længe siden var rejst tilbage til Tyskland. — Og alle de gaver, de fik! Der var nok at beundre og glæde sig over. Dagen sluttede med et muntert bal for alle de unge. Selv Gunner dansede med Jyttes søster, selv om han ikke brød sig det ringeste om at danse.

Åndsfraværelse 29A$_2$

Professorens kone: Tænk Sofus, i dag er det 25 år siden vi blev forlovet!

Prof.: Nej er det det, Mathilde? Så er det på høje tid, at vi bliver gift!

fest (fäßd), -er	Fest		gratulant (gratu-	Gratulant
giftes (gi'fdeß)	heiraten		la'n|d), -er	
samtidig (ßa'mtl|di)	gleichzeitig		portvin (po'rdwl|n)	Portwein
fylde år (fü'l^e), -te	Geburtstag haben		pynte (pö'nd^e), -ede	schmücken
			møde o'p	eintreffen
i forvejen	im voraus		kjole og hvidt	Frack und weiße Binde
forberedelse (fo'r- berē|del߇^e), -r	Vorbereitung		smoking (ßmö'ten^g), -er	Smoking
bryllup (brö'lob) n, -per	Hochzeit		afholdt (a^u'hol|d)	beliebt
skulde stå	sollte gefeiert werden		forrette (forå'd^e), -ede	verrichten
mulig (mū'li)	möglich		vielse (wi'|el߇^e), -r	Trauung
salat (ßalā'|d), -er	Salat		brud (bru$d$|), -e	Braut (am Hochzeits- tage)
koge (tö'g^e), -te	kochen			
kogekone	Kochfrau			
ordne (o'rdn^e), -ede	regeln, ordnen		lykkelig (lö'g^{e}li)	glücklich
madlavning (ma'd- lāwnen^g)	Kochen		alter (a'ld^{er}) n, -tre	Altar
			hviske (we'ßg^e), -ede	flüstern
slægtning (ßlä'gd- nen^g), -e	Verwandter		tørre (tö'r^e), -r	trocknen
			tåre (tō'r^e), -r	Träne
vente (wä'nd^e), -ede	erwarten		prædike (prä'dig^e), -ede	predigen
kvarter (twartē'|^r) n, -er	Viertel			
efterhånden (äfd^{er}- ho'n|^{e}n)	nach und nach		højtidelig(hoi^{t}l'|d^{e}li) fejre (fa^i'r^e), -ede	feierlich feiern

rørende (rö'rᵉnᵉ)	rührend		digte (de'gdᵉ), -ede	dichten
svigerdatter	Schwieger-		sang (ȿɑŋ|), -e	Lied
(ȿwi'|gᵉʳdadᵉʳ)	tochter		alvorlig (alwo'r|li)	ernst
udbringe(u'ᵈbrenᵍ|ᵉ)	ausbringen		bunke (bo'nᵍgᵉ), -r	Haufen
stamme (ȿdɑ'mᵉ), -ede	stammeln		gave (gä'wᵉ), -r	Geschenk
hakke (hɑ'gᵉ), -ede	stottern		slutte (ȿlu'dᵉ), -ede	schließen
skål (ȿgō|l)	Toast; ~! Prost!, Zum Wohle!		bal (bal|) n, -ler	Ball
			ringe (re'nᵍ-ᵉ)	gering
			åndsfraværelse (o'n|ȿfrawä|relȿᵉ)	Geistesab- wesenheit
vælte (wä'ld), -ede	umstoßen		blive forlovet (for- lō'|wᵉd)	sich verloben
dug (dū|[g]), -e	Tischtuch			
kransekage (trɑ'n- ȿᵉ...)	„Makronen- torte"		på høje tid	die höchste Zeit
			blive gift	heiraten

29 B₁   Øvelse

Repeter grammatikkens vigtigste ejendommeligheder: genitivsendelsen og dens brug (1 C₅), de to passiver (20 C₂), at præpositionerne kan styre sætninger (22 C₂), „få" som hjælpeverbum (18 C), verbets stilling i bisætningen (26 C₃), de kløvede sætninger (9 C₆), de upersonlige konstruktioner i forhold til de personlige (20 C₅), præpositionernes stilling (22 C₃), sætningsknuder (27 C₂) og enhedstryk (27 C₁).

repetere (repetē'|rᵉ), -ede	wiederholen, wieder durch- lesen		endelse (ä'nelȿᵉ), -r	Endung
			styre (ȿdū'rᵉ), -ede	regieren
ejendommelighed (ɑⁱ-ᵉndo'm|ᵉlihē|d)	Eigentümlich- keit		bisætning (bi'...)	Nebensatz
			forhold (fo'rhol|) n, —	Verhältnis

29 B₂   Familien

Forældrene er fa(de)r og mo(de)r.

Bedsteforældrene er bedstefa(de)r og bedstemo(de)r; faderens forældre er farfar og farmor, moderens forældre er morfar og mormor.

Oldeforældrene er oldefa(de)r og oldemo(de)r; tip- oldeforældrene er tipoldefar og tipoldemor; tiptipolde- forældre o.s.v.

Forældrenes søskende er onkel og tante; fars søskende er farbro(de)r og faster (egl. farsøster); mors søskende er morbro(de)r og moster (egl. morsøster).

Børnene er søn og datter.

Søskende er bro(de)r og søster; undertiden tvillingbro(de)r og tvillingsøster.

Forældrenes nevøer (broder-, søstersøn) og niecer (broder-, søsterdatter) er børnenes fætre og kusiner.

Børnebørnene: sønnens børn er sønnesøn og sønnedatter; datterens børn er dattersøn og datterdatter.

Andre slægtninge: svoger og svigerinde; ægtefællens forældre er svigerfa(de)r og svigermo(de)r; børnenes ægtefæller er svigersøn og svigerdatter. — Stiffa(de)r (også: stedfar), stifbro(de)r o.s.v. — Gudsøn, guddatter, gudfar, gudmor. Fadder pate. — Adoptivbørn er adoptivsøn og -datter.

Enke Witwe, enkemand Witwer.

Slægt, familie; slægtskab, svogerskab; slægtning.

Ugift, gift, (fra)skilt.

forældre (fo:ä'l|dr^e) pl.; olde... (o'l^e...) tipolde... (ti'b...)	Eltern; Urgroßeltern; Ururgroß- eltern
egl. = egentlig	
tvilling (twe'len⁹), -er	Zwilling
nevø (new⁹'|), -er	Neffe
niece (ni-ä'ß^e), -r	Nichte
fætter (fä'd^er), -tre	Vetter
kusine (kuß̣ī'n^e), -r	Kusine
barnebarn (ba'rn^e- bä|^rn) n	Enkelkind
svoger (ßwō'|g^er), -gre	Schwager
ægtefælle (ä'gd^e- fäl^e), -r	Gatte
gudsøn (gu'dßön) -ner	Patensohn
gudfar (...fā^r)	Patenonkel
adoptivbarn (adobtī'|w...)	Adoptivkind
slægt (ßlägd), -er	Verwandt- schaft; Ge- schlecht
ugift ledig; gift verheiratet; skilt geschieden	

Grammatik

Ortsnamen — stednavne 29C₁

Ein Ortsname kann ohne Genitiv-s mit einem Substantiv verbunden werden, um dies näher zu bestimmen, z. B.: Roskilde domkirke der Dom in Roskilde, der Roskilder Dom; Amalienborg slot Schloß A.; Skanderborg sø; Odense landevej; Nyborg havn der Hafen in N.; Thisted avis; Århus universitet; Hjulby kommunebibliotek; Vinding herred („Harde, Kreis");

Horsens dragoner usw. Dies gilt in der Regel bei skandinavi=
schen Städte=, Dörfer= und Schloßnamen, sowie bei Namen von
kleineren Inseln; bei København jedoch nicht: Københavns
rådhus.

29 C₂

Die von deutschen Ortsnamen gebildeten Adjektive auf -er
müssen bei der Übersetzung umschrieben werden: ein Berliner
Junge en berlinsk dreng od. en dreng fra Berlin; der Ham=
burger Hafen Hamborgs havn od. havnen i Hamborg.

29 C₃

Einwohnernamen auf -er werden zu den ausländischen und
einigen inländischen Städtenamen gebildet: en berliner, pariser,
københavner; bei dänischen Städtenamen jedoch oft die lateini=
schen Ableitungen: esbjergenser, ripenser (Ribe), vejlenser,
odenseaner; oft werden die schwer zu bildenden Namen um=
schrieben: en mand fra Nakskov, han er fra Skive usw.

29 C₄ Bildungen zu dänischen Landschaftsnamen

Danmark	dansker	dansk
Jylland	jyde	jysk
Nørre-, Sønderjylland	nørre-, sønderjyde	nørre-, sønderjysk
Fyn (fü|n)	fynbo	fynsk
Langeland	langelænder	langelandsk
Sjælland	sjællænder	sjællandsk
Lolland (lo′lan|)	lollænder, lollik	lollandsk
Falster	falstring, falsterbo	falstersk
Bornholm	bornholmer	bornholmsk
Færøerne (fä′r-ð|ᵉʳnᵉ)	færing	færø(i)sk

29 C₅ Bildungen zu fremden Ländernamen

Norge Norwegen	nordmand	norsk
Sverrig Schweden	svensker	svensk
Skåne Schonen	skåning	skånsk
Island	islænding (islænder)	islandsk
Grønland (grö′nlan|)	grønlænder, (eskimo)	grønlandsk, (eskimoisk)
Finland	finne (finlænder)	finsk
Tyskland	tysker	tysk

Frankrig	franskmand	fransk
England	englænder	engelsk
Holland	hollænder	hollandsk
Belgien	belgier	belgisk
Polen	pola'k	polsk
Rusland	russer	russisk
Spanien	spanier	spansk
Italien	italiener	italiensk
Grækenland	græker	græsk
Amerika	amerikaner	amerikansk
Afrika	afrikaner	afrikansk
Asien	asiat(er)	asiatisk
Kina	kineser	kinesisk
Japan	japaner	japan(esi)sk
Indien	ind(i)er	indisk
Arabien	araber (arā'|bᵉʳ)	arabisk
Australien	australier	australsk

30. Stunde

Aften i hjemmet 30A₁

Efter at Åge er blevet gift, er der så tomt hjemme. Gunner sidder mest på sit værelse og læser lektier, han skal tage studentereksamen, — eller han går til spejdermøde. Fru Larsen spiller nu og da lidt på klaver; ellers sidder hun mest under stålampen og broderer. Birte læser tit op for hende af en bog. De har naturligvis en flot stor 5 lampers radio; hr. Larsen hører mest kun radioavis, men fru Larsen stiller ind på København-Kallundborg, når der er musik eller større koncerter. Birte vil helst høre dansemusik.

Hr. Larsen kom hjem fra bestyrelsesmøde for lidt siden; klokken var lidt over ni. Han sank ned i en lænestol, træt efter en lang, besværlig dag. I cigarkassen valgte han sig en cigar til aftenkaffen, som Karen lidt efter serverede

Fru Larsen spurgte ham ud om mødet, men han var faktisk for træt og doven til at svare. "Er der kommet nogle breve til os i dag?" "Ja, der er et prospektkort fra Fritz", sagde Birte, "jeg skulde hilse! Så er der nogle tryksager til dig og et brev fra forsikringsselskabet. Endvidere blev der ringet kl. 5 fra Toldboden, at du kan afhente dine varer i morgen efter kl. 10." "Det var godt! — Hvor er aviserne?" "Jeg læser lige i Politiken", siger fru Larsen, "men du kan godt få den. Jeg vil hellere se, om der er nogle gode annoncer i Berlingske tidende." Hr. Larsen er en grundig avislæser, når han har tid; men det kniber undertiden med at nå at læse dagbladene, for der er jo meget stof i danske aviser, og der er mange billeder. Han læser først de forskellige verdenspolitiske begivenheder og så de indenlandske. Dernæst fordyber han sig i lederen og kronikken. Artikler om kunst og litteratur læser han dog ikke, det er han for træt til, er hans undskyldning. Derimod studerer han sportssiden grundigt. Fru Larsen læser helst de små lokale nyheder og notitser fra hoffet. "Fru dommer Juhl har fået en søn på dr. Bergs klinik", læser hun halvhøjt; "lensgreve Hvid til Egestrup sås i dag på strøget" ... hvad Gunner synes er noget værre vrøvl. Og så læser hun annoncer og dødsfald. Gunner interesserer sig kun for tegneserierne og vittighederne i avisen og for rubrikken for ungdommen. Han har selv engang skrevet et stykke om en efter hans mening hårdt tiltrængt reform af den danske skole. Det blev trykt på ungdomssiden; Gunner viser det frem til alle.

Efter at aviserne er gennempløjede og cigaren er røget er hr. Larsen søvnig. "Jeg burde egentlig læse Thit Jensens roman færdig, men jeg vil helst i seng. Jeg står op kl. 7 i morgen. Godnat allesammen, sov vel!" "Godnat, lille far, sov godt!"

Hjemlig Hygge 30 A₂

— Hvad bestiller du hjemme om søndagen?

— Åh, jeg ligger og blunder lidt på sofaen, indtil det er tid at gå i seng.

tom (tom|)	leer
læse lektier (lä'g-ʦjeʳ)	Schularbeiten machen
tage eksamen	Examen machen
spejder (ʦbaiʳdeʳ), -e	Pfadfinder
møde (mö'de) n, -r	Versammlung, Sitzung
nu og da	dann und wann
klaver (tlawē'|ʳ) n,-er	Klavier
stålampe (ʦdö'|lambe), -r	Stehlampe
radioavis	Rundfunknachrichten
Kal(l)undborg (talonbō'|ʳ)	Stadt
koncert (tonʦä'ʳd), -er	Konzert
bestyrelse (beʦdü'|relʦe), -r	Vorstand
lænestol (lä'ne-ʦdō|l), -e	Armsessel
besværlig(beʦwä'|ʳli)	schwierig
kasse (ta'ʦe), -r	Kiste
servere (ʦärwē'|ʳe), -ede	servieren
doven (douʷ-en)	faul
prospektkort n, -	Ansichtskarte
forsikring (foʳ-ʦe'grenɔ), -er	Versicherung
selskab (ʦä'lʦgā|b) n, -er	Gesellschaft
Politiken(politi'gen); Berlingske tidende (bä'ʳlenɔʦge ti'dene)	Kopenhagener Zeitungen
grundig (gro'ndi)	gründlich
knibe (tni'be)	hapern; er schafft es nicht
stof (ʦdof) n	Stoff
verden (wä'ʳden), -er	Welt
politisk (poli'tiʦg)	politisch
indenlandsk (e'nen-lan|ʦg)	inländisch
fordybe (foʳdü'|be), -ede	vertiefen
leder (lē'deʳ), -e	Leitartikel
kronik (troni'g), -ker	„Feuilletonabhandlung, -essay"
lokal (lotā'|l)	lokal
nyhed (nü'hē|d), -er	Neuigkeit
notits (noti'ʦ), -er	Notiz
hof (hof) n, -fer	hof
klinik (tlini'g), -ker	Klinik
lensgreve (lē'|nʦ-grēwe), -r	Lehnsgraf
værre vrøvl (wä'ʳe wröᵘ|l) n	großer Unsinn
dødsfald (dö'ʦfal|) n, —	Todesfall
serie (ʦē'|ri-e), -r	Serie
vittighed(wi'dihē|d), -er	Witz
rubrik (rubre'g), -ker	Rubrik
mening (mē'nenɔ), -er	Meinung
tiltrængt(te'ltränɔ|d)	nötig
reform (refoʳ|m), -er	Reform
trykke (trö'ge), -ede	drucken
pløje (ploiʳ-e), -ede gennem~	pflügen; durchackern
hjemlig (jä'mli)	häuslich
hygge (hü'ge)	Gemütlichkeit
blunde (blo'ne), -ede	schlummern

30 B₁ Øvelse

Hvad er nu vanskeligst for en tysker i det danske sprog, bortset fra udtalen og stødet? Det er sikkert nok talordene 50—90 (5 C₁), brugen af sin og hans (7 C₅) og kravet om kongruens i prædikativ stilling (4 C₈). Nævn eventuelt flere ting, der falder Dem vanskeligt, og lær at beherske disse problemer.

Gennemgå en spalte i avisen eller en side i en bog og find eksempler på de forskellige præ- og suffikser, som er nævnt i grammatikken.

Læs nu og da hele grammatikken igennem. Den er ikke svær, når man har læst den een gang grundigt. Køb i fremtiden danske bøger og aviser og læs dem ved hjælp af et godt leksikon. Prøv at høre dansk tale i radioen.

vanskelig (wa'nßgeli) schwierig
sprog (ßbrö|g) n, — Sprache
udtale (u'dtāl^e) Aussprache
krav (trā|w) n, — Forderung

beherske (behä'rßg^e), -ede
spalte (ßba'ld^e), -r
fremtid (frä'mtī|d) Zukunft

30 B₂ Tale

tale reden (feierlich); holde en tale (Rede); sige noget; snakke sprechen; snak Geschwätz, Unsinn; sludre plaudern, sludder Unsinn; vrøvle, våse quatschen, vrøvl, vås *n* Quatsch, Geschwätz, Unsinn; pjatte albernes Zeug reden; pjat *n* Unsinn, dummes Zeug; mumle murmeln.

snakke, passiare, tale, sludre sammen, underholde sig (med) sich unterhalten; konversere, samtale; en samtale, passiar, (lille) sludder Gespräch.

sladre klatschen, tratschen; sladder Klatsch.

Grammatik

30 C₁   Zusammensetzungen — sammensætninger

werden im Dänischen wie im Deutschen in großer Anzahl

und beinahe ohne Grenzen innerhalb der verschiedenen Wort=
klassen gebildet (über zusammengesetzte Verben s. 21 C$_{1-2}$).
Beispiele: ispind „Eis am Stiel", landmand Landwirt, pige=
barn n Mädchen, toldbod Zollamt; efterår n; højland n;
skrivemaskine; nutid; indbydelse Einladung; hankat Kater;
femté Fünf=Uhr=Tee, tokrone, trediedel; deltage; frigøre be=
freien; tudbrøle laut weinen; nedrive nieder=, abreißen; istand-
sætte; barnløs, kulsort; selvglad; højstbydende, iøjenfaldende;
blåøjet; gennemtræt; alting; imidlertid; engang; efterhånden
usw. — Mit Verbindungs=s: arbejdsdragt, landsmand;
fortovskafé Kaffeehausterrasse; mindesmærke n Denkmal;
Christiansborg; samvittighedsløs gewissenlos; rædselsfuld
grauenhaft; åndssløv stumpfsinnig. — Mit Verbindungs=e:
landevej Landstraße; hestetømme Pferdeleine; sønnesøn
Enkelsohn; Langeland Insel; mælkehvid, årelang; in gewissen
Fällen ist das -e = og: hestevogn Pferdewagen, smørrebrød n
Butterbrot, øllebrød Brotsuppe (mit Bier). — Mit Ver=
bindungs=(e)n: øjenbryn n Augenbraue; høre ørenlyd etwas
hören können; fyrstendømme n: Rosenborg. — Mit Ver=
bindungs=t: hvidtøl n „Dünnbier", nytår n Neujahr; ømt-
følende zartfühlend; løstsiddende.

Außerdem werden ganze Ausdrücke und Sätze zusammen=
gesetzt: gå-i-byen-kjole Ausgehkleid; alt-mulig-mand Mäd=
chen für alles; gå-på-menneske n Draufgänger; en laden-
stå-til ein Sichgehenlassen; en trækken-sig-tilbage ein Sich=
zurückziehen (selten in der Schriftsprache).

Zusammengesetzte Substantive haben das Geschlecht des
letzten Wortes in der Zusammensetzung, z.B.: en jernplov
eiserner Pflug, aber et plovjern Pflugeisen. Nur das letzte Wort
wird dekliniert: træske Holzlöffel, træskeen, træskeer; stor-
mand, stormænd; et halvkilo, aber et halvt kilo. Ausnahmen
sind: barnebarn n Enkelkind, pl. børnebørn; bondegård, pl.
bøndergårde (häufiger jedoch: bondegårde).

Meistens ist der erste Teil der Zusammensetzung betont; über
Verkürzung und Verlust des „Stoßes" s. Vorbemerkungen S. XIII.

Gewisse Zusammensetzungen werden von dem „Einheits=
druck" zusammengehalten (27 C$_1$): århu'ndrede, måske' viel-
leicht; efterhå'nden nach und nach, underti'den bisweilen; so
oft Ortsnamen: Christianslu'nd (-wald), Fruens bø'ge.

30C₂ Ableitungen — Afledninger

Die wichtigsten Präfixe (Vorsilben) im Dänischen sind:

an- (a'n-): andel Anteil, ansætte.
be-: bekendelse, betale, bebo.
bi- (bi'-): bilægge beilegen, bifald n.
er- (r vor Vokal wird herübergezogen): erobre, erindre, ernæring.
for-: fordrive vertreiben, forsåle besohlen, fordrukkenhed Versoffenheit.
ge-: gesandt, gevær n, gebærde.
mis- (mi'ß-): misforstå misbrug n, misunde beneiden.
sam- (ßa'm-): samtale, samtid Zeitalter, Zeitgenossen.
u- (u[']-): uvidende, uvejr n.
und- (o'n-): undskylde entschuldigen, undtage ausnehmen.
van- (wa'n-): vanskabt mißgestaltet, vanære Schmach, vanslægte entarten.

30C₃

Die wichtigsten Suffixe (Endsilben) und Endungen:

-agtig (-a'gdi): barnagtig kindisch, blødagtig weichlich.
-bar (-bā|ʳ): åbenbar, brugbar.
-dom (-dom|): fattigdom Armut, ungdom Jugend, sygdom Krankheit.
-else (-ᵉlß ᵉ): dannelse Bildung, tykkelse Dichte.
-en (-ᵉn): råben Rufen, løben Laufen; ulden wollen, vågen wach.
-er (-ᵉʳ): flyver Flieger, arbejder.
-ere (-ē'|rᵉ): dirigere, telefonere.
-eri (-ᵉrī'|) n: bageri, snedkeri Tischlerei; raseri.
-ert (-ᵉʳd): kikkert Fernrohr, hævert Heber.
-esse (-ä'ß ᵉ): delikatesse.
-haftig (-ha'fdi): mandhaftig.
-hed (-hē|d): frihed, skønhed.
-ig (-i): blodig, enig, mandig männlich.
-ik (-i'g): matematik, teknik.
-inde (-e'nᵉ): veninde Freundin, lærerinde.
-ing (-enɢ): blanding Mischung, islænding Isländer.
-isk (-ißg): nordisk, overtroisk abergläubisch.
-isme (-i'ßmᵉ): naturalisme.

-ist (-i'ßd): artist.
-lig (-li): venlig freundlich, kedelig langweilig, traurig.
-ling (-leng): kylling Küken; stikling.
-mager (-mā|gᵉʳ): skomager, sadelmager Sattler.
-mæssig (-mäßi): regelmæssig, planmæssig.
-ner (-nᵉʳ): portner, falskner.
-ning (-nᵉng): dronning Königin, spisning Essen
-sel (-ßᵉl): længsel Sehnsucht, varsel Warnung.
-sk (-ßg): krigersk, dansk.
-skab (-ßgā|b): dovenskab Faulheit, venskab *n* Freundschaft
-ske (-ßgᵉ): syerske Näherin, bedragerske Betrügerin.
-som (-ßom[|]): voldsom gewaltsam, langsom.
-sommelig (-ßo'm|ᵉli): sparsommelig sparsam.
-st (-ßd): ankomst Ankunft, fangst Fang.
-vis (-wī|ß): metervis; heldigvis glücklicherweise.

30C₄

Die deutschen Endungen -chen und -lein werden meistens nicht übersetzt, oder durch lille, lille- oder små- wiedergegeben: Mütterchen lille mor, Brüderchen lillebror, Teilchen smådele, Glöcklein lille klokke. — Das Wort små wird in vielen Zusammensetzungen gebraucht: småle (-lē|) lächeln, småsove ein wenig schlafen, småkager Kleingebäck, småbørn kleine Kinder, småpenge Kleingeld, småtosset ein bißchen verrückt, usw.

Weibliche Endungen 30C₅

-inde, 3. B.: elskerinde Geliebte, englænderinde Engländerin, frisørinde Friseuse, gudinde Göttin, københavnerinde Kopenhagenerin lærerinde Lehrerin løvinde Löwin, sangerinde Sängerin, skuespillerinde Schauspielerin, veninde Freundin, værtinde Wirtin.

-ske (altdän. Endung), 3. B.: arbejderske Arbeiterin, bedragerske Betrügerin, husholderske Haushälterin, maskinskriverske Stenotypistin, morderske Mörderin, syerske Näherin, sygeplejerske Krankenschwester, tegnerske Zeichnerin.

-dame, -frøken, -jomfru, -kone, -pige: butiksdame, -frøken Verkäuferin, kontordame Kontoristin, kahytsfrøken, -jomfru Stewardeß, bagerjomfru Verkäuferin (*in einer*

Bäckerei), husjomfru Hausfräulein, Stütze, vaskerkone Waschfrau, rengøringskone Reinemachefrau, tjenestepige Hausangestellte, svømmepige junge Schwimmerin.

-trice, -øse: direktrice Abteilungsleiterin, ekspeditrice Verkäuferin, frisøse Friseuse, massøse Masseuse.

In vielen Fällen gibt es keine weibliche Form: hun er en tyv; damen var nordmand (Norwegerin); fru Jensen er blevet formand (Vorsitzende) i foreningen. Wenn man es für notwendig erachtet, kann man durch Umschreibungen das Weibliche ausdrücken, z. B.: en dansker Däne, Dänin — en dame (kvinde) fra Danmark, en dansk dame (kvinde, pige usw.); en nordmand Norweger(in) — en kvindelig nordmand, en norsk dame, en dame fra Norge; en formand Vorsitzende(r) — en kvindelig formand; en arkitekt Architekt(in) — en kvindelig arkitekt usw.

30 C₆   Tiernamen

Bei den Haustieren existieren oft besondere Wörter für das Geschlecht; in anderen Fällen kann man das Geschlecht durch han-, hun- (od. -inde) ausdrücken, das Junge durch -unge, -kid (-kid).

	Männlich:	Weiblich:	Junges Tier:
ko Kuh:	tyr (tü|ʳ) Stier	ko (kō|)	kalv (kal|)
hest Pferd:	hingst (heng|ßd)	hoppe (ho'beᵉ) Stute	føl (föl) *n*
svin *n*, gris Schwein:	orne (o'rnᵉ) Eber	so (ßō|)	pattegris Ferkel, griseunge
får *n* Schaf:	buk (bog), vædder (wä'd|eʳ)	får (fō|ʳ) *n* Schaf	lam (lam|) *n*
ged Ziege:	gedebuk (gē'dᵉbog)	ged (gē|d)	gedekid *n*
hund Hund:	hanhund	hunhund (ho'nhun|)	hvalp (wal|b)
kat Katze:	hankat Kater	hunkat	killing (ki'leng)

høns *pl.*
Hühner: hane høne kylling Küken

gås
Gans: gase (gā'ḫᵉ) gås (gō|ḫ) gæsling
Gänserich

and
Ente: andrik (a'n|dreg) and ælling (ä'leng)

løve
Löwe: hanløve løvinde løveunge

hjort (jord)
Hirsch: hjort hjorteko hjortekid *n*

bjørn
(björ|n)
Bär: hanbjørn hunbjørn bjørneunge

elefant
Elefant hanelefant hunelefant elefantunge

abe(kat)
Affe: hanabe hunabe abeunge

III. Alphabetischer Sachweiser

(Die Zahlen geben die Seite an)

a X
Ableitungen 184
Abschleifungen XII
Adjektiv 22, 163
Adressen 160
Adverbien 63 ff., 161, 162
Akkusativ 5
Alphabet IX
als (Vergleich) 36
Anrede 41, 54
Antwort 168
Artikel 4, 12, 171
Ausdrücke, dän. 104, 112
Aussprachebezeichnung VIII
Ausstoßen von e XIV

b XI
Begrüßung 16
Bejahung 76
Besuch 166
Betonung XIII
Bewegungsverb 150
bitte 40
Bitte 122
blive 92, 125
Briefeschreiben 160
Bruchzahlen 34
burde 134

c XI
-chen 185
commune, Genus 4

d XI
danke 39
Dativ 5, 157
Datum 33
Deklination: Substant. 5; Adjektiv 22
Deponentien 127
der, det 58
Doppelschreibung d. Konsonanten XIV

e X;
Ausstoßen XIV
Einheitsdruck 167, 173
Einwohnernamen 178
Endsilben 184
Endungen 184
Endungen, alte 152
Enhedstryk 167, 173
Entschuldigung 132

f XI
Sachausdrücke, grammat. XVI
Familie 176
Feiertage 171
Fragen 122, 156, 161

Futur 120
Futurum exactum 120
Fælleskøn 4
få 94, 115

g XI
Genitiv 5, 156
Genus commune 4
Geschlecht 4, 173
„gespaltene Sätze" 59
Gespräch 9, 182
Gewicht 35
Grundzahlen 28
Gruß 16
gøre 86, 168

h XII
haben 17, 86, 119
Hauptsätze (Wortstellung) 161
have 17, 86, 119
Hilfsverben blive 92; 125; få 94, 115; have 17, 86, 119; være 17, 108, 119
Hilfsverben, modale 122, 134
Hilfsverben (Wortstellung) 161
Himmelsrichtungen 85
hypothetische Sätze 121

i X
ikke 76, 162
Imperativ 114
Imperfekt 119
-in 185
-inde 185
ir direkte Rede 121
Infinitiv 113
Interjektionen 77
Intetkøn 4
intransitiv 108
Inversion 162

j XII
Jahreszeiten 170
jo 76

k XII
Kasus 5, 156
Kehlkopfverschluß XIII
Kleider 46
Klokken 27
Komparation: Adj. 35, Adv. 64
Konditionalis 121
Konjugation: schwache Verben 17, 24, 85, 87; starke Verben 91, 97, 105; Hilfsverben 17,

125; modale Hilfsverben 134; schwankende Konjugation 87
Konjunktionen 81, 163
Konjunktiv 121
Krankheit 80
Kürze XIV

l XII
Ländernamen 178
Landschaftsnamen 178
Länge XIV
Lautschrift VIII
Lautwert der Buchstaben X
-lein 185

m XII
Maß 35, 157, 173
Mehrzahlbildung 10
Mengenausdrücke 35
Metersystem 35
modale Hilfsverben 122, 134
Monatsnamen 33

n XII
Namen 53
Nebensätze (Wortstellung) 162
Neutrum 4

o X
Ordnungszahlen 33
Ortsadverbien 64
Ortsnamen 177

p XII
Partizip: Präsens 114; Perfekt 115
Passivum 126
Perfekt 119
Pluralbildung 10
Plusquamperfekt 119
Präfixe 184
Präpositionen 138, 156; einfache 140, 144; zusammengesetzte 151
Präsens 118
Pronomen: demonstrative 48; indefinite 56; interrogative 55; persönliche 41; possessive 42; reflexiv 48; relative 49; reziprok 48

q XII

r XII
Rechtschreibung XIV
Reflexivpronomen 48

reflexive Verben 128
Reste alter Endungen 152
Reziprokpronomen 48

s XII
Satznoten 167
sein 17, 108, 119
Silbentrennung XIV
sin, sit, sine 43
-ske 185
skulle 120, 134
Stamm des Verbs 18, 113
Steigerung Adverb 54;
    Adjektiv 35
Stimmbandverschluß XIII
Stoß(ton) XIII
stumme Konsonanten XII
Substantive 10; 173
Suffixe 184
synonyme Wörter 138

t XII
Tage der Woche 3
tak 39
Tiernamen 186
Titel 53
transitiv 108

u X
Uhr 27
Umlaut: Substantiv 11;
    Adjektiv 36
Umschreibung der Kasus
    156
unpersönliche Verben 128

v XII
Verben: Deponentien 127;
    Hilfsverben 17, 125;
    modale Hilfsverben 134;
    reflexive 128; schwache
    17, 24, 85; starke 91,
    97, 105; unpersönliche
    128; zusammengesetzte
    132
Verdopplung des Konso-
    nanten XIV
Verkehr 90
Verneinung 76, 162
verschlungene Sätze 167
Verwandtschaft 176
ville 120, 135
Vorsilben 184
være 17, 108, 119

w XII
weibliche Endungen 185
werden 92, 125

wie (Vergleich) 36
Wiederholung des Verbs
    168
Wochentage 3
Wortstellung 161
Worttrennung XIV
Wünsche 125

x XII

y X

z XII
Zahlwörter 28, 33
Zeichensetzung XV
Zeit: Adverbien 68; Uhr
    27; andere Ausdrücke
    69, 157
zusammengesetzte Präs-
    positionen 151; Verben
    132
Zusammensetzungen 182

æ X

ø X

å XI

WEITERE LANGENSCHEIDT-SPRACHWERKE
FÜR DÄNISCH:

Langenscheidts Taschenwörterbuch Dänisch

Neubearbeitet von H. Henningsen. Mit neuer Orthographie.
Teil I: Dänisch-Deutsch. XIX + 537 Seiten.
Teil II: Deutsch-Dänisch. XX + 532 Seiten.
Jeder Teil einzeln DM 12,80
Beide Teile zusammen in einem Band DM 20,80

Langenscheidts Universal-Wörterbuch Dänisch

Dänisch-Deutsch und Deutsch-Dänisch in einem Band mit etwa 30 000 Stichwörtern. Format 7,2 × 10,4 cm.
Plastik DM 4,80

Langenscheidts Sprachführer Dänisch

Er enthält die gebräuchlichsten Wörter und Redewendungen mit Internationaler Lautschrift nach Sachgebieten geordnet. Dank des auffallenden Zweifarbendruckes ist es leicht, im richtigen Augenblick immer das richtige Wort, die gewünschte Redewendung zu finden.
192 Seiten. Format 9,6 × 15 cm. Plastik DM 5,80

Langenscheidts Reisesprachplatte Dänisch

200 der wichtigsten Redewendungen mit Übersetzung und Aussprachebezeichnung. Der von dänischen Sprechern gesprochene Text wird in dem dazugehörigen Heft wörtlich wiedergegeben. Das Textheft kann bei Antritt der Reise von der Plattentasche abgetrennt werden und somit als kleiner Sprachführer dienen.
Langspielplatte 17 cm ⌀, 45 Umdr./min. DM 6,—

In jeder Buchhandlung erhältlich. Preisänderungen vorbehalten.

LANGENSCHEIDT·BERLIN·MÜNCHEN·WIEN·ZÜRICH

Langenscheidts Praktische Lehrbücher

ENGLISCH · FRANZÖSISCH · SPANISCH · ITALIENISCH
Jede Ausgabe über 200 Seiten. Kart. DM 7,80

RUSSISCH. Kart. DM 8,80
AFRIKAANS · NIEDERLÄNDISCH · NORWEGISCH
Jeder Band kart. DM 10,80. NEUGRIECHISCH DM 12,80
TSCHECHISCH DM 9,80 · POLNISCH DM 9,80

Diese neuartigen Lehrbücher bilden eine umfassende Einführung für denjenigen, der von Anfang an intensiver in die fremde Sprache eindringen oder erworbene Sprachkenntnisse für die Praxis wiederholen und erweitern will.

Entsprechend der Zielsetzung sind die Texte nach praktischen Gesichtspunkten ausgewählt worden. Nach Durcharbeitung der Lesestücke und der daraus entwickelten Übungen wird der Lernende in der Lage sein, die fremde Sprache zu verstehen und sich über die Dinge und Ereignisse des täglichen Lebens zu unterhalten.

Die Grammatik wird aus den Lesestücken entwickelt und in übersichtlicher, leicht faßlicher Form dargestellt. Die Angabe der Aussprache der fremden Wörter erfolgt in der internationalen Lautschrift.

Zu den Lehrbüchern Englisch, Französisch, Spanisch, Italienisch und Russisch sind jeweils 5—7 Langspielplatten (17 cm ⌀, 45 UpM) erhältlich, die alle fremdsprachigen Lektionstexte wörtlich wiedergeben. Für die vorgenannten Sprachen gibt es auch Cassetten-Sprachlehrgänge, die auf allen Cassetten-Recordergeräten abspielbar sind.

Langenscheidts Kurzlehrbücher
30 Stunden für Anfänger

DÄNISCH · ENGLISCH · FINNISCH · FRANZÖSISCH
ITALIENISCH · LATEINISCH · NIEDERLÄNDISCH
PORTUGIESISCH · RUSSISCH
SCHWEDISCH · SERBOKROATISCH · SPANISCH
Jeder Band mit 150—200 Seiten. Kart. DM 4,80

Die Lehrbücher geben in 30 Lektionen eine Einführung in die fremde Sprache. Jede Unterrichtsstunde bildet eine Einheit und behandelt einen Vorgang des täglichen Lebens.

Die Kurzlehrbücher sind in erster Linie für den Unterricht durch einen Lehrer bestimmt, teilweise jedoch auch für das Selbststudium geeignet. Dabei ist besonders die Ergänzungsplatte, die es zu jedem Kurzlehrbuch gibt, eine große Hilfe. Preis je Platte mit dem gesprochenen Text der ersten Lektionen DM 6,—.
(Nicht für Lateinisch.)

In jeder Buchhandlung erhältlich. Preisänderungen vorbehalten.

LANGENSCHEIDT · BERLIN · MÜNCHEN · WIEN · ZÜRICH